Gerhard Krug

Erfolgreiches Projektmanagement mit Microsoft Project

Über 50 Anleitungen und 50 Videos für einen
gelungenen Projektplan

D1666018

Gerhard Krug

Erfolgreiches Projektmanagement mit Microsoft Project

Über 50 Anleitungen und 50 Videos für einen gelungenen Projektplan

Gerhard Krug: Erfolgreiches Projektmanagement mit Microsoft Project. Über 50 Anleitungen und 50 Videos für einen gelungenen Projektplan
Microsoft Press Deutschland, Konrad-Zuse-Str. 1, 85716 Unterschleißheim
Copyright © 2009 by Microsoft Press Deutschland

15 14 13 12 11 10 9 8 7 6 5 4 3 2 1
11 10 09

ISBN 978-3-86645-528-3

© Microsoft Press Deutschland
(ein Unternehmensbereich der Microsoft Deutschland GmbH)
Konrad-Zuse-Str. 1, D-85716 Unterschleißheim
Alle Rechte vorbehalten

Fachlektorat und Korrektorat: Frauke Wilkens, München
Satz: Silja Brands, Uta Berghoff, ActiveDevelop, Lippstadt (www.ActiveDevelop.de)
Layout: Gerhard Alfes, mediaService, Siegen (www.media-service.tv)
Umschlaggestaltung: Hommer Design GmbH, Haar (www.HommerDesign.com)
Gesamtherstellung: Kösel, Krugzell (www.KoeselBuch.de)

Inhaltsverzeichnis

Vorwort

»Machen Sie mal einen Terminplan!« So lautet oft die erste Begegnung mit Microsoft Project. Aber das ist nicht so einfach. Mit mehr als 1.000 Funktionen ist Microsoft Project inzwischen so mächtig, dass der Gelegenheitsanwender meist mehr mit dem Suchen der gewünschten Funktion verbringt als mit dem Terminplan selbst.

Diese Situation war dann der Ausgangspunkt für dieses »Videobuch«. Da Sie als Anwender nicht von der Systematik der Applikation her kommen, sondern eben von der Anwendung. Sie möchten etwas tun, wissen, was Sie wollen, wissen aber nicht, wo und wie Sie zum Ergebnis kommen.

Und genau das ist der Ansatz dieses Buches. Es werden konkrete Anwendungsfälle beschrieben und wie sie gelöst werden können. Sie möchten etwas tun, z.B. einen Filter schreiben oder einen Ampelchart erstellen. Sie möchten also nicht ein ganzes Buch lesen, sondern eine Beschreibung zu Ihrer aktuellen Aufgabe. Hier die Anforderung, dort die Lösung!

Aus diesem Grund sind in den letzten Jahren, oft auch aus konkreten Anfragen, die in diesem Buch zusammengetragenen Anwendungsartikel entstanden. Die Inhalte sind deshalb auch schon im Titel selbsterklärend. So können Sie genau das nachlesen, was bei Ihnen gerade ansteht, und sind nicht gezwungen, innerhalb eines Buches den Abschnitt zu finden, der die gewünschte Aufgabe zufällig gerade beschreibt.

Und nachdem sich die Medien und die Technik inzwischen so weiterentwickelt haben, dass Rechner heutzutage in der Regel videofähig sind, bot es sich natürlich an, die Anwendungsfälle auch als Videos zu erstellen. Zurücklehnen und fernsehen!

Ein Video hat zudem noch den angenehmen Effekt, dass Sie es sich bis zu einem bestimmten Punkt ansehen und dann stoppen können. Anschließend können Sie als Projektleiter in Microsoft Project die entsprechende Umsetzung in Ihrem Plan vornehmen, um dann wiederum das Video weiterzuverfolgen. Also eine Schritt-für-Schritt-Anleitung direkt am Rechner. Und Bilder sagen nun mal mehr als viele Worte. Und wenn Sie lieber lesen, so können Sie den Artikel lesen, umsetzen, weiterlesen etc.

Da ein Video aktive Inhalte vermittelt, hat dieses auch den Vorteil, dass es in wenigen Minuten weit mehr Inhalt vermittelt als ein ausführlicher Text. Aus diesem Grund gibt es auch nicht für jedes Video einen zugehörigen Artikel, da manche Inhalte nur sehr aufwendig in Textform zu beschreiben sind.

Die meisten Inhalte sind jedoch in beiden Medienformen verfügbar. So kann sich jeder die Medienform wählen, die ihm gerade zusagt. Mal lieber ein Video, mal lieber ein Text. Und wenn Sie wissen möchten, wer ich bin, sehen Sie sich das Video *Das Gesicht hinter den Videos* an, das Sie auf der DVD zum Buch in der Videoauswahl unter *Ihr Dozent* finden.

Und für Supporter gibt es die Möglichkeit, beim Autor Mehrfachlizenzen zu erwerben, sodass die Kollegen sich am Arbeitsplatz zuerst die Videos ansehen können, bevor sie den Hörer in die Hand nehmen und nachfragen. So kann sich der Support auf die wirklichen Problemfälle konzentrieren.

Und nun viel Spaß und Erfolg mit diesem Buch und den begleitenden Videos.

Gerhard Krug
Koblenz, im August 2009
gerhard.krug@afinion.ch

Kapitel 1

Einführung – in wenigen Schritten zum guten Projektplan

In diesem Kapitel:

Als Anfänger oder Gelegenheitsbenutzer soll man – meist ohne Schulung – rasch einen Terminplan liefern. Entweder für die Vorgesetzten oder für den Kunden. Dabei wird man fast immer allein gelassen und quält sich durch die Applikation. Deshalb möchte ich Ihnen durch die acht Videos dieses Kapitels zeigen, wie Sie es in kurzer Zeit schaffen, einen guten Terminplan zu erstellen. Sehen Sie sich die Videos in der vorgeschlagenen Reihenfolge an und bearbeiten Sie dann – in wenigen Schritten – Ihren Terminplan. Die beiden Grundlagenartikel sollen Ihnen helfen zu verstehen, wie Microsoft Project grundsätzlich arbeitet und was die Netzplantechnik eigentlich tut. In vielen Gesprächen habe ich gemerkt, dass in diesen Punkten der Wissensstand nicht sehr gut ist.

Wenn Sie wie vorgeschlagen vorgehen, haben Sie innerhalb weniger Stunden einen belastbaren Terminplan, den Sie auch gegenüber dem Kunden oder dem Vorgesetzten vertreten können. Sie können nun Handlungsalternativen entwickeln und negative Pufferzeiten korrigieren bzw. diese als Grundlage für die Gespräche verwenden. Sie haben also ein Grundgerüst für die Erstellung eines Terminplans, an das Sie immer wieder anknüpfen können, auch ohne dass Sie eine Schulung erhalten haben. Und weil dieses Kapitel viele Varianten aufzeigt, z.B. wie man Vorgänge verknüpfen kann, gibt es die Erläuterungen zu den verschiedenen Themen »nur« in Form von Videos – für Artikel müssten zu viele Bildschirmabbildungen erzeugt werden und die Erläuterungen wären sehr abstrakt.

1 Grundlegende Arbeitsweisen

Microsoft Project ist ein Planungsprogramm für das Projektmanagement. Das Projektgeschäft unterscheidet sich grundsätzlich vom Betriebsalltag dadurch, dass viele Dinge organisiert werden müssen, von denen man nicht genau weiß, wie sie letztendlich sein werden. Man blickt also ständig in die Zukunft. Daraus resultiert die Schwierigkeit, dies entweder mit vielen Programmen zu tun – Termine notieren in der Agenda, Personalplanung in einem ERP-System, Kostenkalkulation in Excel etc. – oder es in einem dafür eigens geschaffenen Programm vorzunehmen. Hieraus ergibt sich ein spezielles Vorgehen und daraus wiederum ein grundlegendes Verhalten der Software.

Deshalb ist Microsoft Project als Planungsprogramm speziell auf diese Bedürfnisse des Projektleiters hin ausgerichtet. In Ansichten und Tabellen werden die wesentlichen Funktionen für die Planung zur Verfügung gestellt. Über Vorgänge und Ressourcenzuweisungen erhält man über die Zeit die Belastung der verschiedenen Personen und Abteilungen. Sind diese Mitarbeiter mit Personalkosten hinterlegt, können diese Zuordnungen wiederum einfach die Kosten bereitstellen.

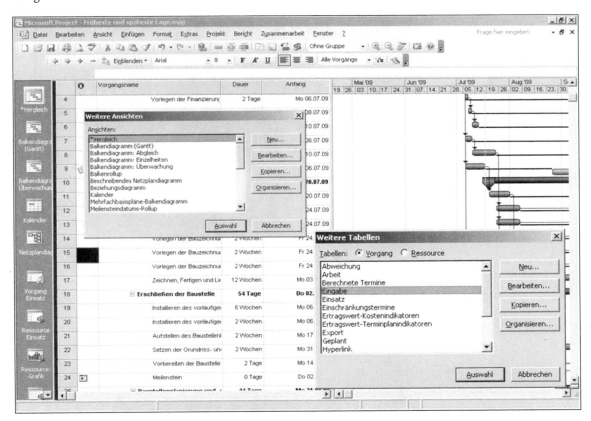

Somit erhält der Projektleiter bei der Planung nicht nur die zeitliche Abfolge der Tätigkeiten, sondern auch noch, quasi als Nebenprodukt, die benötigten Personen und geplanten Stunden für dieses Projekt.

Nebenbei hat eine detaillierte Planung für den Projektleiter auch den Vorteil, dass er wesentlich mehr Informationen über sein Projekt erhält als ohne Planung.

Microsoft Project ist diesbezüglich auf diese Arbeitsweise ausgerichtet, weil es ein sehr intuitives Vorgehen erlaubt. Das heißt für den Projektleiter, dass er mit wenigen Schritten bereits eine Planung erstellen kann, ohne große Vorarbeit leisten zu müssen. Er kann starten und nach und nach seinen Plan verfeinern, ergänzen und vervollständigen.

Diverse Möglichkeiten in Microsoft Project erleichtern ihm dieses Stück-für-Stück-Arbeiten – kontextsensitive Menüs, Kopierfunktionen, Sortiermöglichkeiten und Anpassungen der Oberfläche.

Diese grundsätzlichen Möglichkeiten werden in diesem Video beschrieben.

VIDEO   Das Video finden Sie auf der DVD zum Buch – wählen Sie in der Videoauswahl unter **Kapitel 1 Einführung – in wenigen Schritten zum guten Projektplan** den Eintrag **1 Grundlegende Arbeitsweisen**.

2 Empfehlenswerte Grundeinstellungen

Im Auslieferungszustand ist Microsoft Project einsatzfähig. Jedoch sind die Firmen so verschieden wie deren Projekte. Einige Einstellungen sind auch nicht optimal auf den Projektleiter abgestimmt. Andere sind für den Einsatz in einer Serverumgebung nicht geeignet. Wiederum andere erschweren den Umgang mit Microsoft Project unnötig.

Aus der Projektpraxis zeigt sich, dass viele Einstellungen für den Benutzer hilfreich sind, andere ihn eher hindern.

Da es insgesamt mehrere Hundert Einstellungen und Einstellungskombinationen gibt, ist der Anfänger in Microsoft Project damit zunächst überfordert, da er vielfach einfach nicht weiß, was sich hinter den Begriffen verbirgt.

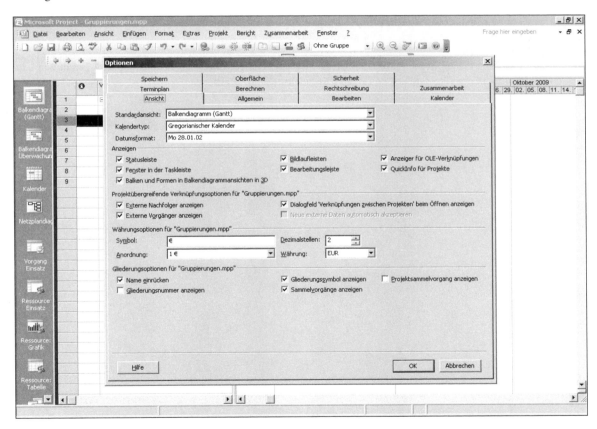

In diesem Video werden die grundlegenden Einstellmöglichkeiten dargestellt und nach Praxisgesichtspunkten bewertet. Teilweise zeigen Beispiele, was die betreffende Einstellung bewirkt, sodass Sie nachvollziehen können, ob diese Einstellung für Sie von Vorteil ist oder eher nachteilig.

Beispielsweise sind ausgeschriebene Einheiten wie Stunden oder Wochen in der Darstellung sicher schön, sie haben allerdings den Nachteil, in den Spalten sehr viel Platz zu beanspruchen. Ein h für Stunde ist sicher genauso aussagekräftig für einen Projektplan, jedoch fünf Zeichen kürzer, und da auf den Tabellen grundsätzlich Platzmangel herrscht, ist diese wesentlich platzsparendere Alternative auf jeden Fall der langen Variante vorzuziehen.

Da der Autor seit 25 Jahren in Projekten mit Planungssystemen arbeitet, sind viele Einstellungen getestet und genutzt worden. Jedoch hat sich über die Jahre immer wieder gezeigt, dass bestimmte Einstellungen das Leben mehr erleichtern als andere bzw. bestimmte Einstellungen sich nicht bewährt haben. Oft erzeugen Einstellungen, die nicht optimal sind, einen großen Aufwand oder sie verändern sogar automatisch die Planung. Damit verliert der Projektleiter die Kontrolle über seinen Plan, ohne es so richtig zu merken.

Mit den vorgestellten Einstellungen kann ein Anfänger seinen Plan erstellen, ohne durch die Einstellungen behindert zu werden. Und wenn es sich herausstellt, dass diese für ihn und sein Vorgehen nicht optimal sind, so weiß er, wo er die betreffenden Einstellungen ändern und/oder zurücksetzen kann. Und genau dies soll dieses Video sowie der Artikel »28 Grundeinstellungen festlegen« leisten.

VIDEO   Das Video finden Sie auf der DVD zum Buch – wählen Sie in der Videoauswahl unter **Kapitel 1 Einführung – in wenigen Schritten zum guten Projektplan** den Eintrag **2 Grundeinstellungen festlegen**.

3 Projektstart und Kalender des Projekts festlegen

Zwei der wenigen zwingenden Angaben für ein Projekt sind dessen Start und der Kalender, nach dem das Projekt abgewickelt werden soll.

Microsoft Project hat für die grundlegenden Eingaben ein spezielles Vorgehen. Dieses hat einige Einschränkungen bzw. Besonderheiten, über die der Anfänger zunächst nicht nachdenken muss. Andererseits ist es hilfreich zu wissen, wo diese Besonderheiten sich auswirken. Insbesondere bei den Kalendern ist es essenziell, dass der Projektleiter weiß, welche Auswirkungen spätere Änderungen auf seinen Plan haben. Schon manche Stunden wurden aufgewendet, um solche Fehlentscheidungen am Anfang wieder zu korrigieren. Wenn der Projektleiter gewusst hätte, welche Auswirkungen seine ursprünglichen Entscheidungen bzw. seine Änderungen haben, hätte er diese sicher nicht gemacht.

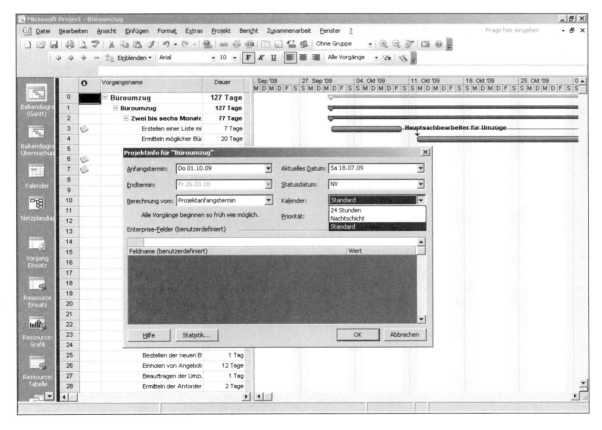

Hinzu kommt, dass es einige Einstellungen gibt, die sich nicht so einfach selbst erschließen. Aus meiner Arbeit mit Projektleitern weiß ich, dass diese sich mitunter stundenlang mit dem System beschäftigt haben, nur weil sie diese Mechanismen nicht kannten. Das Ergebnis ist dann häufig Frust und Verzweiflung. Da diese Arbeiten außerdem meist noch unter Zeitdruck erledigt werden müssen, ist die ganze Truppe gereizt und es herrscht schlechte Stimmung, nur weil das System nicht so arbeitet, wie man es sich vorgestellt hat.

Durch eine geschickte Wahl der Einstellungen und ein pragmatisches Vorgehen kann man sich die Arbeit sehr erleichtern. Dies wird in diesem Video gezeigt. Dadurch ist der Projektstart schon nach wenigen Minuten gelungen. Ganz ohne Stress. Der stellt sich im Verlauf des Projekts ohnehin von selbst ein.

VIDEO   Das Video finden Sie auf der DVD zum Buch – wählen Sie in der Videoauswahl unter **Kapitel 1 Einführung – in wenigen Schritten zum guten Projektplan** den Eintrag **3 Projektstart und -kalender festlegen**.

4 Vorgänge erfassen, sortieren und gliedern

Ein Terminplan lebt von den Inhalten. Ein vergessener Schritt im Projekt hat schon manches scheitern lassen.

Diese grundlegende Tätigkeit ist zunächst eher durch Kreativität als durch Systematik gekennzeichnet.

Für einen guten Projektplan ist die Vollständigkeit der Tätigkeiten von grundsätzlicher Bedeutung. Was nützen Termine, wenn sich später herausstellt, dass wesentliche Arbeiten fehlen. Um diesen Prozess effizient zu gestalten, sollte sich der Projektleiter die Zeit und die Ruhe nehmen, das Ganze auch systematisch anzugehen. Ich habe vor Jahren dazu den Begriff »Kanapee-Arbeit« geprägt. Dies deshalb, weil nach einem wohltuenden Mittagschlaf der Kopf frei ist, sich für den Prozess zu öffnen. Noch so halb im Schlaf lässt es sich besonders gut über das Projekt nachdenken, die Tätigkeiten auf ein Blatt schreiben oder direkt im Rechner notieren. Dabei sollten Sie zunächst nicht auf die Form oder die Reihenfolge achten. Schreiben Sie herunter, was Ihnen einfällt, und wenn es mehrfach dasselbe ist. Dies deutet nur darauf hin, dass Sie hier ein Problem, ein besonderes Interesse oder auch nur noch ungeklärte Dinge haben.

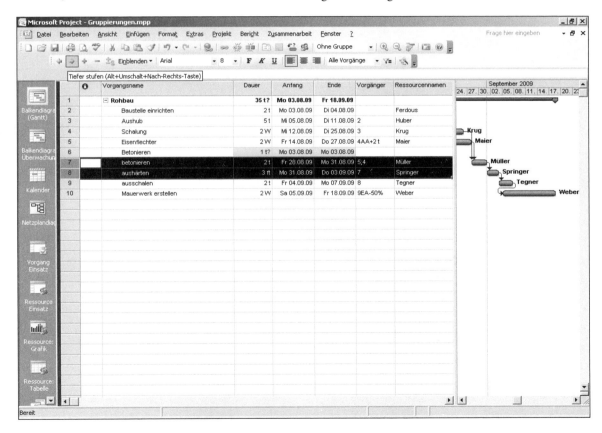

Erst wenn Ihnen nichts mehr einfällt, sollten Sie dazu übergehen, die Tätigkeiten zu ordnen und sie zu gliedern. Dabei werden Sie bemerken, dass Sie für manche Tätigkeiten noch keine Überschriften haben und bei manchen nur die Überschriften, ohne die jeweiligen Tätigkeiten. Beides ist normal und ein Zeichen, dass

Sie schon gut gearbeitet haben. Sie werden nach ein bis zwei Stunden merken, dass Sie eine ganze Menge geordnet haben, bei vielen Dingen mehr Fragen vorhanden sind als Antworten und Sie schon wesentlich klarer sehen als zuvor.

Und das Video zeigt Ihnen, wie Sie mit Microsoft Project Ordnung in das vermeintliche Chaos bringen, ohne Stress. So haben Sie bereits nach wenigen Stunden auch für komplexe Vorhaben einen Überblick, unzählige Fragen, die noch geklärt werden müssen, und eine arbeitstechnische Vorstellung, welche Dinge zu tun sind. Sie haben die Dinge nicht nur im Kopf geordnet, sondern auch bereits im Rechner. Was will man mehr.

VIDEO   Das Video finden Sie auf der DVD zum Buch – wählen Sie in der Videoauswahl unter **Kapitel 1 Einführung – in wenigen Schritten zum guten Projektplan** den Eintrag **4 Vorgänge erfassen, sortieren und gliedern**.

5 Dauern festlegen

Wenn Sie als Projektleiter die Arbeiten mühsam eruiert und bestimmt haben, ist es an Ihnen, diese nun bezüglich ihrer Dauer einzuschätzen. Je nach Ihrer Erfahrung ist dieser Prozess schnell erledigt oder ein Kraftakt über Wochen und Monate. Nicht zuletzt sind es auch die lieben Kollegen, die nicht zur Verfügung stehen, die Ihre Schätzung hinsichtlich der Dauer maßgeblich beeinflussen. Wenn Sie noch wenig Erfahrung haben, werden Sie häufig auf Ihre Kollegen zugehen müssen, um festzustellen, wie lange bestimmte Arbeiten dauern. Dies hängt von vielen Faktoren ab, die Sie auch häufig nicht beeinflussen können. Ein Projekt zeichnet sich ja gerade dadurch aus, dass es neu ist, also viele Unbekannte beinhaltet.

Und die Aussage, dass die Terminpläne ohnehin nicht stimmen, ist insofern falsch. Nur wenn Sie eine Vorstellung darüber haben, was wie in welcher Zeit zu tun ist, haben Sie auch Alternativen, die Sie im Zweifelsfall anwenden können.

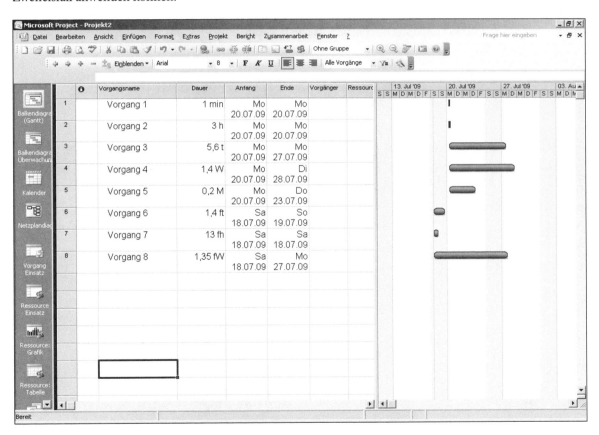

Der Vorteil von Microsoft Project in diesem Zusammenhang ist, dass das Programm es Ihnen erlaubt, Dauern beliebig zu mischen. Sie können in Stunden, Tagen und Wochen nebeneinander planen. Sie sind also nicht fixiert und können die Schätzungen bezüglich der Dauer so vornehmen, wie sie benötigt werden. Häufig werden Sie auch noch Kollegen, Kunden und Lieferanten fragen müssen, da Sie von diesen abhängen.

Insbesondere Lieferzeiten sind häufig schon zu Beginn ein Problem. Ein Kunde von mir hatte die Vorgabe, eine Anlage in 12 Monaten abzuliefern. Die Lieferzeit für eine große Welle lag zu dieser Zeit aber schon bei 13 Monaten. Projekt zu Beginn schon gescheitert.

Und natürlich sind nicht verfügbare Kollegen ein dauerndes Problem. Alle haben in der Regel genug zu tun. Und die, die wenig zu tun haben, verstehen es meisterhaft, anderen klarzumachen, dass sie ständig überlastet sind. Hier gehen wir natürlich von Ersterem aus. Daraus folgt für Sie ein ständiges Wechselbad in der Planung. Soll man die nicht verfügbaren Kollegen bereits in der Dauer der Tätigkeit berücksichtigen oder nicht? Was taugt ein Plan, der von optimalen Voraussetzungen ausgeht, es jedoch sicher ist, dass diese nicht vorhanden sind und auch nicht eintreten werden.

Dieser Prozess ist nicht einfach und nicht durch ein Tool zu lösen.

Aber eine gute und realistische Zeitschätzung hilft immer!

VIDEO   Das Video finden Sie auf der DVD zum Buch – wählen Sie in der Videoauswahl unter **Kapitel 1 Einführung – in wenigen Schritten zum guten Projektplan** den Eintrag **5 Dauern festlegen**.

---

6 Exkurs Netzplantechnik

Wissen Sie noch, wann Sie eine Ausbildung in Netzplantechnik hatten? Ach so, Sie hatten niemals eine.

Gratuliere! Sie sind in bester Gesellschaft.

In vielen Schulungen habe ich immer wieder festgestellt, dass der Kenntnisstand auf der Theorieseite sehr schlecht war. In der Terminplanung werden ständig Termine errechnet und geändert. Es werden Pufferzeiten ausgewiesen, angezeigt und dargestellt. Sie werden diskutiert und danach muss man feststellen, dass der Gesprächspartner von etwas redet, das er gar nicht kennt.

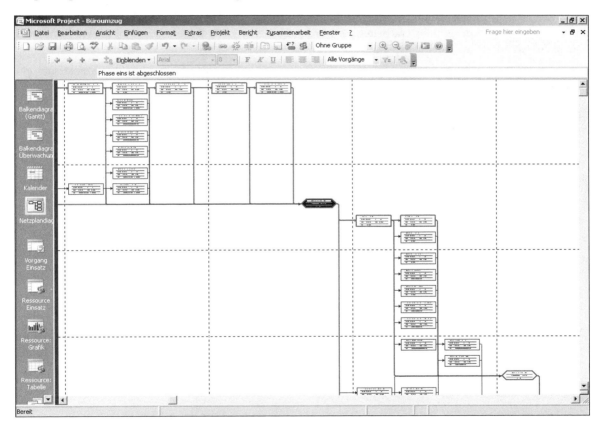

So habe ich vor Jahren für einen Geschäftsführer eine zweistündige Demo gemacht. Aufgezeigt, wie sich die Zeiten entwickeln, Pufferzeiten errechnet, rote Balken angezeigt und wieder verschwinden lassen. Und nach zwei Stunden kam die Frage: »Wo sehe ich jetzt den kritischen Weg?« Erst da habe ich dann realisiert, dass er zwei Stunden lang nichts verstanden hatte. Und ich hatte es nicht gemerkt.

Deshalb habe ich heute in allen Schulungen einen Kurzkurs Netzplantechnik. Sie ist nun einfach mal die Grundlage der gesamten Planung. Alle Felder wie *Gesamte Pufferzeit, Frühester Anfang, Freie Pufferzeit, Späteste Lage* etc. sind direkt eine Folge dieser Methode.

Und so ist es nicht verwunderlich, wenn Pläne zwar angeguckt, aber nicht verstanden werden. Viele Diskussionen der Projektleiter mit ihren Vorgesetzten verliefen anders, wenn beide Seiten gewisse Kenntnisse über diese Technik hätten und somit über Lösungen diskutieren würden, anstatt über angeblich falsche oder unvollständige Planung. Das Video ist deshalb einfach gehalten, damit jedermann dieses Thema auch verstehen kann. Ich habe hier bewusst auf Feinheiten und Sonderfälle verzichtet.

Wenn man verstanden hat, wie die Zeiten gerechnet werden, tut man sich viel leichter mit der Diskussion um Alternativen und andere Vorgehensweisen. Ein Kunde von mir hatte ein Projekt, das zunächst 6 Jahre dauern sollte. Nachdem der Kunde aber in 4,5 Jahren einziehen wollte, wurde das gesamte Vorgehen geändert. Mit dem Erfolg, dass nur durch die Umstellung der Logik 1,5 Jahre schneller gebaut werden konnte. Diese Zeit war also nicht erkauft, sondern durch eine klare Identifikation der wirklichen Abhängigkeiten und entsprechende Korrekturen erarbeitet. Es wurden zunächst keine Zeiten geändert, es wurde nur der Bauablauf verändert – also der Netzplan.

Das ist der Grund, warum ein fundamentales Verständnis der Netzplantechnik für einen Projektleiter ein absolutes Muss ist.

VIDEO   Das Video finden Sie auf der DVD zum Buch – wählen Sie in der Videoauswahl unter **Kapitel 1 Einführung – in wenigen Schritten zum guten Projektplan** den Eintrag **6 Exkurs Netzplantechnik**.

---

7 Verknüpfungen

Und wie schon angesprochen ist die Vernetzung, also das Feststellen der Abhängigkeiten, von zentraler Bedeutung.

Man kann fast alles auch anders machen. Oft haben sich Gewohnheiten herausgebildet und Abläufe eingeschliffen. Niemand macht sich mehr Gedanken, ob diese sinnvoll sind oder nicht. Erst wenn es zu massiven Konflikten kommt, ist man bereit, über bestimmte Vorgehensweisen zu diskutieren.

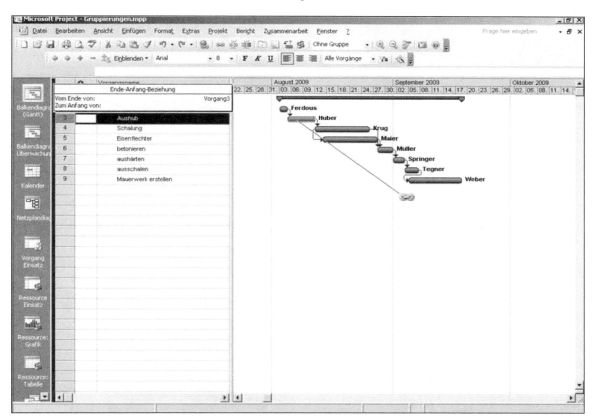

Über die Vernetzung, und insbesondere über die negative Überlappung, kann ein Netzplan meist ohne große Probleme um 20% verkürzt werden, vorausgesetzt, die Ressourcen sind verfügbar. Meist macht man sich aber nicht die Mühe, diese Zeit auch zu finden. Nicht zuletzt weil das Management immer noch dem Glauben anhängt, dass das Gesetz von Parkinson gilt: Der Arbeitsaufwand für eine Arbeit wächst so weit an wie die Zeit, die für die Arbeit zur Verfügung steht. Jeder glaubt, dieses Gesetz zu kennen. Kaum jemand aber weiß, dass es dieses Gesetz nie gegeben hat, da Parkinson Humorist und nicht Wissenschaftler war. Aber es ist heute Allgemeingut. Und genau so verhält es sich in den Diskussionen über die Projektabläufe. Ich habe in vielen Sitzungen erleben müssen, dass die Abläufe nicht durch die Sache bestimmt werden, sondern durch unfähige Manager. Es ist vielfach einfach nicht erlaubt, die Abfolge von Arbeiten in einem Betrieb zu verändern. Neue Wege werden noch misstrauischer beäugt als Verrat.

Wenn man also zu einem guten Netzplan kommen will, muss man sich mit dem Projekt auseinandersetzen und – am allerwichtigsten – sich damit identifizieren. Microsoft Project kann hierbei verschieden eingesetzt werden. Immer jedoch muss das Fachwissen vorhanden sein, die Abläufe in die korrekte Reihenfolge zu bringen. Wenn die Vernetzung nicht stimmt, verhält es sich ebenso wie mit der vollständigen Vorgangsliste: Sie ist nichts wert.

Erst wenn die Vernetzung stimmig ist, kann man diese als Basis für die Ressourcenplanung verwenden. Und wenn man die Vernetzung sauber strukturiert hat, kann man auch diese verändern, wenn die Ressourcen nicht zur Verfügung stehen. Erst dann hat der Projektleiter Handlungsalternativen für ein geändertes Vorgehen.

Die Möglichkeiten, die Microsoft Project hierzu in der Umsetzung bietet, können nur genutzt werden, wenn man weiß, was man will.

VIDEO   Das Video finden Sie auf der DVD zum Buch – wählen Sie in der Videoauswahl unter **Kapitel 1 Einführung – in wenigen Schritten zum guten Projektplan** den Eintrag **7 Vorgänge verknüpfen**.

8 Pläne drucken ohne Mühe

Und nicht zuletzt muss man irgendwann alles präsentieren. Dazu ist der Ausdruck immer noch die häufigste Form. Hier zeigt sich dann, ob der Plan akzeptiert wird oder nicht. Wenn ein Plan gut ist, so kann er ohne Weiteres ein langes Leben an der Wand fristen, ohne dass größere Änderungen vorgenommen werden müssen.

Der Druck ist in Microsoft Project nicht immer ganz einfach, da er zum einen von einigen Regeln abhängt und zum anderen viele Benutzer diese nicht kennen. Wenn man also einen Druck sauber anstoßen möchte, so kommt man um das Wissen, welche Alternativen man hat, nicht herum.

Meist ist das Drucken ja nicht besonders aufwendig oder auch von den Datenmengen her nicht sehr umfangreich. Aber es gibt halt meist doch bestimmte Dinge, die man so oder genau so haben möchte. Da ist das Logo, da ist die Adresse, die auf allen Drucken vorhanden sein sollen. Da sind Ampeln, die erscheinen sollen, und dann im Druck auch dargestellt sein müssen. Und nicht zuletzt sind es die Kleinigkeiten, die dann verhindern, dass der Plan so erscheint, wie er soll.

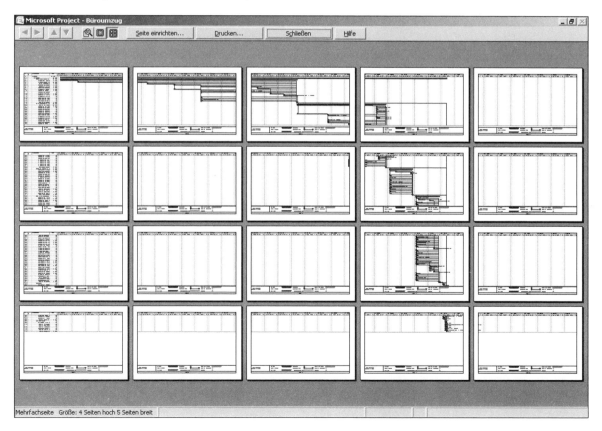

In diesem Video wird erklärt, wo man welche Einstellungen findet und was sie bewirken. Es werden die Möglichkeiten konkret gezeigt und auch, wie man den Zoom im Einzelfall optimal benutzt, aber auch, wie man die Notizen drucken kann und auf allen Seiten die ersten drei Spalten der Tabelle zeigt – also das ganze Handwerkszeug, das zur Verfügung steht.

Der Titel des Videos *Balkenplan drucken ohne Mühe* ist also durchaus als Ermunterung zu verstehen, auch wenn ich weiß, dass das Drucken nicht zwangsläufig so erfolgen wird, wie es im Kopf geplant ist. Aber mit den richtigen Einstellungen kann dann doch ein passabler Plan auf dem Drucker ausgegeben werden. Und wenn Sie dann beim Kunden durch eine gute Darstellung die notwendige Zustimmung erhalten, hat sich der Aufwand sicher gelohnt. Denn oft sind es die kleinen Dinge, die den Ausschlag geben. Auch wenn es vielleicht doch mühsamer war, als der Videotitel suggeriert.

VIDEO　　Das Video finden Sie auf der DVD zum Buch – wählen Sie in der Videoauswahl unter **Kapitel 1 Einführung – in wenigen Schritten zum guten Projektplan** den Eintrag **8 Balkenplan drucken ohne Mühe**.

Kapitel 2

Daten organisieren und Darstellung anpassen

In diesem Kapitel werden verschiedene Optionen aufgezeigt, wie Sie mit Microsoft Project umgehen bzw. welche Möglichkeiten Sie haben, die Informationen darzustellen, aufzuarbeiten und zu visualisieren. Insbesondere der Darstellung der Daten wird viel Raum gewidmet, da die Fülle der Informationen in einem Terminplan den Projektleiter dazu zwingt, sich gut zu organisieren und die Daten entsprechend aufzubereiten. Und nicht zuletzt müssen die Daten so dargestellt werden, dass Sie den Überblick nicht verlieren.

Insbesondere sind es die »kleinen« Dinge, die das Leben enorm vereinfachen. Hier fließen sehr viele Erfahrungen des Autors aus der Projektpraxis ein. Wenn Sie Projekte mit 3.500 Vorgängen führen oder 50 Kleinprojekte gleichzeitig betreuen, benötigen Sie eine gute Organisation, um nicht in der Datenflut unterzugehen. Dies können Sie durch einfache und effiziente Darstellungen erreichen. Und das ist im Wesentlichen der Inhalt dieses Kapitels.

9 Grundlagen

In diesem Video geht es um die folgenden grundlegenden Themen:

- Wie ist die Oberfläche von Microsoft Project aufgebaut und wie kann die Anzeige verändert werden?

- Wie ist der generelle Aufbau in Ansichten und Tabellen?

- Welche Befehle stehen wie zur Verfügung?

- Wie kann man die Ansichten nutzen?

VIDEO   Das Video finden Sie auf der DVD zum Buch – wählen Sie in der Videoauswahl unter **Kapitel 2 Daten organisie-ren und Darstellung anpassen** den Eintrag **9 Grundlegende Arbeitsweisen**.

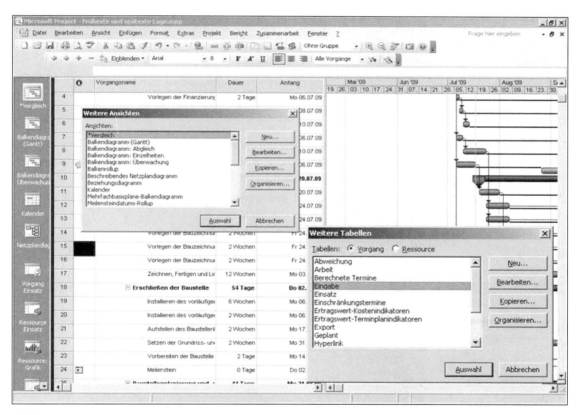

Abbildung 2.1   Grundlegendes zum Programm

10 Den Balkenplan-Assistenten verwenden

Für viele ungeübte Benutzer ist das Erstellen entsprechend formatierter Balkenpläne sehr mühsam, da dafür gute Kenntnisse der Funktionen in Microsoft Project benötigt werden. Was viele nicht wissen ist, dass Project hier einen hervorragenden Assistenten besitzt, der fast keine Wünsche offen lässt.

ACHTUNG   Wenn Sie mit dem Balkenplan-Assistenten die Anzeige fertiggestellt haben, stellen Sie den soeben gewählten Balkenplan für dieses Projekt dauerhaft um. Erstellen Sie zum Üben mit dem Assistenten ein neues Projekt oder wählen Sie eines aus den Vorlagen, das Sie später »wegwerfen«, oder erstellen Sie von Ihrem Projekt eine Kopie, indem Sie es unter einem anderen Namen speichern!

VIDEO   Zum Thema des Artikels finden Sie auf der DVD zum Buch ein Video – wählen Sie in der Videoauswahl unter **Kapitel 2 Daten organisieren und Darstellung anpassen** den Eintrag **10 Den Balkenplan-Assistenten verwenden**.

1. Um eine individuelle Ansicht des Balkenplans zu erstellen, klicken Sie in der Symbolleiste auf die Schaltfläche mit dem Zauberstabsymbol.

Abbildung 2.2   Den Balkenplan-Assistenten starten

Daraufhin erscheint der Balkenplan-Assistent, der die notwendigen Informationen abfragt. Schön gelöst ist hierbei, dass Sie sofort im linken Bereich der verschiedenen Assistentendialogfelder das Ergebnis betrachten und gegebenenfalls auch zurückgehen können, wenn Sie sich mal »verrannt« haben.

2. Zunächst müssen Sie sich entscheiden, ob Sie den kritischen Weg oder den Basisplan sehen wollen – oder ein anderes Format verwenden möchten.

Es lohnt sich, hier auch mal die anderen Formate zu betrachten oder einen benutzerdefinierten Plan zu erzeugen.

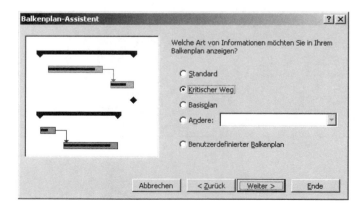

Abbildung 2.3   Grundlegendes Layout festlegen

3. Nachdem Sie sich für ein grundsätzliches Layout entschieden haben, können Sie noch definieren, welche Information an die Balken geschrieben werden soll, wobei Sie auch hier die benutzerdefinierte Vorgangsinformation nutzen können, die es Ihnen erlaubt, die Balken links, rechts und innen individuell zu beschriften.

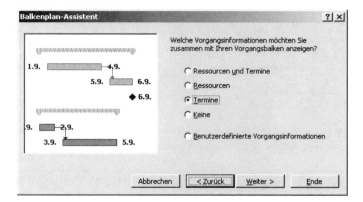

Abbildung 2.4   Beschriftung festlegen

4. Nachdem Sie auf *Weiter* geklickt haben, kommt die Abfrage, ob Sie die Anordnungsbeziehungen darstellen wollen.

5. Wenn Sie auf *Jetzt formatieren* klicken und dann die Arbeit mit dem Assistenten beenden, wird der Balkenplan entsprechend formatiert dargestellt.

11 Zeilenhöhen anpassen

Warum sollte man die Zeilenhöhe ändern? Dies hat den Vorteil, dass die Vorgangsbeschriftung in den Feldern umbrochen wird, sodass Sie auf der Tabellenseite mehr Platz haben und so mehr Informationen anzeigen können (siehe Abbildung 2.5).

Abbildung 2.5   Vorgangsnamen sind selten so kurz, dass sie in die dafür vorgesehene schmale Spalte passen

---

VIDEO   Zum Thema des Artikels finden Sie auf der DVD zum Buch ein Video – wählen Sie in der Videoauswahl unter **Kapitel 2 Daten organisieren und Darstellung anpassen** den Eintrag **11 Zeilenhöhen anpassen**.

Zeilenhöhe generell anpassen

Zum einen haben Sie die Möglichkeit, die Zeilenhöhe generell umzustellen. Gehen Sie dazu wie folgt vor:

1. Wählen Sie den Menübefehl *Ansicht/Tabelle <Tabellenname>/Weitere Tabellen*, markieren Sie die gewünschte Tabelle (im Beispiel: *Eingabe*) und klicken Sie dann auf die Schaltfläche *Bearbeiten*.

2. Stellen Sie im Dialogfeld *Tabellendefinition* die Zeilenhöhe auf den Wert ein, der generell gelten soll. Bis zu drei Zeilen sind normalerweise sinnvoll.

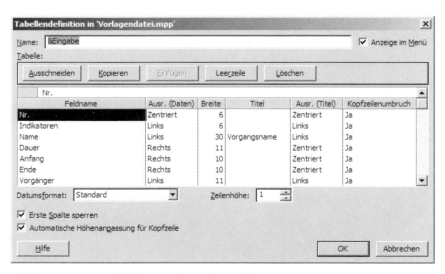

Abbildung 2.6   Das Dialogfeld zum Bearbeiten der gewählten Tabelle

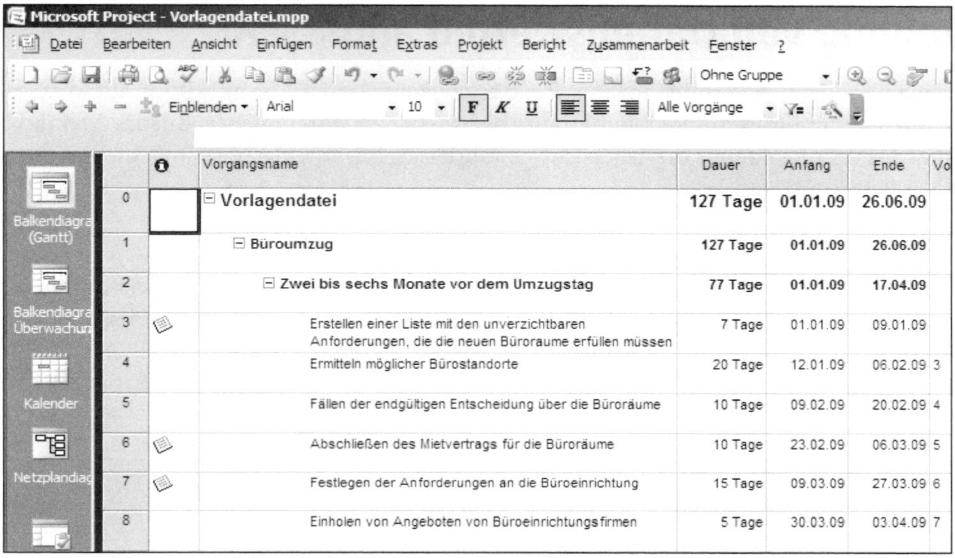

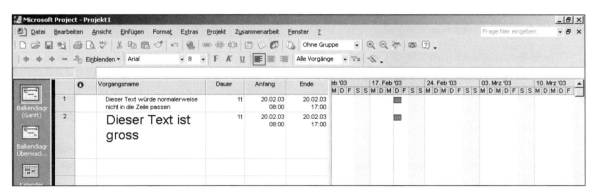

Abbildung 2.7   Generell geänderte Zeilenhöhe

Die Höhe einzelner Zeilen anpassen

Des Weiteren können Sie auch einzelne Zeilen anpassen (siehe Abbildung 2.8).

Dazu führen Sie – wie in Excel – den Mauszeiger in der linken Spalte mit den Vorgangsnummern auf die betreffende horizontale Linie, sodass der Zeiger die Form eines Doppelpfeils annimmt, und ziehen dann mit gedrückter linker Maustaste die Zeile so weit auf, wie Sie es brauchen.

Abbildung 2.8   Anpassen der Höhe einzelner Zeilen

Bitte beachten Sie, dass das Anpassen nur für Zeilen möglich ist, die Inhalt haben.

Wollen Sie die Zeilenhöhenänderung wieder rückgängig machen, schieben Sie die Zeilen einfach wieder zusammen oder stellen Sie die Höhe über das zuvor beschriebene Dialogfeld *Tabellendefinition* neu ein.

Möchten Sie für mehrere Zeilen die Höhe ändern, markieren Sie zuerst diese Zeilen über die Vorgangsnummernspalte und ziehen dann die gewünschte Höhe auf.

12 Darstellung von Datumswerten anpassen

Es gibt verschiedene Gründe, sich Termine in einer Zeile anzeigen zu lassen. So soll z.B. ein Reaktor gefahren werden, anschließend erfolgen die Reinigung und das erneute Anfahren; dies soll jedes Mal in einer Zeile stehen, damit bei 150 Reaktoren die Übersicht gewährleistet bleibt. Oder man möchte die gesamte Pufferzeit direkt am Balken anzeigen etc.

Nachfolgend sollen beide Beispiele gezeigt werden.

> **VIDEO**   Zum Thema des Artikels finden Sie auf der DVD zum Buch ein Video – wählen Sie in der Videoauswahl unter **Kapitel 2 Daten organisieren und Darstellung anpassen** den Eintrag **12 Datumswerte – Darstellung anpassen**.

Zunächst können Sie selbstverständlich alle Termine in der Tabelle darstellen. Dazu ergänzen Sie die Tabelle um zwei Datumswerte.

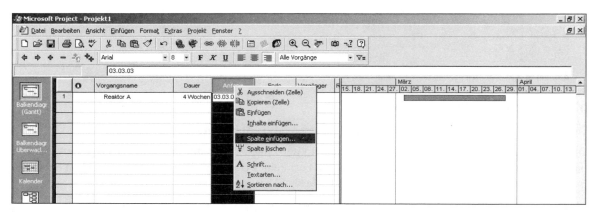

Abbildung 2.9   Spalten für Datumswerte hinzufügen

1. Öffnen Sie durch Klicken mit der rechten Maustaste auf die Überschriftenleiste das betreffende Kontextmenü und wählen Sie *Spalte einfügen*.

2. Wählen Sie dann die Felder *Anfang 5* und *Ende 5* aus (verwenden Sie immer höhere Nummern, da die anderen stets von Ihren Kollegen für Zwischenpläne etc. verwendet werden, dann gibt es keine Überschneidungen) und vergeben Sie aussagekräftige Namen.

    Bitte beachten Sie, dass Sie für *Datum 1* bis *10* keine Darstellungsmöglichkeit haben und deshalb auf die Felder der Zwischenpläne ausweichen müssen. Dies ist normalerweise kein Problem, da sie nur in seltenen Fällen genutzt werden.

Abbildung 2.10   Zwei neue Spalten einfügen

3. Nun können Sie die entsprechenden Datumswerte für diesen Reaktor eingeben (siehe Abbildung 2.11).

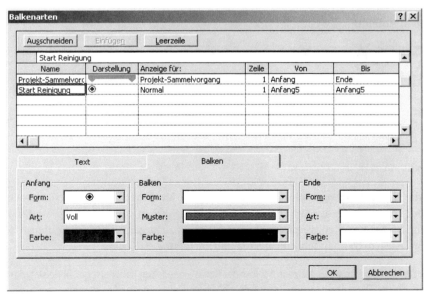

Abbildung 2.11   Datumswerte eingeben

Nun müssen Sie aber noch dafür sorgen, dass diese Termine auch im Gantt-Graphen dargestellt werden.

1. Dazu wählen Sie den Menübefehl *Format/Balkenarten* und scrollen zum letzten Eintrag in der Liste.

2. Nehmen Sie die in Abbildung 2.12 gezeigten Einträge vor.

Abbildung 2.12   Grafische Darstellung für den Beginn definieren

3. Für das Ende des Reinigungsprozesses machen Sie die in Abbildung 2.12 gezeigten Eingaben.

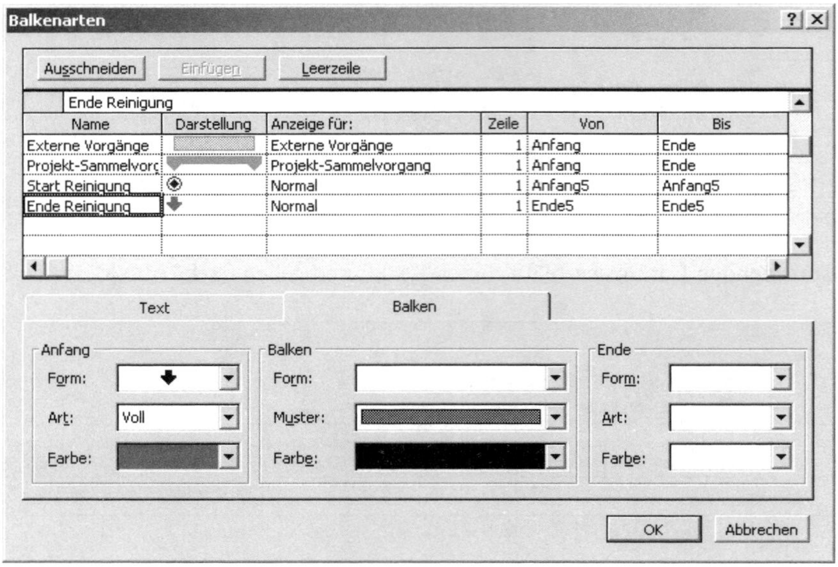

Abbildung 2.13 Grafische Darstellung für das Ende definieren

Selbstverständlich könnten Sie beide Termine auch als Balken darstellen. Ihren Wünschen sind hier recht wenig Grenzen gesetzt, mit Ausnahme der eingeschränkten Feldauswahl, die darstellbar ist, und der limitierten Bedingungsauswahl (*Anzeige für*).

Das Ergebnis sieht dann wie in Abbildung 2.14 gezeigt aus.

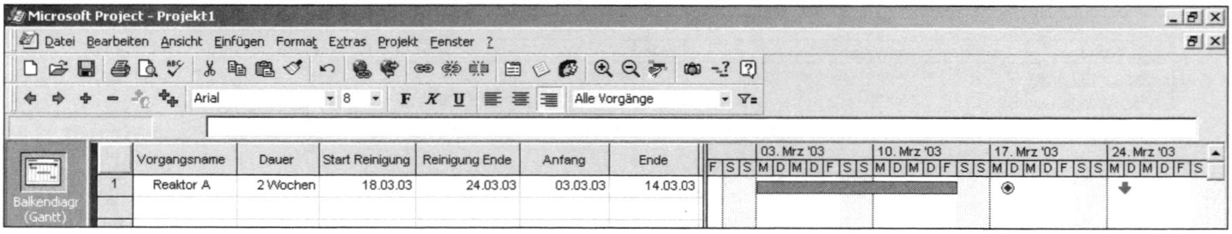

Abbildung 2.14 Darstellung der beiden Werte im Gantt-Diagramm

Dies können Sie auch für die Darstellung von automatischen Terminen nutzen, die z.B. aus einer anderen Planung stammen. Die Felder können auch durch Makros angesprochen werden. Möchten Sie diese Darstellung in allen Plänen nutzen, die Sie erstellen, vergessen Sie nicht, diese zu organisieren (siehe den Artikel »41 Angepasste Tabellen und Ansichten in anderen Projekten zur Verfügung stellen«).

TIPP   Nachdem Sie diese Darstellungsvarianten ganz am Schluss der Reihe eingegeben haben, ist gewährleistet, dass sie immer sichtbar sind. Auch wenn andere Darstellungen wie Basispläne an dieser Stelle zur Anzeige kommen, sind die zwei Grafiken sichtbar. Project arbeitet grundsätzlich die Darstellung im Gantt-Graphen von oben nach unten ab.

Eine andere Darstellungsform ist in Abbildung 2.15 zu sehen.

Es werden positive und negative Puffer direkt im Graphen dargestellt, sodass man bereits auf dem Plan die zur Verfügung stehende oder fehlende gesamte Pufferzeit pro Vorgang sieht. Dabei zeigt die Länge des grünen Balkens (= rechts vom Vorgangsbalken) die zur Verfügung stehende Pufferzeit an und die rote Darstellung (= links vom Vorgangsbalken) die Dauer der negativen Pufferzeit, um die Ihre Planung das Projektende verfehlt. Diese negative Pufferzeit wird hier durch den Meilenstein verursacht.

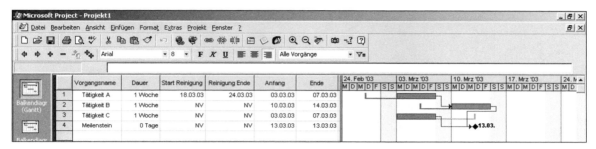

Abbildung 2.15   Grafische Darstellung positiver und negativer Pufferzeiten

Wenn man zusätzlich noch die Abhängigkeiten ausblendet, ergibt sich eine übersichtlichere Darstellung der Situation Ihrer Planung (über *Format/Layout* einzustellen), da dann die Verlinkung nicht stört.

Wie Sie die Darstellung in Abbildung 2.15 erzeugen, sehen Sie in den Dialogfeldern in den Abbildungen 2.16 und 2.17 (das Dialogfeld öffnen Sie wie oben beschrieben über den Menübefehl *Format/Balkenarten*).

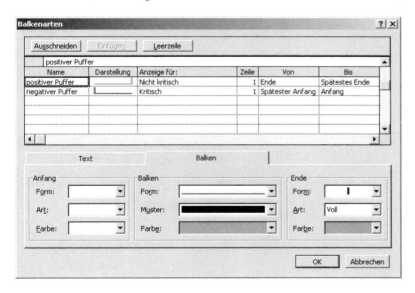

Abbildung 2.16   Die Einstellungen für positive Puffer

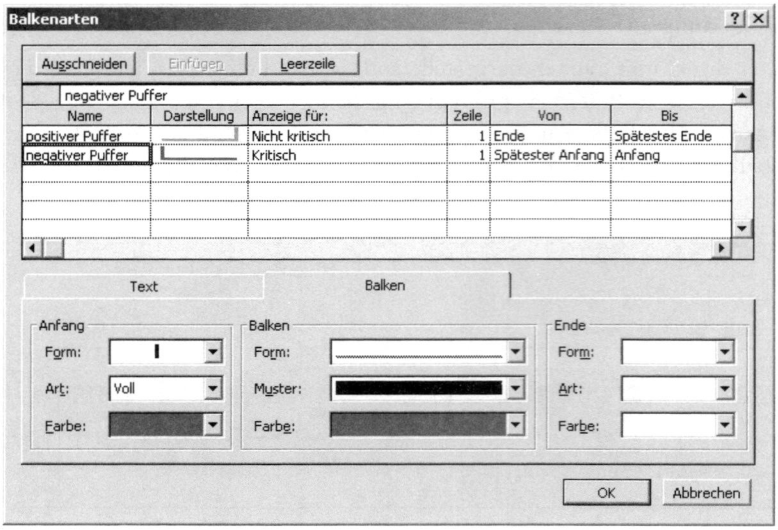
Balkenarten
Ausschneiden
Einfügen
Leerzeile
negativer Puffer
Name
Darstellung
Anzeige für:
Zeile
Von
Bis
positiver Puffer
Nicht kritisch
1
Ende
Spätestes Ende
negativer Puffer
Kritisch
1
Spätester Anfang
Anfang
Text
Balken
Anfang
Form:
Art:
Voll
Farbe:
Balken
Form:
Muster:
Farbe:
Ende
Form:
Art:
Farbe:
OK
Abbrechen

Abbildung 2.17 Die Einstellungen für negative Puffer

Dies sind nur zwei Beispiele, wie Sie verschiedene Datumswerte mit Balkenarten im Plan darstellen können, selbstverständlich gibt es noch weit mehr Darstellungsmöglichkeiten als hier aufgezeigt.

Viel Spaß bei der Erzeugung Ihrer eigenen Balkenpläne.

13 Arbeitsfreie Zeit und andere Kalender im Balkendiagramm anzeigen

Wenn Sie eigene Kalender benutzen, haben Sie sich sicher schon gewundert, dass Sie nach Eingabe eines freien Tages im Kalender diesen freien Tag nicht in der Anzeige gefunden haben. Dazu muss man wissen, dass Microsoft Project grundsätzlich drei Dinge unterscheidet:

- Das Projekt mit dem Standardkalender
- Die benutzerdefinierten zusätzlichen Kalender wie Werks- oder Schichtkalender
- Den Anzeigekalender

Dazu hier ein Beispiel.

> **HINWEIS**   Die Beschreibungen in diesem Artikel gelten grundlegend für die Versionen Project 2000 bis einschließlich Project 2007; auf die Besonderheiten von Project 2007 wird an den betreffenden Stellen hingewiesen.

Standardkalender

Wenn Sie nichts einstellen, verwendet Project den Standardkalender (siehe Abbildung 2.18).

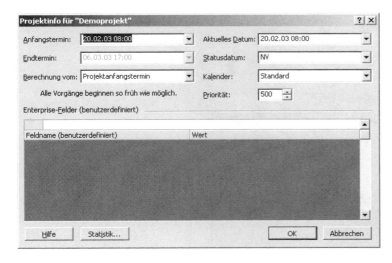

Abbildung 2.18 Projekt/Projektinfo zeigt die aktuelle Einstellung für den Kalender

Benutzerdefinierte Kalender

Über den Menübefehl *Extras/Arbeitszeit ändern* können Sie einen neuen Kalender erstellen (siehe Abbildung 2.19), entweder als Kopie eines bestehenden oder als neuen Kalender.

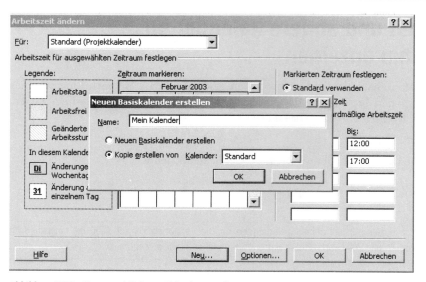

Abbildung 2.19   Benutzerdefinierten Kalender erstellen

Mit *Neu* erstellen Sie einen neuen Kalender – im Beispiel *Mein Kalender* genannt (siehe Abbildung 2.19). Diesen müssen Sie nun dem Projekt zuweisen, indem Sie ihn über den Menübefehl *Projekt/Projektinfo/Kalender* auswählen (siehe Abbildung 2.20).

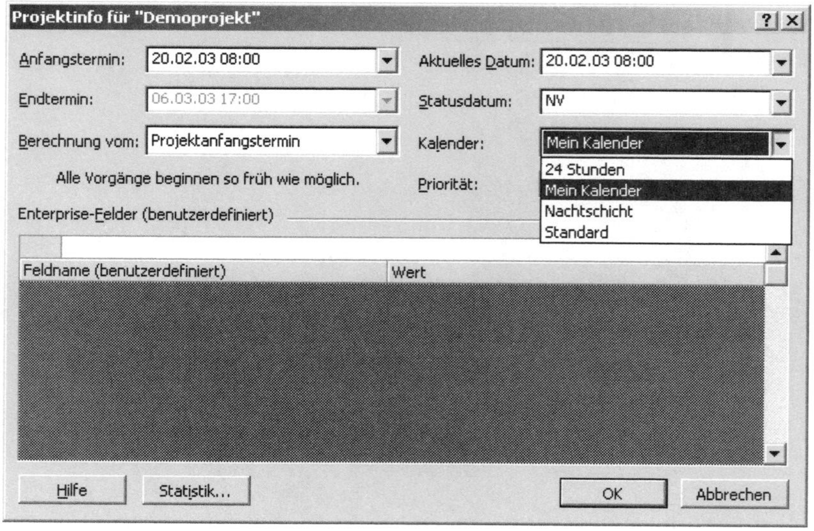

Abbildung 2.20   Benutzerdefinierten Kalender zuweisen

Damit wird dieser Kalender für das Projekt verwendet.

Über den Menübefehl *Extras/Arbeitszeit ändern* erstellen Sie nun einen freien Tag für den gerade erstellten benutzerdefinierten Kalender *Mein Kalender*, indem Sie unter *Zeitraum markieren* den betreffenden Tag auswählen und dann im Bereich *Markierten Zeitraum festlegen* die Option *Arbeitsfreie Zeit* wählen (siehe Abbildung 2.21).

HINWEIS   In Project 2007 werden arbeitsfreie Tage anders definiert; siehe hierzu Artikel »14 Kalender und Feiertage in Project 2007 verwalten«.

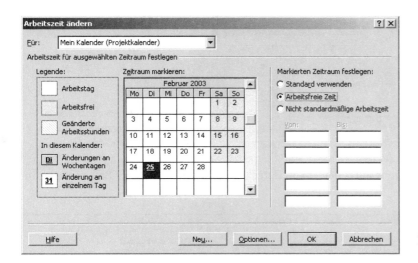

Abbildung 2.21   Arbeitsfreien
Tag definieren

Dieser freie Tag wird jedoch nicht angezeigt (siehe Abbildung 2.22).

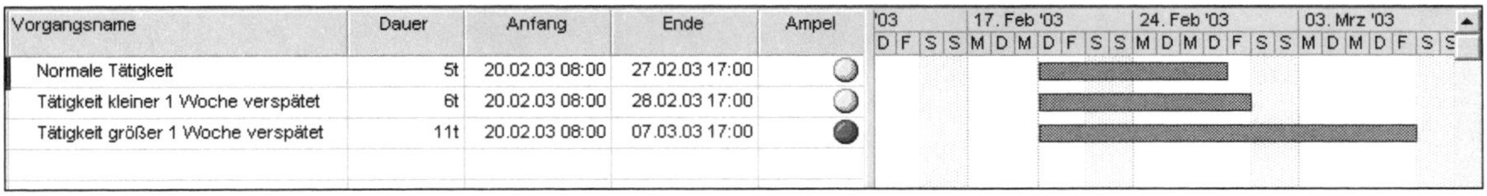

Vorgangsname	Dauer	Anfang	Ende	Ampel	'03 DFSS	17. Feb '03 MDMDFSS	24. Feb '03 MDMDFSS	03. Mrz '03 MDMDFSS
Normale Tätigkeit	5t	20.02.03 08:00	27.02.03 17:00	○				
Tätigkeit kleiner 1 Woche verspätet	6t	20.02.03 08:00	28.02.03 17:00	○				
Tätigkeit größer 1 Woche verspätet	11t	20.02.03 08:00	07.03.03 17:00	●				

Abbildung 2.22   Kein arbeitsfreier Tag in Sicht

Benutzerdefinierte Einstellungen anzeigen

Damit der gerade festgelegte freie Tag auch in der Zeitskala zu sehen ist, müssen Sie noch auf die Zeitskala des Balkendiagramms doppelklicken (alternativ können Sie auch den Menübefehl *Format/Zeitskala* wählen) und dann über die Registerkarte *Arbeitsfreie Zeit* den zuvor erstellten benutzerdefinierten Kalender auswählen (siehe Abbildung 2.23).

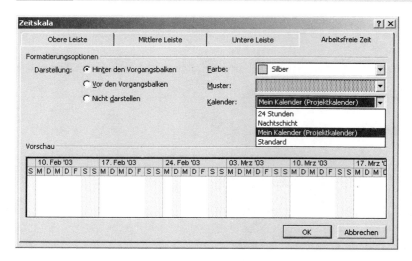

Abbildung 2.23   Benutzerdefinierte Einstellungen zur Anzeige in der Zeitskala auswählen

Wenn Sie mit *OK* bestätigen, wird nun auch der zuvor festgelegte arbeitsfreie Tag im Balkendiagramm angezeigt (siehe Abbildung 2.24).

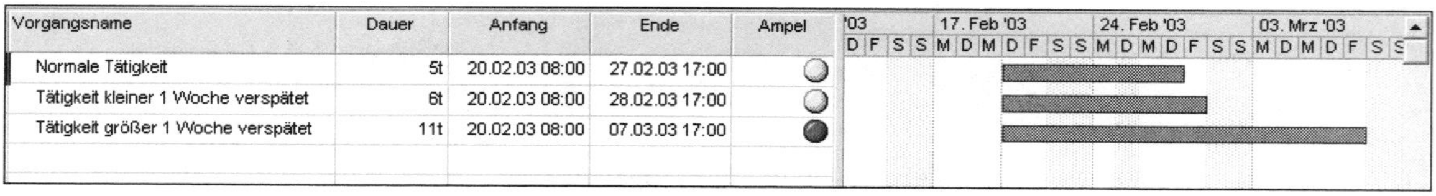

Vorgangsname	Dauer	Anfang	Ende	Ampel				
Normale Tätigkeit	5t	20.02.03 08:00	27.02.03 17:00	○				
Tätigkeit kleiner 1 Woche verspätet	6t	20.02.03 08:00	28.02.03 17:00	○				
Tätigkeit größer 1 Woche verspätet	11t	20.02.03 08:00	07.03.03 17:00	●				

Abbildung 2.24   Nun ist der arbeitsfreie Tag auch sichtbar

Das ist das ganze Geheimnis.

Als Merkregel gilt:

Wenn Sie den Kalender ändern, müssen Sie an drei Stellen tätig werden:

1. Über *Extras/Arbeitszeit ändern* den Kalender erstellen und die Ausnahmetage einpflegen.

2. Über *Projekt/Projektinfo* den Kalender dem Projekt zuweisen.

3. Über *Zeitskala/Arbeitsfreie Zeit* den Kalender für die Anzeige der arbeitsfreien Zeit auswählen.

14 Kalender und Feiertage in Project 2007 verwalten

Seit Microsoft Project Version 4.0 (ca. 1993) ist die Kalenderverwaltung im Wesentlichen gleich geblieben. In Project 2007 hat sich in diesem Punkt jedoch bis auf das *Erstellen*-Dialogfeld (siehe den vorhergehenden Artikel) fast alles geändert. Die betreffenden Änderungen sollen hier dargestellt werden.

HINWEIS   Dieser Artikel bezieht sich ausschließlich auf Project 2007. Auf das grundlegende Vorgehen zum Anpassen von Kalendereinstellungen geht Artikel »13 Arbeitsfreie Zeit und andere Kalender im Balkendiagramm anzeigen« ein.

VIDEO   Zum Thema des Artikels finden Sie auf der DVD zum Buch ein Video – wählen Sie in der Videoauswahl unter **Kapitel 2 Daten organisieren und Darstellung anpassen** den Eintrag **14 Kalender erstellen und anpassen – Project 2007**.

Freie Tage verwalten

Das Dialogfeld zum Anpassen von freien Tagen ist nach wie vor über den Menübefehl *Extras/Arbeitszeit ändern* aufzurufen. Das Dialogfeld selbst hat sich allerdings deutlich geändert (siehe Abbildung 2.25).

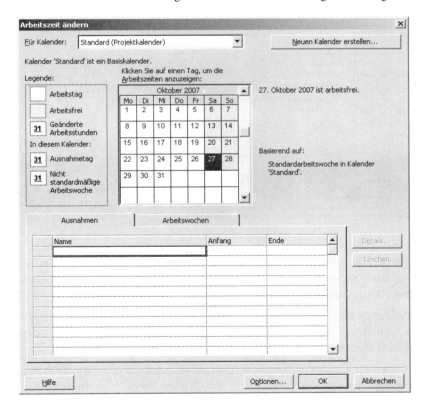

Abbildung 2.25   Das Dialogfeld zum Festlegen der Kalendereinstellungen

Zunächst fällt auf, dass es zwei Registerkarten gibt: *Ausnahmen* und *Arbeitswochen*. Mit den Ausnahmen werden wir uns zuerst beschäftigen, da es häufig vorkommt, dass man freie Tage einfügen möchte.

Das grundlegende Vorgehen ist im Wesentlichen gleich geblieben wie in Project bis Version 2003:

1. Sie klicken in dem Kalenderlistenfeld einen Tag an oder markieren mehrere Tage, indem Sie mit gedrückter linker Maustaste über die betreffenden Tage ziehen (siehe Abbildung 2.26).

2. Dann wechseln Sie zur Registerkarte *Ausnahmen* und geben eine Bezeichnung für diese Auswahl ein (im Beispiel *Weihnachten*).

3. Wenn Sie mit ⏎ bestätigen oder in ein anderes Feld klicken, wird der markierte Zeitraum mit Anfang und Ende als Ausnahme gespeichert und in der Planung berücksichtigt.

Durch die Bezeichnung wird es nun einfacher, die freien Tage zu verwalten, da sie aufgelistet sind, was in den anderen Project-Versionen nicht möglich war.

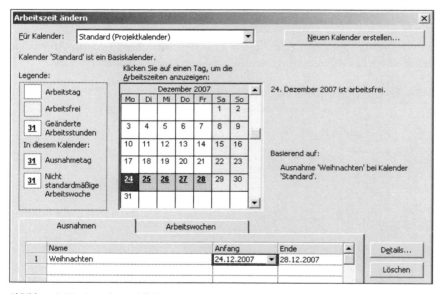

Abbildung 2.26 Ausnahmen definieren

Neu ist auch, dass sich solche Tage bzw. Zeiträume (hier *Weihnachten*) noch weiter bearbeiten lassen. Mit Klick auf die Schaltfläche *Details* erhalten Sie die Möglichkeit, weitere Informationen zu den markierten Tagen zu erfassen bzw. das »Verhalten« dieser Tage anders festzulegen (siehe Abbildung 2.27).

Mithilfe der Optionen im *Details*-Dialogfeld können Sie diese Tage als arbeitsfrei kennzeichnen oder abweichende Arbeitszeiten festlegen. So können z.B. Arbeitsschichten definiert werden (siehe dazu auch den Artikel »57 Projekte planen mit Schichtkalendern«).

Ebenso, und das ist sehr hilfreich, können Sie das Auftreten solcher Ausnahmen über einen Zeitraum definieren – ähnlich dem periodischen Vorgang (unter *Einfügen/Periodischer Vorgang* zu finden). Das Dialogfeld bzw. die verfügbaren Optionen unterscheiden sich nicht von denen, die hier im *Details*-Dialogfeld angeboten werden. Ich habe bisher auch keinen Fall gefunden, der sich nicht mit diesen Optionen abbilden ließe.

So kann man Freischichten, Samstagsschichten und freie Tage elegant und schnell definieren.

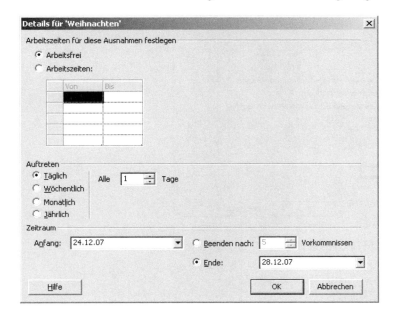

Abbildung 2.27 Details zur definierten Ausnahme festlegen

Um freie Tage einzugeben, können Sie auch einfach eine Bezeichnung eingeben und anschließend Anfang und Ende im Kalender auswählen oder die Daten direkt in die betreffenden Felder eingeben.

Auf jeden Fall hat sich hier die Übersichtlichkeit deutlich verbessert.

Arbeitswochen verwalten

Das Dialogfeld zum Verwalten der Arbeitswochen wurde vollständig überarbeitet.

Musste man bisher die Tage in der Kopfzeile markieren und anschließend die Tage definieren, so haben Sie nun die Möglichkeit, zunächst die Zeiträume mit Anfang und Ende festzulegen und dann im Dialogfeld *Details* für jeden Wochentag die Arbeitszeiten zu definieren (siehe Abbildung 2.28).

Im Beispiel wurde für Montag bis Freitag eine 8,5-Stunden-Standardschicht definiert, indem die entsprechenden Tage zuvor markiert wurden und dann die Arbeitszeit geändert wurde.

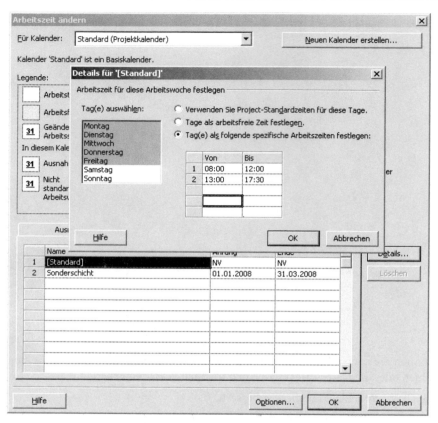

Abbildung 2.28   Arbeitszeiten definieren in Project 2007

Zusätzlich wurde dann für den Zeitraum eine Sonderschicht definiert, die vom 1.1.2008 bis 31.3.2008 läuft (siehe Abbildung 2.28), die zehn Sunden pro Tag beinhaltet (siehe Abbildung 2.29).

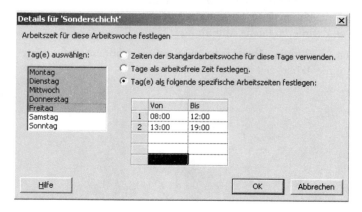

Abbildung 2.29   Arbeitszeiten der Sonderschicht definieren

Daraus ergibt sich in Microsoft Project dann nachfolgendes Verhalten, siehe jeweils die *Anfang*- und *Ende*-Felder in der Abbildung:

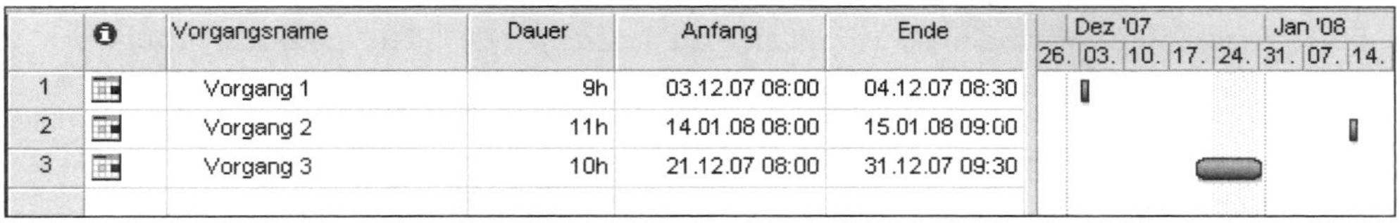

	ⓘ	Vorgangsname	Dauer	Anfang	Ende	Dez '07 26. 03. 10. 17. 24.	Jan '08 31. 07. 14.
1		Vorgang 1	9h	03.12.07 08:00	04.12.07 08:30		
2		Vorgang 2	11h	14.01.08 08:00	15.01.08 09:00		
3		Vorgang 3	10h	21.12.07 08:00	31.12.07 09:30		

Abbildung 2.30 Anzeige der Standard- und benutzerdefinierten Arbeitszeiten

- Vorgang 1 mit 9 Stunden Dauer liegt in der »Standardzeit« mit 8,5 Stunden pro Tag, sodass die Tätigkeit am nächsten Tag um 8:30 Uhr endet. Also 8,5 Sunden am 3.12. und eine halbe Stunde am 4.12, wobei der Anfang der Tätigkeit bei 8:00 Uhr liegt.

- Vorgang 2 liegt in der definierten Sonderschichtzeit und endet bei 11 Stunden Dauer am nächsten Tag um 9:00 Uhr (10 Stunden am 14.1. plus 1 Stunde am 15.1.).

- Vorgang 3 beginnt einen Tag vor den definierten Weihnachtsferien und läuft dort 8,5 Stunden und endet somit erst am 31.12.07, nachdem 1,5 Stunden gearbeitet wurden. Die Weihnachtsferien wurden bis einschließlich Freitag 28.12. definiert. Samstag 29.12. und Sonntag 30.12. sind arbeitsfrei. Also wird ab 31.12. wieder gearbeitet und die Tätigkeit ist um 9:30 Uhr beendet.

Somit können sehr heterogene Projektzeiten mit Project 2007 erfasst und diese dann einfach und übersichtlich verwaltet werden.

15 Balkenplananzeige anpassen

Hat man große Pläne, die man später auch noch drucken möchte, so ist es hilfreich, wenn alle fünf oder zehn Zeilen eine horizontale Linie vorhanden ist, womit sich die Lesbarkeit des Plans merklich erhöht.

VIDEO   Zum Thema des Artikels finden Sie auf der DVD zum Buch ein Video – wählen Sie in der Videoauswahl unter **Kapitel 2 Daten organisieren und Darstellung anpassen** den Eintrag **15 Balkenplananzeige anpassen**.

Wie Sie in Abbildung 2.31 sehen, ist die Lesbarkeit eines großen Plans nicht gewährleistet, da das Auge Mühe hat, die horizontale Linie zu halten, wenn man den Balken betrachten will.

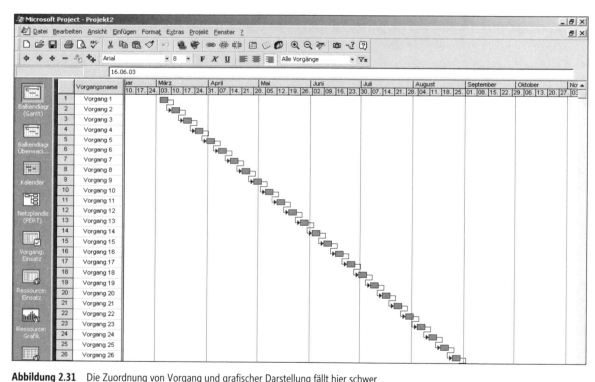

Abbildung 2.31   Die Zuordnung von Vorgang und grafischer Darstellung fällt hier schwer

Möchten Sie nun die Darstellung so ändern, dass die Balken leichter zuzuordnen sind, so müssen Sie nur wenige Einstellungen vornehmen.

Klicken Sie mit der rechten Maustaste in die Grafik, wählen Sie im Kontextmenü den Befehl *Gitternetzlinien* und nehmen Sie dann die in Abbildung 2.32 gezeigten Einstellungen vor.

Das Ergebnis dieser Einstellungen sehen Sie in Abbildung 2.33.

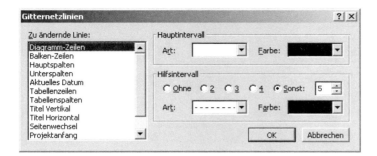

Abbildung 2.32 Gitternetzlinien definieren

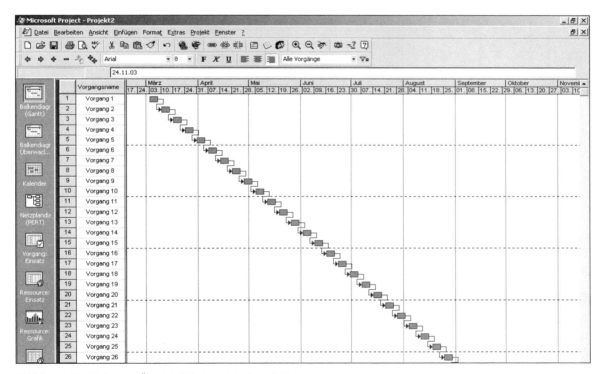

Abbildung 2.33 Verbesserte Übersichtlichkeit durch horizontale Linien

Bitte werfen Sie auch einmal einen Blick auf die weiteren Möglichkeiten, die Ihnen Project zur übersichtlicheren Darstellung der Informationen bietet. So können Sie z.B. auch den Projektanfang und/oder das Projektende als vertikale Linien einblenden lassen (siehe Abbildung 2.34) wie dies beim Afinion Project Viewer standardmäßig dargestellt wird (Informationen zum Project Viewer erhalten Sie im Artikel »38 Project Viewer nutzen« bzw. im zugehörigen Video).

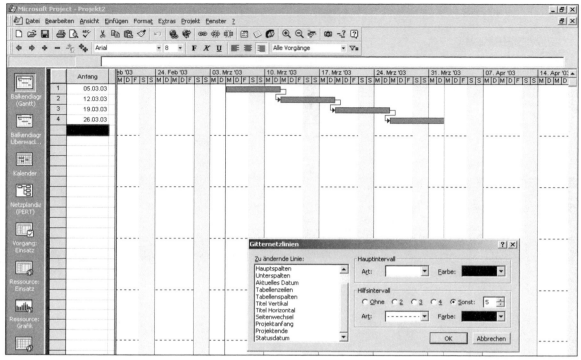

Abbildung 2.34   Projektanfang und -ende durch vertikale Linien kennzeichnen

Selbstverständlich werden die festgelegten Linien auch in der Druckausgabe dargestellt – in der Abbildung 2.35 beispielsweise alle fünf Zeile eine horizontale Linie zum leichteren Zuordnen der Vorgänge und ihrer grafischen Darstellung in der Zeitskala.

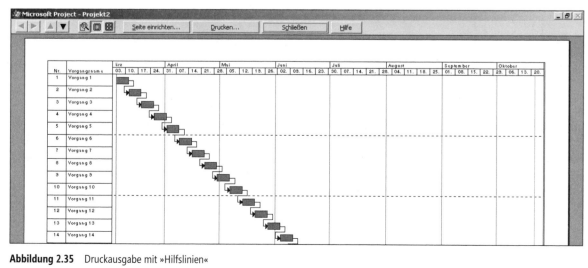

Abbildung 2.35   Druckausgabe mit »Hilfslinien«

16 Layout des Balkenplans anpassen

Das Standardlayout des Balkenplans, das mit Microsoft Project geliefert wird, ist häufig ausreichend und zweckmäßig. Jedoch gibt es Fälle, in denen es besser ist, das Layout entsprechend anzupassen, hierzu zählen:

- Sehr viele Verknüpfungen zwischen den Vorgängen, sodass die Anzeige der Verknüpfungen im Balkenplan nicht mehr sinnvoll ist (viele Linien, die nicht mehr nachvollziehbar sind)

- Sehr viele Vorgänge im Netzplan, sodass Sie, wenn Sie diesen drucken wollen, sehr viele Blätter benötigen bzw. in der Bildschirmanzeige sehr viel blättern müssen

- Präsentation der wichtigsten Meilensteine in größerer Darstellung

---

VIDEO   Zum Thema des Artikels finden Sie auf der DVD zum Buch ein Video – wählen Sie in der Videoauswahl unter **Kapitel 2 Daten organisieren und Darstellung anpassen** den Eintrag **16 Balkenplanlayout anpassen**.

Gehen Sie zum Anpassen des Layouts wie folgt vor:

1. Wechseln Sie zum Dialogfeld *Layout*. Wählen Sie dazu entweder den Menübefehl *Format/Layout* oder klicken Sie mit der rechten Maustaste in die grafische Darstellung und wählen Sie im Kontextmenü den Befehl *Layout*.

2. Legen Sie die gewünschte Darstellung fest.

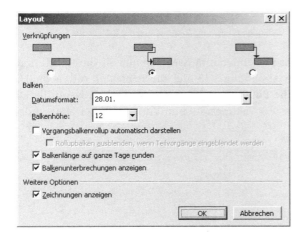

Abbildung 2.36   Layoutoptionen

Mit der linken Option unter *Verknüpfungen* können Sie die Balkenverbindung unterdrücken lassen, um die störenden Linien zu entfernen.

Möchten Sie umgekehrt möglichst viele Vorgänge darstellen, geben Sie im Dropdown-Listenfeld *Balkenhöhe* den Wert 6 aus, die kleinste Darstellungsoption.

In Abbildung 2.37 sehen Sie, dass die Balken entsprechend weniger Zeilenhöhe benötigen und die Verknüpfungen ausgeblendet sind.

Die schmalen Balken wirken sich vor allem beim Drucken aus, nachdem wesentlich mehr Zeilen auf ein Blatt passen als vorher (ca. 20%), sodass Sie weniger Seiten für die Druckausgabe benötigen.

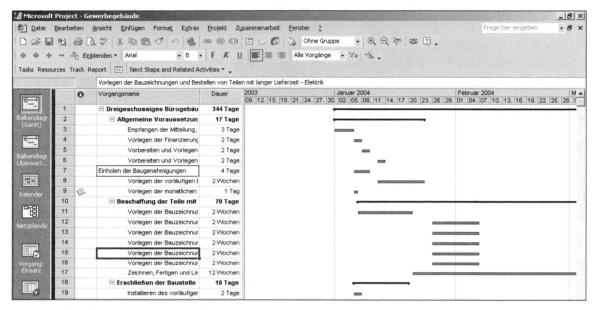

Abbildung 2.37   Übersichtliche Darstellung durch Unterdrückung der Verbindungslinien und Verringerung der Balkenhöhe

Umgekehrt gilt: Wenn Sie die wichtigsten Meilensteine präsentieren müssen, können Sie die Schrift und die Balkenhöhe entsprechend vergrößern (im Beispiel in Abbildung 2.38 die Summentexte), sodass die Daten bei Verwendung eines Beamers besser lesbar sind. Ihr Publikum wird es Ihnen danken, wenn die Daten besser lesbar sind. Denken Sie dabei auch daran, dass Verwaltungsräte und Vorstände eher älter sind, also nicht mehr so gut sehen! ;-)

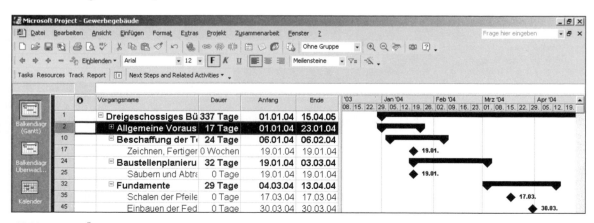

Abbildung 2.38   Übersichtliche Darstellung durch größere Schrift für die in diesem Fall wesentlichen Informationen

17 Zeitskala des Balkenplans anpassen für Bildschirm- und Druckausgabe

Sie kennen das Problem. Beim Drucken werden Balken der Vorgänge bzw. Tätigkeiten nur teilweise angezeigt, obwohl die Darstellung in der Bildschirmanzeige korrekt ist.

Ich kann Ihnen versichern, dass Sie bei diesem Problem in bester Gesellschaft sind und Ihre teilweise stundenlangen Bemühungen keine Ausnahme darstellen. Ob es dabei schon zu Zusammenbrüchen gekommen ist, weiß ich nicht; jedoch weiß ich, dass insbesondere bei wichtigen Präsentationen manche Projekt- oder Geschäftsleitungsassistenten schon Heulkrämpfen nahe waren.

Dabei ist es doch ganz einfach.

Zum Anpassen der Darstellung gehen Sie wie folgt vor:

WICHTIG   Project benötigt ein Minimum an Platz für die Grafik. Sollte dieser Wert zur Ausgabe Ihres Plans unterschritten werden müssen, wird trotzdem automatisch die programminterne Anforderung verwendet. Daran lässt sich nichts ändern.

1. Klicken Sie mit der rechten Maustaste auf die Zeitskala und wählen Sie im Kontextmenü den Befehl *Zoom*.

2. Wählen Sie die Option *Gesamtes Projekt*.

   Mit diesem Befehl errechnet Project den benötigten Platz in der Grafik.

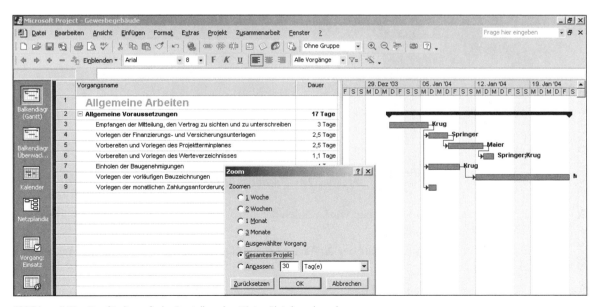

Abbildung 2.39   Den für die grafische Darstellung benötigten Platz berechnen lassen

Dieser wird aber sehr knapp berechnet, sodass gelegentlich die Balken direkt an die linke Begrenzung anstoßen, wenn Sie sie ausdrucken möchten (vor allem wenn wenig Platz und die Zeitskala sehr groß ist).

Hinzu kommt, dass Project die Ressourcennamen nicht berücksichtigt, sodass das Ergebnis anschließend beispielsweise wie in Abbildung 2.40 bei Vorgang 8 aussehen kann: Der Ressourcenname wird abgeschnitten, was nicht schön aussieht und beim Drucken dafür sorgt, dass eine zweite Seite erforderlich ist.

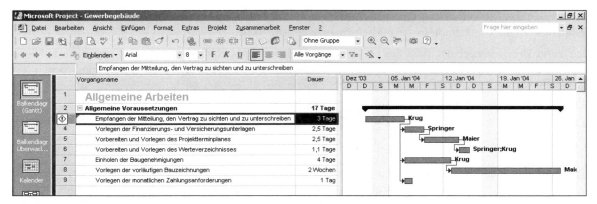

Abbildung 2.40   Ressourcennamen werden bei der Platzberechnung nicht berücksichtigt

Um dies zu vermeiden, gibt es einen kleinen Trick:

1. Rufen Sie erneut das Dialogfeld *Zoom* auf.

    Project hat nun die gesamte Dauer des Projekts errechnet (im Beispiel 30 Tage).

Abbildung 2.41   Trickreich – Dauer des Projekts anpassen

2. Um dafür zu sorgen, dass alles angezeigt wird, wählen Sie die Option *Anpassen* und geben ca. 20 bis 30% zu (wie beim Kochen oder Basteln).

    Im vorliegenden Beispiel wurden statt der 30 Tage nun 36 Tage eingetragen; das Darstellungsergebnis sehen Sie in Abbildung 2.42.

Damit passt der gesamte Balkenplan schön in die Anzeige. Damit ist jedoch noch nicht sichergestellt, dass dann auch der Ausdruck so stimmt.

Wie beschrieben, passt Project zwar die Ansichten am Bildschirm an, jedoch bleiben meist einige Mängel übrig, die dann von Hand behoben werden müssen.

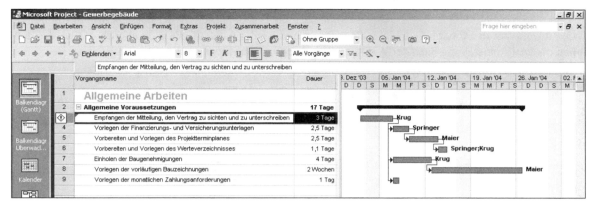

Abbildung 2.42 Der Trick hat bei der Bildschirmausgabe funktioniert ...

Nachdem der Balkenplan nun in der Bildschirmausgabe passt, möchten wir ihn natürlich auch drucken. In der Seitenansicht zeigt sich jedoch, dass die Druckausgabe von der Bildschirmausgabe abweicht (siehe Abbildung 2.43).

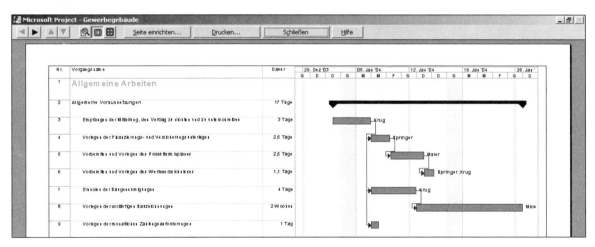

Abbildung 2.43   ... bei der Druckausgabe aber nicht

Wie Sie sehen, wird *Maier* wieder abgeschnitten, also dasselbe Problem wie in der ursprünglichen Bildschirmanzeige. Um dies zu korrigieren, liegt es nahe, im Dialogfeld *Seite einrichten* die Skalierung auf *Anpassen* umzustellen.

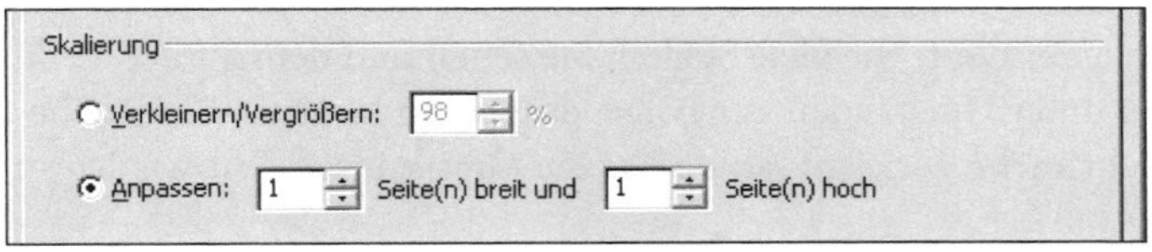

Abbildung 2.44   Skalierungsoptionen

Wie Sie sich in Abbildung 2.45 überzeugen können, ist das Ergebnis aber wieder dasselbe wie in Abbildung 2.43, Project passt den Ressourcennamen-Platzbedarf hier wieder nicht an. (Es kann allerdings sein, dass bei Ihnen die Druckdarstellung nach der Wahl der Skalierungsoption *Anpassen* stimmt.)

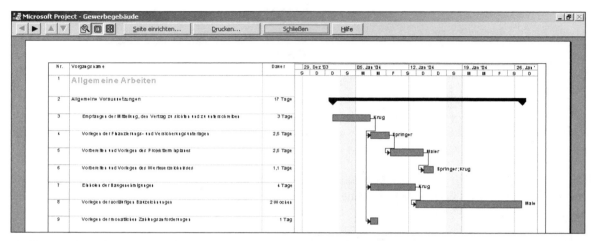

Abbildung 2.45   Das Ändern der Skalierungsoption auf *Anpassen* hat in diesem Fall nichts gebracht

Somit müssen Sie an dieser Stelle mit der Skalierungsoption *Verkleinern/Vergrößern* (siehe Abbildung 2.44) arbeiten. Mit einer Reduzierung um ca. 20% (hier wurde dann *85%* gewählt) wird der Plan in der gewünschten Breite auf den Drucker gebracht, sodass alles wieder passt.

Dabei hat das Ganze aber immer noch einen Haken: Je nachdem, was im Dialogfeld *Seite einrichten* auf der Registerkarte *Ansicht* eingestellt ist (siehe Abbildung 2.46), verhält sich die Skalierung sehr unterschiedlich.

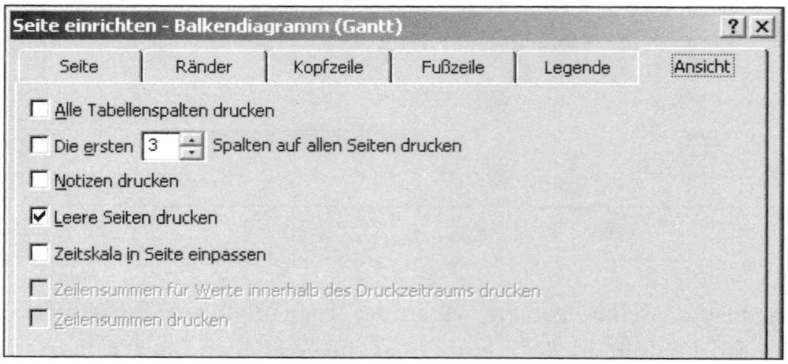

Abbildung 2.46   Ansichtsoptionen

Dabei sind folgende Einstellungen von Bedeutung:

- *Die ersten x Spalten auf allen Seiten drucken* definiert, wie viele Spalten Sie sehen und demzufolge auch, wie viel Platz benötigt wird. Dies hat dann unter Umständen zur Folge, dass wenn hier zu viel Platz benötigt wird, die Skalierung überhaupt nicht mehr wirksam ist, da für die Grafik insgesamt wieder zu wenig Platz zur Verfügung steht.

- Ähnliches gilt natürlich auch für die Option *Alle Tabellenspalten drucken*.

- Die Option *Zeitskala in Seite einpassen* ist ebenfalls sehr hilfreich. Sie bewirkt, dass die Grafik automatisch angepasst wird, egal wie breit die Grafik vorher am Bildschirm war (siehe die Abbildungen 2.47 und 2.48).

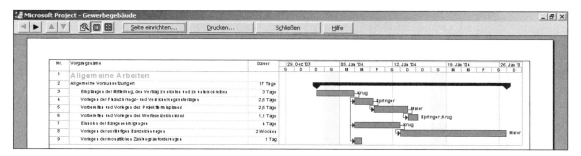

Abbildung 2.47   Zeitskala-Option aktiviert

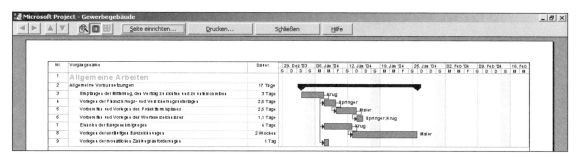

Abbildung 2.48   Zeitskala-Option nicht aktiviert

Diese Option arbeitet aber nur dann gut, wenn der Platz nicht zu begrenzt ist. Auch hier braucht Microsoft Project ein Minimum an Platz.

Wenn es wirklich nur wenig Platz gibt und alles nichts hilft, können Sie dann mit *Zoom* sehr große Zeiträume stauchen (Anpassen 500 Wochen etc.). Das hilft gelegentlich auch, bewirkt aber, dass die Balken sehr schmal werden, also weniger als zehn Wochen in der Grafik nicht mehr unterscheidbar sind. Sie müssen dann ausprobieren und im Einzelfall entscheiden, ob die Darstellung noch sinnvoll ist.

Und wenn es gar nicht geht, sollten Sie sich auch überlegen, ob für einen Druckbericht das Balkendiagramm mit einer Darstellung von fünf Jahren auf einer Seite wirklich so wichtig ist, weil kaum mehr Unterschiede zu sehen sind. Dann gehen Sie auf den vertikalen Balken, der Text und Grafik trennt, und schieben die Grafik ganz an den Rand. Anschließend wird nur noch der Textteil gedruckt. Das genügt häufig.

So, nun müssten Sie in der Lage sein, die Zeitskala so anzupassen, dass Sie wirklich auch alles auf dem Ausdruck haben, was Sie ausdrucken wollten.

18 Stichtag anzeigen

Es gibt immer wieder Vorgänge, die einen bestimmten Stichtag nicht überschreiten dürfen.

Um dies zu visualisieren, gibt es in Microsoft Project den sogenannten Stichtag. Dieser muss von Hand gepflegt werden und kann deshalb frei gewählt werden, kann also auch zur Visualisierung eines Termins genutzt werden (Stand der Arbeiten per Datum).

> **HINWEIS** Die konkreten Beschreibungen in diesem Artikel gelten für Project 2002 und höher.

> **VIDEO** Zum Thema des Artikels finden Sie auf der DVD zum Buch ein Video – wählen Sie in der Videoauswahl unter **Kapitel 2 Daten organisieren und Darstellung anpassen** den Eintrag **18 Stichtag anzeigen**.

Zum Festlegen eines Stichtags gehen Sie wie folgt vor:

1. Doppelklicken Sie auf den betreffenden Vorgang und wechseln Sie im Dialogfeld *Informationen zum Vorgang* zur Registerkarte *Spezial*.

2. Geben Sie dort im Bereich *Vorgang einschränken* im Feld *Stichtag* den betreffenden Stichtag ein (siehe Abbildung 2.49).

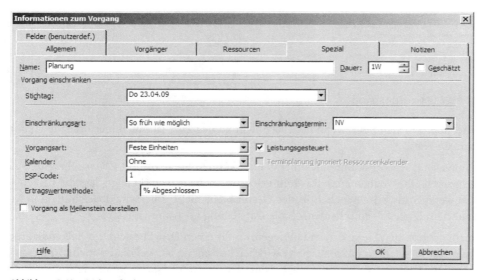

Abbildung 2.49 Stichtag festlegen

Nachdem Sie auf *OK* geklickt haben, sehen Sie den Stichtag im Balkenplan als Pfeil eingeblendet.

Wenn Sie dessen Farbe ändern möchten, so können Sie dies über den Menübefehl *Format/Balkenarten* umstellen, sodass der Stichtag wie in Abbildung 2.50 formatiert dargestellt wird. Dort ist der Pfeil auf die Farbe rot geändert.

Abbildung 2.50   Geänderte Formatierung der Stichtagmarkierung

Wenn der Termin überschritten wird, so wie Abbildung 2.50 zu sehen, wird in der Info-Spalte eine Warnung angezeigt (rote Raute mit Ausrufezeichen), sodass Sie rasch einen Hinweis auf die Terminüberschreitung erhalten. Diese Warnung erscheint jedoch erst, wenn der Termin durch den Vorgang überschritten wird, z.B. wurde in Abbildung 2.50 durch eine Verknüpfung der Vorgang 2 nach hinten verschoben. Der Stichtag ist also ungeeignet, um als Frühwarnsystem zu dienen, da er keine Kontrolllogik besitzt.

Der Stichtag ist auch direkt in der Tabelle einblendbar (siehe entsprechende Spalte links in Abbildung 2.50). Der Feldname dafür ist ebenfalls *Stichtag*. Mithilfe der Tabelle können Sie rasch mehrere Stichtage eingeben und diese pflegen. Diese Option ist vor allem hilfreich, wenn Sie ein drittes Kriterium für einen Vorgang benötigen – also Anfang, Ende und Stichtag.

19 Grundlagen zu Basisplänen

Projekte, die in der Umsetzung sind, sollten immer wieder in Bezug auf ihre Termintreue kontrolliert werden. Als Faustregel können Sie sich merken: Für Projekte mit einer Dauer von weniger als einem Jahr: Projektdauer in Monaten geteilt durch 4; bei Projekten, die länger laufen: 3- oder 4-mal pro Jahr ein Meilenstein für die Überwachung ist eine gute Vorgehensweise. Selbstverständlich können Projekte davon abweichen, je nachdem wie zeitkritisch und kostenkritisch sie sind und welche Prämissen dahinterstehen.

Dasselbe gilt übrigens auch für die minimale Anzahl von Kontrollmeilensteinen zur Kontrolle des Projektverlaufs in einem Projekt. Kontrolle ist hier durchaus wörtlich zu nehmen.

VIDEO   Zum Thema des Artikels finden Sie auf der DVD zum Buch ein Video – wählen Sie in der Videoauswahl unter **Kapitel 2 Daten organisieren und Darstellung anpassen** den Eintrag **19 Vom Umgang mit Basisplänen**.

Wenn Sie also Ihr Projekt aufgesetzt haben, gehen Sie wie folgt vor, um einen Basisplan zu speichern:

1. Wählen Sie den Menübefehl *Extras/Überwachung/Basisplan festlegen*.

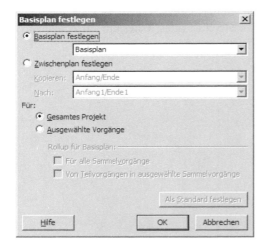

Abbildung 2.51   Basis- oder Zwischenplan speichern

2. Entscheiden Sie, ob Sie einen Basisplan speichern, also den ersten Stand einfrieren möchten, oder einen Zwischenplan.

   Zwischenpläne einfrieren können Sie entweder während des laufenden Projekts zur Kennzeichnung der Veränderungen im Projekt (während des Verlaufs) oder auch am Anfang, um entsprechende Varianten zu dokumentieren.

3. Des Weiteren können/müssen Sie entscheiden, ob es alle Vorgänge betrifft oder nur die ausgewählten.

   Ausgewählte Vorgänge nimmt man normalerweise, wenn neue Vorgänge hinzugekommen sind und schon ein Basisplan besteht, der nicht überschrieben werden soll.

Wichtig im Anschluss daran ist natürlich, dass Sie dann auch die verschiedenen Pläne anzeigen können. Dies können Sie folgendermaßen tun: Aktivieren Sie zunächst einmal die Ansicht *Balkendiagramm: Überwachung*. In dieser Ansicht (siehe Abbildung 2.52) sehen Sie schon fertig konfektioniert (rot für kritische

Vorgänge und blau für Vorgänge mit Gesamtpuffer) im oberen Teil der jeweiligen Balkendiagrammzeile die aktuelle Lage der Termine der Vorgänge und grau darunter die Lage zu dem Zeitpunkt, als der Basisplan eingefroren wurde. Die grauen Balken müssen nicht zwingend vorhanden sein. Wenn der Vorgang zum Zeitpunkt, als der Basisplan eingefroren wurde, nicht existierte, fehlt der graue Balken, da keine Planwerte zur Verfügung stehen (siehe den Vorgang *Vorgang ohne Basisplanwert* in Zeile 19, der nur einen blauen Balken hat).

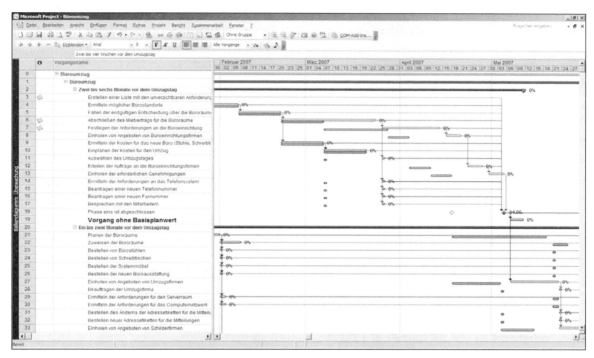

Abbildung 2.52   Ansicht *Balkendiagramm: Überwachung*

Schwieriger wird es nun allerdings, wenn Sie Basispläne miteinander vergleichen wollen.

Grundsätzlich gilt: Termine des Basisplans stehen in den Feldern *geplanter Anfang* und *geplantes Ende*; die Termine der Zwischenpläne in *Anfang 1* bis *10* bzw. *Ende 1* bis *10*, jeweils abhängig davon, welchen Zwischenplan und damit welches Datenpaar Sie ausgesucht haben.

Hier müssen Sie sich eine Ansicht bauen, am besten als Kopie von *Balkendiagramm: Überwachung* (wie das geht, können Sie in Artikel »40 Eigene Ansichten erstellen« nachlesen). Nachdem Sie die Kopie angefertigt haben, wählen Sie die Ansicht aus und ersetzen im Dialogfeld zum Menübefehl *Format/Balkenarten* alle Werte, in denen »geplanter« oder »geplantes« steht, durch den jeweiligen Wert des Zwischenplanpaares. Also statt *geplanter Anfang* z.B. *Anfang1* und statt *geplantes Ende* z.B. *Ende1* und so weiter.

Nun sehen Sie die aktuellen Werte im Vergleich zum gewünschten Zwischenplan.

20 Grundlagen zu Meilensteinen

Meilensteine spielen in Projekten eine bedeutende Rolle. Dies tun sie demzufolge auch im Terminplan. Damit Meilensteine jedoch »ihre Wirkung« voll entfalten können, gilt es, bestimmte Dinge zu beachten.

Immer wieder ist in Gesprächen von »floating milestones« die Rede. Nicht nur, dass diese Formulierung falsch ist, weil ein Meilenstein nicht fließt, sonst wäre es ja kein Meilenstein, auch in der Anwendung sind »fließende« Meilensteine höchst gefährlich. »Wenn ich nicht weiß, wohin ich will, darf ich mich nicht wundern, dass ich ganz woanders ankomme«, lautet ein Projektmanagement-Sprichwort dazu.

Es gilt also, einige grundlegende Dinge im Umgang mit Meilensteinen im Allgemeinen und in Microsoft Project im Speziellen zu beachten.

Da wäre zunächst einmal, dass Meilensteine grundsätzlich gesetzt sein sollten. Gesetzt heißt, dass jeder Meilenstein einen fixen Termin hat. Wenn Sie diesen noch nicht bzw. nicht kennen, legen Sie ihn selbst fest. Ihre Planung ist schon von Anfang an obsolet, wenn Sie die Termine nicht im Auge behalten. Meist bekommt man ohnehin Termine vorgegeben, die nicht realistisch sind – aber das ist ein anderes Kapitel.

Gehen Sie wie folgt vor, um einen Meilenstein zu definieren:

1. Doppelklicken Sie auf den betreffenden Vorgangsnamen und aktivieren Sie dann im Dialogfeld *Informationen zum Vorgang* die Registerkarte *Spezial* (siehe Abbildung 2.53).

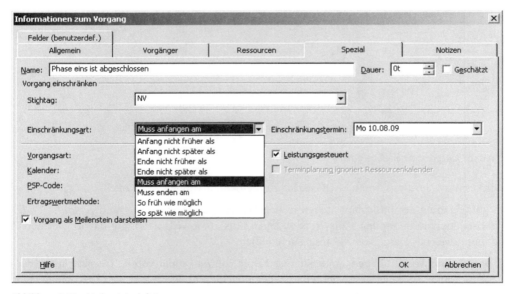

Abbildung 2.53 Meilenstein definieren

2. Wählen Sie im Dropdown-Listenfeld *Einschränkungsart* die Option *Muss anfangen am* oder die Option *Muss enden am*, je nach Bedarf. Wenn Sie im Feld *Einschränkungstermin* keine Uhrzeit zusätzlich zum Datum angeben, so setzt Project bei *Muss anfangen am* die Uhrzeit auf 8:00 Uhr und bei *Muss enden am* auf 17:00 Uhr. Die gewünschte Uhrzeit können Sie direkt in das Feld *Einschränkungstermin* im Format »hh:mm« eintragen (siehe Abbildung 2.54).

Abbildung 2.54   Auch die genaue Uhrzeit kann festgelegt werden

Anschließend zeigt Project für den betreffenden Vorgang in der Indikatorspalte eine entsprechende Kennzeichnung an (siehe Abbildung 2.55).

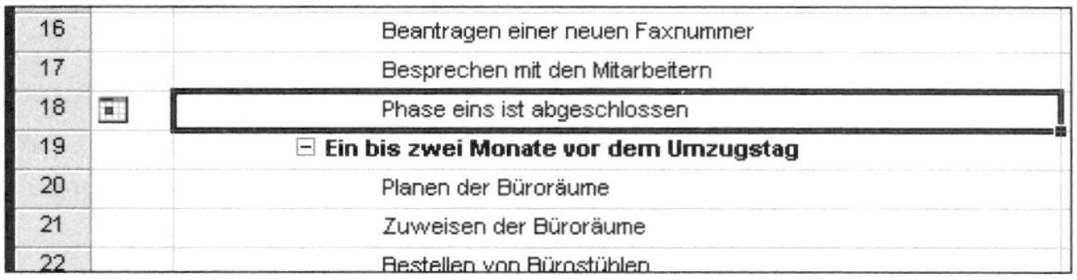

16		Beantragen einer neuen Faxnummer
17		Besprechen mit den Mitarbeitern
18	▣	Phase eins ist abgeschlossen
19		⊟ Ein bis zwei Monate vor dem Umzugstag
20		Planen der Büroräume
21		Zuweisen der Büroräume
22		Bestellen von Bürostühlen

Abbildung 2.55   Meilensteine werden mit einem speziellen Indikator gekennzeichnet

Nun stellen Sie vielleicht fest, dass der Termin nicht stimmt. In diesem Fall ist man versucht, den vorhandenen Meilenstein einfach mit der Maus zu verschieben. Dabei stellt Project jedoch den Vorgang auf *Ende nicht früher als* um (wenn der Vorgang nach hinten verschoben wird), wie in Abbildung 2.56 zu sehen. Das ist natürlich fatal, aber im System so hinterlegt.

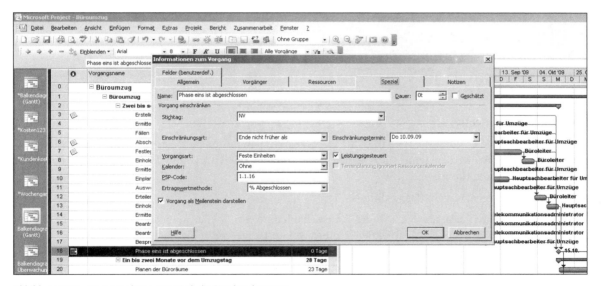

Abbildung 2.56   Project ändert automatisch die Einschränkungsart

ACHTUNG   Aus diesem Grund gilt die eiserne Regel: Ein Meilenstein wird nur über den Menübefehl *Projekt/Informationen zum Vorgang/Spezial* geändert. Alles andere ist tabu!

Des Weiteren sollten Sie sich überlegen, ob Sie globale Meilensteine, also Meilensteine, die für mehrere Vorgänge von Bedeutung sind, nicht ganz nach oben verlegen. Ganz nach oben heißt, dass diese Meilensteine die Vorgangsnummern 1 bis x verwenden. Das hat den Vorteil, dass die Meilensteine nach dem Öffnen des Terminplans sofort im Blickpunkt sind. Hinzu kommt, dass diese Meilensteine ihre Vorgangsnummern behalten, egal ob Sie weitere Vorgänge hinzufügen oder nicht. Da die Vorgangsnummer dynamisch ist, erhalten alle Vorgänge unterhalb eines eingefügten Vorgangs neue Nummern. Das erschwert die Verknüpfung auf globale Meilensteine, wenn diese innerhalb des Kontextes liegen, da globale Meilensteine ja meist mehrfach verknüpft werden. »Welche Nummer hat der Meilenstein aktuell?«, ist dann die Frage. Bei großen Netzplänen fängt in diesem Fall das große Suchen an.

Wenn die globalen Meilensteine aber ganz am Anfang stehen, können Sie sich die Nummern leicht merken und sind dann in der Lage, z.B. dem Vorgang 203 direkt in der aktuellen Ansicht den Vorgänger oder Nachfolger Nr. 1 hinzuzufügen, ohne zuerst nachsehen zu müssen, welche aktuelle Vorgangsnummer der Meilenstein hat. Wie in Abbildung 2.57 zu sehen, wurde der Vorgang 27 direkt mit dem globalen Meilenstein mit Vorgangsnummer 1 verknüpft, ohne dass man diesen »direkt sieht«. Durch Hinzufügen der 1 im *Vorgänger*-Feld ist der Vorgänger rasch erstellt. Dies ist besonders bei großen Netzplänen hilfreich.

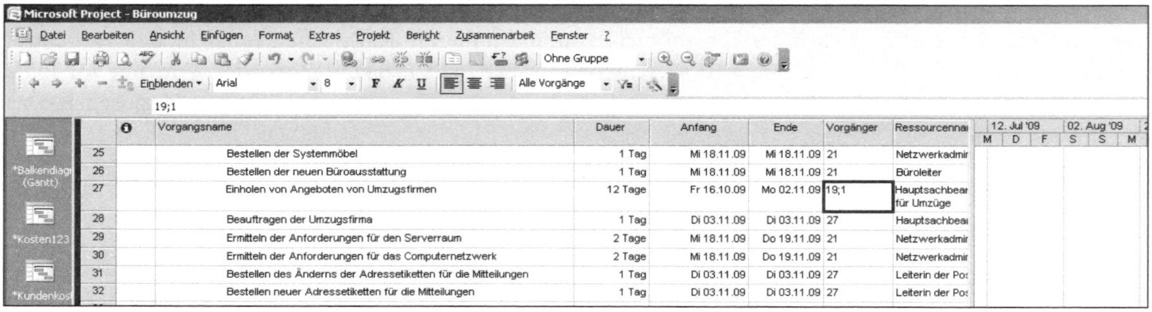

Abbildung 2.57   Direktes Verknüpfen über das Feld *Vorgänger*

Und was ist noch wichtig?

Wenn man sehr viele Meilensteine hat, so ist es auch hilfreich, kommende und gehende Meilensteine zu unterscheiden – also Meilensteine, nach denen etwas anfängt (gehende), und Meilensteine, die das Ende einer Kette markieren (kommende).

Sie werden sich fragen, warum das wichtig ist.

Bei großen Projekten müssen Sie ständig unterscheiden. Wenn Meilensteine den Beginn eines Blocks markieren, dann müssen Sie als Projektleiter meist einige Dinge vorab klären bzw. aufgleisen. Es ist also nicht damit getan, den Termin wahrzunehmen. Vielmehr müssen Sie dafür sorgen, dass entsprechende Arbeiten vorbereitet werden. Ähnlich verhält es sich am Ende von Arbeitsketten. Sind Arbeiten abgeschlossen, so ist natürlich wichtig, dass der Termin eingehalten wird, also das klassische Problem, dass der Meilenstein auch zu diesem Termin erledigt ist.

Wenn Sie nun sehr viele Meilensteine in einem Projekt haben, müssen Sie ständig dafür sorgen, diese sowohl zu kommunizieren als auch zu überwachen. Wenn diese Meilensteine dann schon durch verschiedene Formen optisch unterschieden sind, ist das sehr hilfreich. Wie das geht, können Sie im nachfolgenden Artikel »21 Kommende und gehende Meilensteine darstellen« nachlesen.

21 Kommende und gehende Meilensteine darstellen

Meilensteinpläne für das Management sind eine Standarddarstellung, um wichtige Punkte zu visualisieren. Es geht jedoch nicht immer sofort daraus hervor, ob der Meilenstein den Beginn eines Abschnitts darstellt oder das Ende. Das Ende ist aber meist von größerem Interesse und sollte somit in geeigneter Weise hervorgehoben werden.

Dazu gibt es zwei einfache und schnelle Möglichkeiten, die hier besprochen werden sollen.

Wählen Sie zunächst den Menübefehl *Format/Balkenarten* und markieren Sie in der Spalte *Anzeige für* den Eintrag *Meilenstein*. Geben Sie einen Strichpunkt ein und wählen Sie noch zusätzlich *Attribut1* bzw. *Attribut2* (oder ein anderes, wenn diese schon belegt sind).

> **TIPP** Eine zusätzliche Zeile fügen Sie in dieser Liste ein, indem Sie zunächst den Meilenstein ausschneiden und dann sofort zweimal auf *Einfügen* klicken. Dann haben Sie die Zeile gleich zweimal zur Verfügung.

Zusätzlich können Sie wie in Abbildung 2.58 dargestellt noch die Form ändern und die Farbe. Die in der Abbildung gezeigten Formen wurden bewusst für beginnende und endende Meilensteine gewählt, um dem Betrachter sofort optisch die verschiedenen Meilensteine zu verdeutlichen.

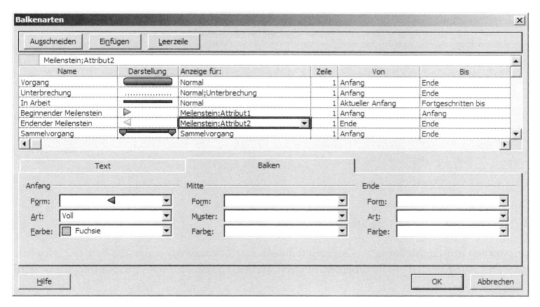

Abbildung 2.58 Visualisierung der Meilensteine definieren

Bitte beachten Sie: Dadurch dass hier der Standardmeilenstein abgeändert wurde, wird ein Meilenstein nur noch angezeigt, wenn er mindestens eines der Attribute ebenfalls aufweist. Die Bedingung für den oberen Meilenstein lautet ja: Du bist Meilenstein? Ja *Und* hast Attribut1? Ja.

Möchten Sie das nicht, müssen Sie diese beiden Meilensteine ans Ende der Liste hängen. Dann genügt es, nur das Attribut zu setzen. Wenn es nicht gesetzt ist, wird der Standardmeilenstein benutzt; wenn es gesetzt ist, wird der Standardmeilenstein durch den jeweils farbigen »überdeckt«. Nachteil dabei ist, dass dann die Darstellung nicht sehr schön ist (siehe Abbildung 2.59).

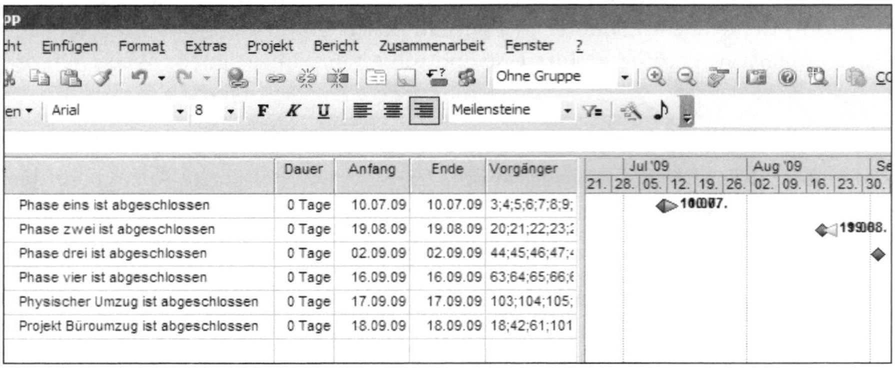

Abbildung 2.59   Überlagerte Darstellung der Meilensteine

Nun müssen Sie nur noch die notwendigen Attributsspalten in einer Ansicht einblenden und die gewünschten Attribute auf *Ja* setzen. Abbildung 2.60 zeigt das Ergebnis, wenn Sie die Meilensteine nutzen, indem Sie beide Merkmale verwenden.

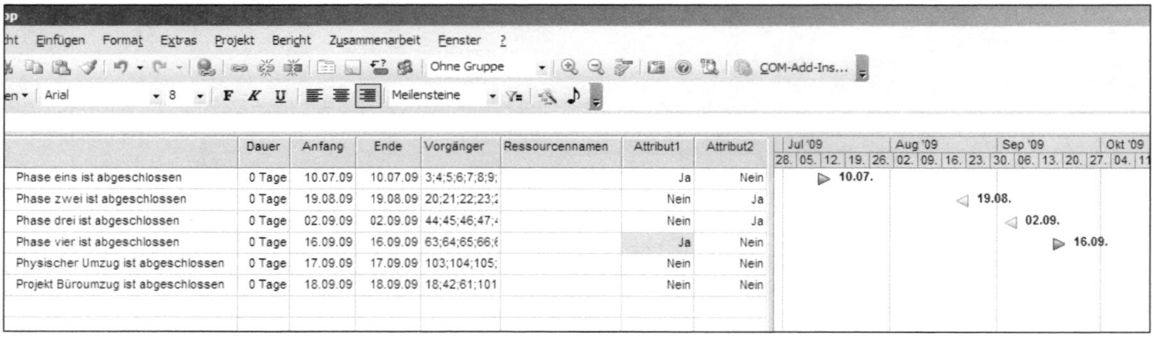

Abbildung 2.60   Darstellung der Meilensteine mittels Attribut

Wie Sie sehen, werden nur die Meilensteine angezeigt, die ein Attribut aufweisen, die also beide Eigenschaften *Meilenstein* und *Attributx* haben. Den beiden unteren Meilensteinen fehlt das Attribut und somit wird keine Visualisierung angezeigt.

Übrigens: Wenn Sie beide Attribute auf *Ja* setzen, erscheinen beide Pfeile übereinander, wobei der rote den grünen überdeckt, da *Attribut2* ja erst in der nächsten Zeile ausgewertet und dargestellt wird.

22 Meilensteine ohne Sammelvorgänge darstellen

Terminpläne für Führungskräfte sind nicht immer ganz einfach zu erzeugen. Vor allem schon aus politischen Gründen.

Insbesondere sollte man dabei beachten, dass nur die wesentlichen Informationen visualisiert werden. Obwohl viele Vorgesetzte der Meinung sind, sie müssten alles sehen, ist dies normalerweise nicht notwendig. Um viele Projekte effizient zu überblicken, genügt es, die wesentlichen Meilensteine zu kennen und diese zu verfolgen.

Dazu kann in Microsoft Project mit ein paar kleinen Änderungen rasch eine entsprechende Darstellung erreicht werden.

VIDEO   Zum Thema des Artikels finden Sie auf der DVD zum Buch ein Video – wählen Sie in der Videoauswahl unter **Kapitel 2 Daten organisieren und Darstellung anpassen** den Eintrag **22 Meilensteine ohne Sammelvorgänge darstellen**.

Zum Anpassen der Darstellung gehen Sie wie folgt vor:

- Zunächst wird der Filter *Meilensteine* gesetzt. Diesen aktivieren Sie über den Menübefehl *Projekt/Filter/Meilensteine* oder durch Auswählen der entsprechenden Option in der Dropdownliste *Filter* in der Symbolleiste, bei der Sie normalerweise den Filtereintrag *Alle Vorgänge* sehen.

Der Filter *Meilensteine* hat aber den Nachteil, dass er auch die Sammelvorgänge anzeigt. Diese werden jedoch nicht immer benötigt, insbesondere wenn die Bezeichnungen der Meilensteine von sich allein aus schon ausreichen. Außerdem werden bei einer tiefen Gliederung weit mehr Sammelvorgänge angezeigt als Meilensteine. Da Meilensteine und Sammelvorgänge standardmäßig schwarz dargestellt werden, leidet dann schnell die Übersicht, wie Sie in Abbildung 2.61 sehen.

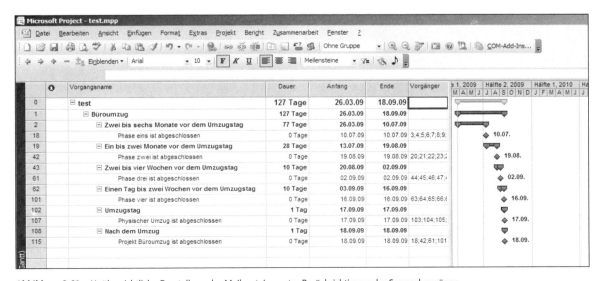

Abbildung 2.61 Unübersichtliche Darstellung der Meilensteine unter Berücksichtigung der Sammelvorgänge

1. Möchten Sie dies umstellen, wählen Sie zunächst den Menübefehl *Projekt/Filter/Weitere Filter*.

2. Markieren Sie den Eintrag *Meilensteine* und klicken Sie dann auf *Bearbeiten*.

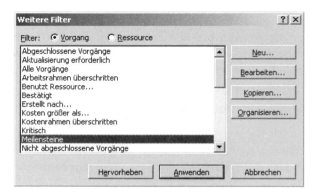

Abbildung 2.62   Meilensteinanzeige bearbeiten

3. Im Dialogfeld *Filterdefinition* deaktivieren Sie unten links das Kontrollkästchen *Anzeige von zugehörigen Sammelvorgangszeilen* (siehe Abbildung 2.63).

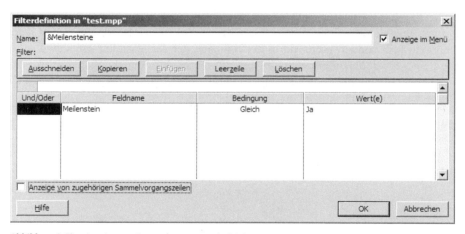

Abbildung 2.63   Anzeige von Sammelvorgängen deaktivieren

TIPP   Sie erkennen hier im Dialogfeld *Filterdefinition* auch, dass ein Meilenstein in Microsoft Project nicht durch die Dauer 0 definiert wird, sondern durch das Kriterium *Meilenstein gleich Ja*. Wenn Sie diese Spalte im Balkendiagramm einblenden und für Vorgänge das Attribut auf *Ja* setzen (z.B. für eine eintägige Entscheidungssitzung), können Sie diese Vorgänge wie Meilensteine anzeigen lassen. Dies entspricht dann der Darstellung, die Sie über den Menübefehl *Projekt/Informationen zum Vorgang/Spezial* mit dem Aktivieren von *Vorgang als Meilenstein darstellen* erreichen.

Nach dem Klicken auf *OK* und dann auf *Anwenden* erscheinen nur noch die Meilensteine und Sie können einen reinen Meilensteinplan ausdrucken (siehe Abbildung 2.64).

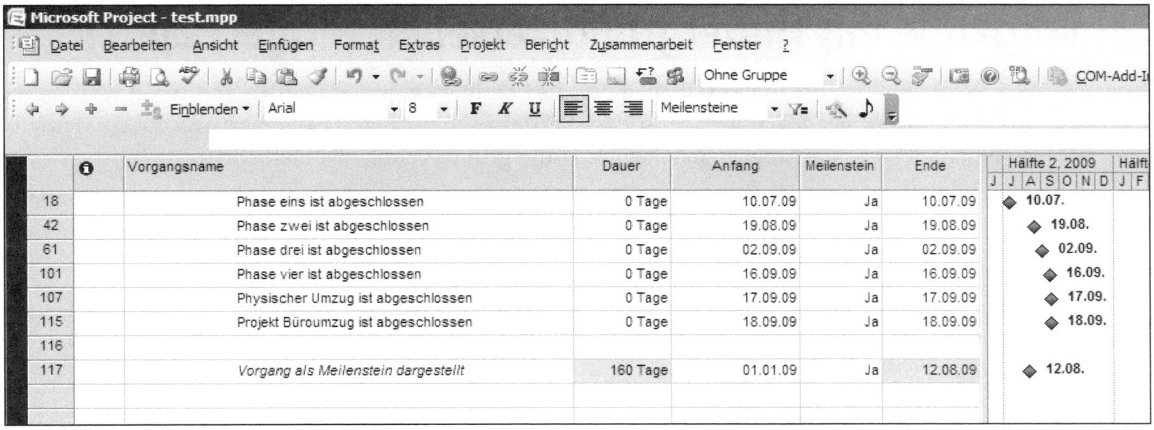

	Vorgangsname	Dauer	Anfang	Meilenstein	Ende	
18	Phase eins ist abgeschlossen	0 Tage	10.07.09	Ja	10.07.09	10.07.
42	Phase zwei ist abgeschlossen	0 Tage	19.08.09	Ja	19.08.09	19.08.
61	Phase drei ist abgeschlossen	0 Tage	02.09.09	Ja	02.09.09	02.09.
101	Phase vier ist abgeschlossen	0 Tage	16.09.09	Ja	16.09.09	16.09.
107	Physischer Umzug ist abgeschlossen	0 Tage	17.09.09	Ja	17.09.09	17.09.
115	Projekt Büroumzug ist abgeschlossen	0 Tage	18.09.09	Ja	18.09.09	18.09.
116						
117	*Vorgang als Meilenstein dargestellt*	160 Tage	01.01.09	Ja	12.08.09	12.08.

Abbildung 2.64 Der reine Meilensteinplan

Außerdem ist in dieser Abbildung schön zu erkennen, dass die Funktion Meilenstein auf den Endtermin abbildet. Das heißt, da ein Meilenstein keine Dauer, also auch keine zeitliche Ausdehnung hat, ist es egal, ob Sie den Endtermin oder den Anfangstermin abbilden. Beide sind bei einem Meilenstein mit Dauer 0 gleich. Hat der Vorgang *Vorgang als Meilenstein dargestellt* aber eine Dauer, wie in der Abbildung mit 160 Tagen, wird der Endtermin mit 12.8.2009 dargestellt, der sich vom Anfangstermin (hier 1.1.2009) natürlich deutlich unterscheidet.

Benötigen Sie den Anfangstermin, so können Sie im Artikel »21 Kommende und gehende Meilensteine darstellen« nachlesen, wie Sie dies umstellen.

Außerdem können Sie in Abbildung 2.64 auch sehr schön sehen, dass nun die Darstellung ohne Sammelvorgänge deutlich zusammengeschrumpft ist.

Der Nachteil dieser Darstellung ist ebenfalls ersichtlich: Wenn die Bezeichnungen für die Meilensteine nicht deutlich sind, haben Sie recht schnell ein Verständnisproblem. Würde bei den obersten vier Meilensteinen nur *Phase abgeschlossen* stehen, wüsste niemand so recht, welche Phase gemeint ist. Dann wäre es wieder wichtig, die Sammelvorgänge zu sehen, um die Phasen erkennen zu können.

Aus diesem Grund: Gewöhnen Sie sich grundsätzlich an (wenn Sie es nicht ohnehin schon tun), Meilensteine sauber zu bezeichnen, sodass sie allein sprechend sind!

23 Vorgänge mit Hintergrund versehen (Project 2007)

Bis Microsoft Project 2003 konnte in den Tabellen nur die Schriftart geändert werden. In Project 2007 kann nun auch der Hintergrund geändert werden, sodass bestimmte Vorgänge besser hervorgehoben werden. Dieser Artikel beschreibt, wie die Möglichkeiten eines Hintergrunds genutzt werden können.

Zunächst einmal müssen Sie sich im Klaren darüber sein, was Sie mit der Hervorhebung bezwecken wollen. Es genügt nicht, einen bunten Papagei zu erzeugen, der letztendlich nichts aussagt, wie in Abbildung 2.65 zu sehen ist.

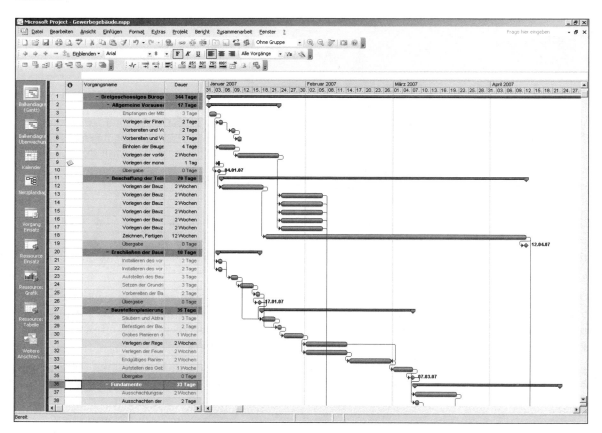

Abbildung 2.65   Zu viel des Guten

Da jede Vorgangsgruppe eine eigene Farbe erhält, ist nicht mehr zu erkennen, als wenn alles mit weißem Hintergrund geblieben wäre. Zu viel Farbe ist also eher störend als hilfreich.

Bitte beachten Sie bei solchen Hervorhebungen die Grundregeln der Typografen: Nicht mehr als zwei Schriften und nicht mehr als zwei Arten der Hervorhebung. Das ist einfach zu merken und schlicht ein Problem der Wahrnehmung von mehr als zwei Merkmalen. Dies ist für den Menschen schwierig und verwirrt uns, da wir mit zu viel Informationen auf einmal nicht gut umgehen können – siehe dazu auch die Regeln der Gestaltlehre.

Da die Schrift der Sammelvorgänge schon fett ist, ist diese Hervorhebung für die Sammelvorgänge bereits ausreichend und muss nicht noch durch einen farbigen Hintergrund übersteuert werden.

Nun werden wir noch die Meilensteine auszeichnen. Damit ist bereits das Optimum für die Wahrnehmung erreicht. Mehr sollte nicht hervorgehoben werden.

1. Dazu öffnen Sie über den Menübefehl *Format/Textarten* das zugehörige Dialogfeld (siehe Abbildung 2.66).

2. Hier wählen Sie im Dropdown-Listenfeld *Zu ändernder Eintrag* zunächst aus, für welchen Typ von Vorgängen die Formatierung gelten soll. Die Darstellung des Hintergrunds ist also typgetrieben wie die Balken im rechten, grafischen Teil. Anschließend nehmen Sie die gewünschte Formatierung vor.

Für das Beispiel wählen wir *Meilensteine* und stellen die Formatierung auf gelben Hintergrund, schwarze Schrift und ein feines Muster. Wählt man hier ein kräftiges Muster, so ist häufig die Schrift nicht mehr gut lesbar, insbesondere beim Druck.

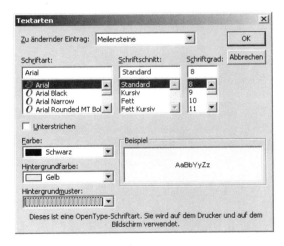

Abbildung 2.66   Meilensteine durch Hintergrundformatierung kennzeichnen

Das Ergebnis können Sie in Abbildung 2.67 betrachten. Sie sehen die Meilensteinzeilen mit einem feinen Hintergrundmuster versehen. Dadurch ist die Signalwirkung nicht so stark, dass sie alle anderen Informationen überdecken würde.

Abbildung 2.68 zeigt zum Vergleich dieselbe Tabelle ohne Muster nur mit kräftiger gelber Farbe. Dadurch ist die Signalwirkung so stark, dass bei kurzem Hinsehen nur die Hervorhebung wahrgenommen wird.

Das mag zwar teilweise gewünscht sein, jedoch sind die anderen Informationen ebenfalls nicht nebensächlich. Sie sollten also in der Wahrnehmung des Betrachters nicht unnötigerweise durch eine Signalfarbe übersteuert werden.

Es gilt somit auch in diesem Bereich: Weniger ist mehr.

Sie können also durch geschickte Nutzung von Hintergrundfarben und/oder -muster entsprechende Informationen hervorheben, was in früheren Versionen von Microsoft Project nicht möglich war.

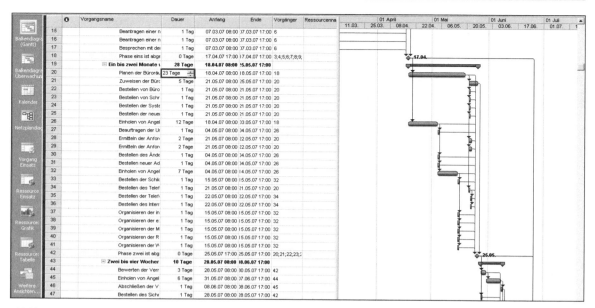

Abbildung 2.67 Formatierung der Meilensteine relativ dezent mit gelber Hintergrundfarbe und feinem Muster

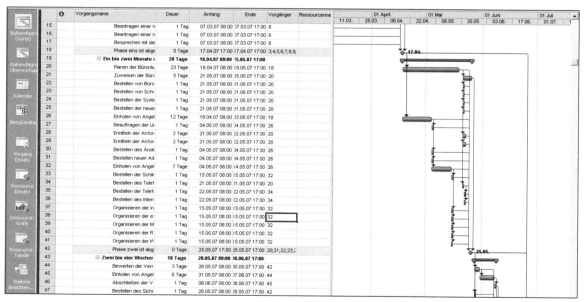

Abbildung 2.68 Formatierung der Meilensteine weniger dezent mit kräftiger gelber Hintergrundfarbe, ohne Muster

24 Überschriften erstellen

Es kommt immer wieder vor, dass ein Balkenplan »managementgerecht« aufbereitet werden soll. Man möchte hierfür einzelne Bereiche mit »schönen« Überschriften versehen. Da dies aber nur Überschriften sein sollen, sollen keine Balken und auch keine Texte bzw. Termine angezeigt werden.

Microsoft Project bietet aber keine Möglichkeit, eine Zeile nur als Überschrift zu definieren. Möchte man es dennoch tun, muss man ein bisschen tricksen. Es gibt verschiedene Wege, dies zu erreichen. Das ist zwar nicht ganz im Sinne des Erfinders, es erfüllt aber den Zweck, nämlich eine Überschrift zu erhalten.

1. Zunächst einmal soll der Vorgangsbalken ausgeblendet werden:

   Rufen Sie dazu für den Vorgang das Dialogfeld *Informationen zum Vorgang* auf (siehe Abbildung 2.69) – entweder über das Kontextmenü zu dem Vorgang (mit der rechten Maustaste auf die Zeile des Vorgangs klicken) oder über das Menü *Projekt* oder durch Drücken von ⇧+F2 – und aktivieren Sie auf der Registerkarte *Allgemein* das Kontrollkästchen *Vorgangsbalken ausblenden*.

Abbildung 2.69   Anzeige des Balkens für diesen Vorgang unterdrücken

2. Als Nächstes rufen Sie über den Menübefehl *Format/Schrift* das Dialogfeld zur Schriftgestaltung für diesen Vorgang auf und nehmen Ihren Wünschen entsprechende Einstellungen vor (siehe Abbildung 2.70).

   Möchten Sie eine ganze Reihe von Vorgängen umformatieren, wählen Sie diese zuvor mit gedrückter Strg-Taste und der Maus aus und rufen dann den Menübefehl *Format/Schrift* auf.

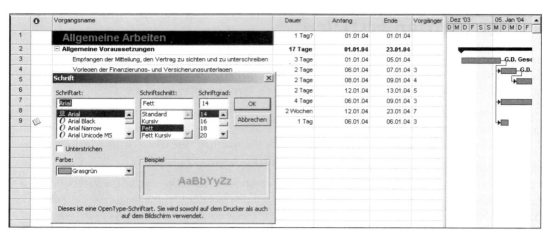

Abbildung 2.70   Schrifteinstellungen vornehmen

3. Nun fehlen nur noch die restlichen Felder wie Dauer etc., die unterdrückt werden sollen. Dazu wählen Sie diese Felder zuerst aus (mit gedrückter Maustaste über die gewünschten Felder ziehen), rufen dann erneut den Menübefehl *Format/Schrift* auf und wählen dieses Mal *Weiß* als Schriftfarbe.

Damit wirken die Felder für das Auge leer und Sie haben eine reine Überschrift zur Gliederung Ihres Balkenplans.

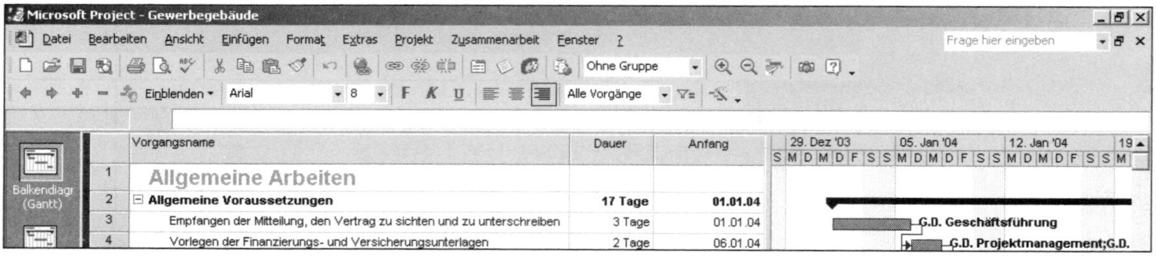

Abbildung 2.71   Eine »getrickste« Überschrift

Dies funktioniert dann auch beim Ausdrucken auf weißem Papier.

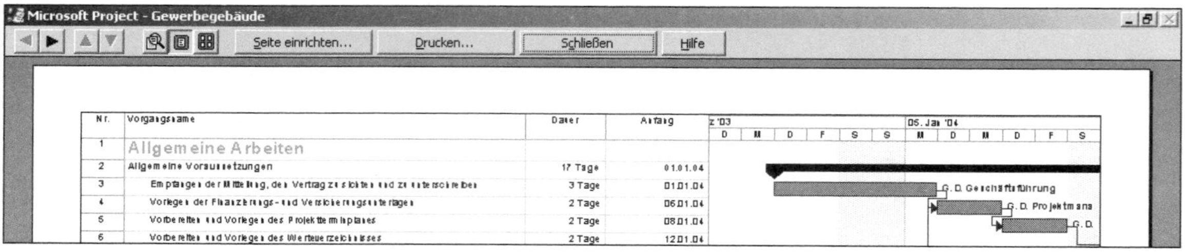

Abbildung 2.72   Druckausgabe mit Überschrift

25 Vorgänge verknüpfen

In diesem Artikel geht es um die verschiedenen Möglichkeiten, Vorgänge miteinander zu verbinden.

VIDEO   Zum Thema des Artikels finden Sie auf der DVD zum Buch ein Video – wählen Sie in der Videoauswahl unter **Kapitel 2 Daten organisieren und Darstellung anpassen** den Eintrag **25 Vorgänge verknüpfen**.

Anordnungsbeziehung erstellen

- Die einfachste Art, Vorgänge zu verknüpfen, besteht darin, die gewünschten Vorgänge zu markieren und sie dann durch Klicken auf die Schaltfläche *Vorgänge verknüpfen* (das Kettengliedsymbol in der Symbolleiste) zu verlinken. Dadurch wird eine Standardanordnungsbeziehung *Ende-Anfang (EA)* erstellt. Egal welchen Vorgang Sie zuerst markieren, der obere wird immer der Vorgänger.

 Abbildung 2.73 Die Symbolleistenschaltfläche *Vorgänge verknüpfen* zum Verlinken verwenden

- Möchten Sie vermeiden, dass der oberste Vorgang der Vorgänger ist, können Sie auf den gewünschten Balken in der Grafik zeigen, bis der Mauszeiger die Form eines Vierfachpfeils annimmt. Dann führen Sie den Mauszeiger mit gedrückter linker Maustaste auf den gewünschten Vorgang (der Zeiger zeigt dann das Kettensymbol) und lassen abschließend die Maustaste wieder los. Dadurch wird eine Ende-Anfang-Beziehung ausgehend von dem zuerst gewählten Vorgang erstellt.

Abbildung 2.74 Mit der Maus Vorgänge verknüpfen

- Geben Sie einfach den Vorgänger (genauer: seine Ordnungsnummer links in der grauen vertikalen Leiste) in das Feld *Vorgänger* ein.

Abbildung 2.75 Das Feld *Vorgänger* verwenden

- Doppelklicken Sie im Tabellenteil auf den Vorgang, der einen Vorgänger erhalten soll, und aktivieren Sie im Dialogfeld *Informationen zum Vorgang* die Registerkarte *Vorgänger*. Dort wählen Sie den Vorgang aus, den Sie mit diesem Vorgang vernetzen möchten. Dieses Verfahren hat einen großen Vorteil bei vielen Vorgängen, da Sie dann auswählen und mehrere Anordnungsbeziehungen für den ausgewählten Vorgang erstellen können.

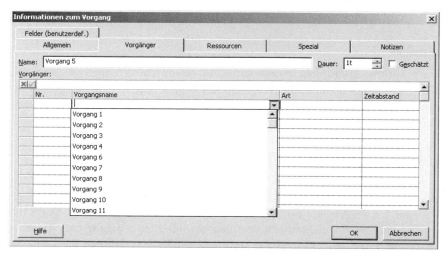

Abbildung 2.76   Das Dialogfeld *Informationen zum Vorgang* verwenden

Nacharbeiten

Mit dem Erstellen einer Anordnungsbeziehung ist es jedoch meistens nicht getan, sondern Sie müssen in vielen Fällen noch nacharbeiten. Auch das kann auf verschiedene Arten geschehen:

- Sie arbeiten direkt im Feld *Vorgänger* und geben dort die Anordnungsbeziehungen ein.

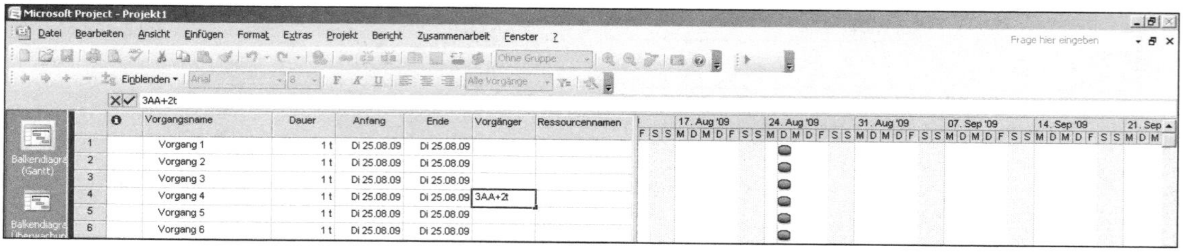

Abbildung 2.77   Das Feld *Vorgänger* verwenden

Die Syntax lautet: Ordnungsnummer aus der grauen vertikalen Leiste, Art der Beziehung (EA, AA, EE, AE) plus/minus Abstand – alles ohne Leerzeichen. Hier einige Beispiele:

7EA+2t	Vorgänger 7, Ende-Anfang-Beziehung, 2 Tage Abstand
22EE+3,5t	Vorgänger 22, Ende-Ende-Beziehung, 3,5 Tage Abstand
4AA-1t	Vorgänger 4, Anfang-Anfang-Beziehung, -1 Tag Abstand (diese Tätigkeit kann also einen Tag vor Beginn seines Vorgängers beginnen)
2AE+2t	Vorgänger 2, Anfang-Ende-Beziehung mit 2 Tagen Abstand

Dabei spielt die Groß- und Kleinschreibung keine Rolle. Sie müssen jedoch beachten, dass Sie immer auch die Anordnungsbeziehung angeben müssen, wenn Sie einen positiven oder negativen Abstand angeben. Wenn Sie eine Standard-Ende-Anfang-Beziehung eingeben wollen, genügt die Nummer. Dies ist auch die häufigste Form. Ungefähr 90% aller Verknüpfungen sind Standardanordnungsbeziehungen.

- Sie machen einen Doppelklick auf die Pfeillinie im Balkendiagramm (ist manchmal etwas schwierig zu treffen) und bearbeiten dann die Anordnungsbeziehung direkt, so wie in Abbildung 2.78 zu sehen.

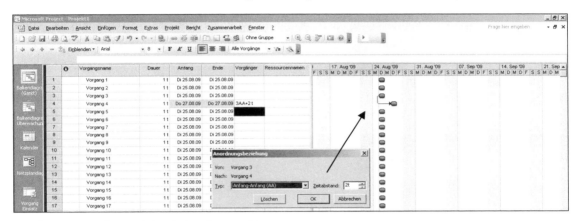

Abbildung 2.78   Direktes Bearbeiten der Anordnungsbeziehung

- Machen Sie einen Doppelklick auf den Vorgang und editieren Sie die Vorgänger in der Vorgängerliste in den Feldern *Art* und *Zeitabstand* (siehe Abbildung 2.79).

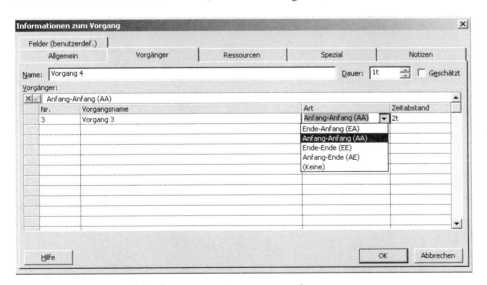

Abbildung 2.79   Das Dialogfeld *Informationen zum Vorgang* verwenden

Zeitabstände festlegen

Sie haben verschiedene Möglichkeiten, Zeitabstände einzugeben (siehe Abbildung 2.80):

- Wie schon erwähnt mit der entsprechenden Zeitangabe (siehe auch Seite 78).

1EA+1t	Nachfolger 1 kann 1 Tag später starten, nachdem Vorgänger beendet ist
1EA+1ft	Nachfolger 2 kann 1 Tag später starten, nachdem Vorgänger beendet ist, jedoch ohne Berücksichtigung des Kalenders beim Abstand, wie in der Abbildung zu sehen. Aus diesem Grund kann Nachfolger 2 bereits am Montag starten, da die Anordnungsbeziehung auch am Samstag oder Sonntag greift. Diese Art von Anordnungsbeziehung benötigt man jedoch nur selten.
1EA-2t	Nachfolger 3 kann starten, 2 Tage bevor Vorgänger beendet ist
1EA-30%	Nachfolger 4 kann starten, wenn noch 30% Restdauer vom Vorgänger übrig sind. Dabei bezieht sich der Prozentwert auf die Dauer des Vorgängers!

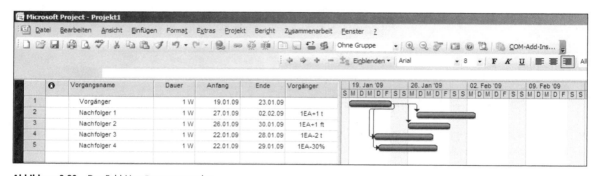

Abbildung 2.80   Das Feld *Vorgänger* verwenden

TIPP   Sie können auch jederzeit die *Nachfolger*-Liste in der Tabelle anzeigen lassen und editieren. Diese benötigen Sie z. B. dann, wenn Zirkelbezüge auftreten und Project deshalb einen Fehler meldet. In diesem Fall können Sie mit den Nachfolgern herausfinden, welche Vorgänge den Zirkelbezug erzeugen.

---

26 Notizen einfach und schnell benutzen

Notizen zu nutzen, um Definitionen und Entscheidungen zu einem Vorgang zu dokumentieren, ist eine gängige Vorgehensweise. Dabei werden jedoch vielfach nicht alle Möglichkeiten ausgeschöpft, die im Notizfeld verborgen sind.

VIDEO Zum Thema des Artikels finden Sie auf der DVD zum Buch ein Video – wählen Sie in der Videoauswahl unter **Kapitel 2 Daten organisieren und Darstellung anpassen** den Eintrag **26 Notizen verwenden**.

Zunächst ist es die Schaltfläche in der Symbolleiste, die die meisten Anwender noch gar nicht entdeckt haben. Sie verbirgt sich normalerweise links neben den »Igelköpfen« als gelbes Symbol (siehe Abbildung 2.81). Klicken Sie auf diese Schaltfläche, erscheint das Dialogfeld *Informationen zum Vorgang* des ausgewählten Vorgangs mit aktivierter Registerkarte *Notizen*.

Abbildung 2.81 Die Schaltfläche zum Einfügen von Vorgangsnotizen

WICHTIG Das Notizfeld gehört immer zu einem Vorgang, also einem Datensatz. Sie können keine allgemeinen Notizen zu einem Projekt erfassen.

Das Notizfeld selbst kann auch, wenn man es öfters benötigt, als zweites Fenster im unteren Teil des Bildschirms angezeigt werden.

Dazu wählen Sie den Menüfehl *Fenster/Teilen*, klicken im unteren Fenster mit der rechten Maustaste im rechten grauen Bereich und wählen dann im Kontextmenü den Befehl *Notizen* (siehe Abbildung 2.82).

Die Fensterteilung lässt sich mit der Maus verkleinern, indem Sie den Mauszeiger über den breiten Mittelbalken führen und wenn der Zeiger die Form eines Doppelpfeils angenommen hat, mit gedrückter linker Maustaste die Fenstergröße Ihren Bedürfnissen entsprechend anpassen.

Im Notizfeld selbst können Sie die Schrift Ihren Wünschen entsprechend gestalten und auch Grafiken einbinden. Diese sind jedoch nur eingeschränkt skalierbar. Wenn Sie also eine große Grafik einbinden, sehen Sie nur einen Teil des Bildes oder in Project 2007 nur den Bildnamen. Sie müssen in diesem Fall auf den Namen doppelklicken, um das Bild angezeigt zu bekommen. Sie können auch mehrere Dateien einbinden; diese werden dann untereinander angeordnet. Es wird aber nicht angezeigt, dass es mehrere Dateien sind. Sie müssen es sich in diesem Fall einfach merken. (Zum Thema Dateien einbinden können Sie Details in Artikel 48 nachlesen, der das Einbinden über Hyperlinks beschreibt.)

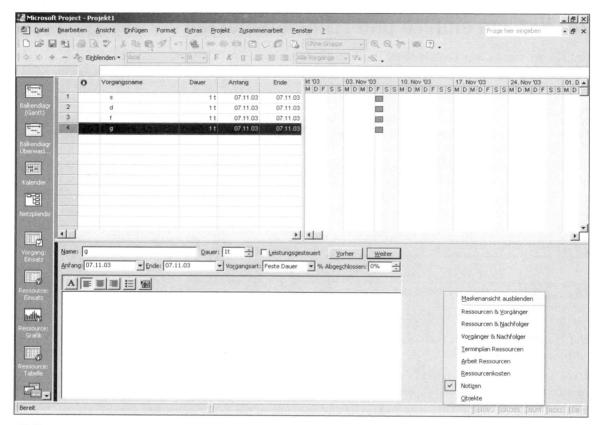

Abbildung 2.82   Das Notizenfenster einblenden

Dass Sie eine Notiz hinterlegt haben, wird auch in der Info-Spalte links von den Vorgangsnamen angezeigt, die dann das gelbe Notizzeichen enthalten (siehe Abbildung 2.83); in der Abbildung sehen Sie auch zwei eingebundene Grafiken.

In den Notizfeldern sollten Sie alle Informationen speichern, die die zeitliche Lage, die Vernetzung und Umstände für einen Vorgang beeinflusst haben, da bereits nach wenigen Tagen viele Informationen nicht mehr präsent sind, weshalb man Vorgänge so oder anders verknüpft hat. Nutzen Sie die Notizenfunktion also extensiv, um die Umstände der Planung zu dokumentieren.

Einer der häufigsten Fehler, die in diesem Zusammenhang gemacht werden, ist, dass man nicht die Gründe für ein Vorgehen in das Notizfeld einfügt, die zu einer Entscheidung geführt haben (z.B. Tätigkeit wurde verschoben, weil der Netzwerkverantwortliche in dieser Zeit zwei Wochen im Urlaub ist). Sondern es wird vermerkt, dass sich z.B. die Tätigkeit um zwei Wochen verschoben hat, was aus dem Plan vielleicht über den Basisplan auch ersichtlich ist. Diese Information ist auch aus dem Terminplan ersichtlich und hat keinen besonderen Wert.

Beschreiben Sie also immer die Umstände und Details einer Planung und nicht deren Auswirkungen auf die Zeit. Dies ist im Plan abgebildet.

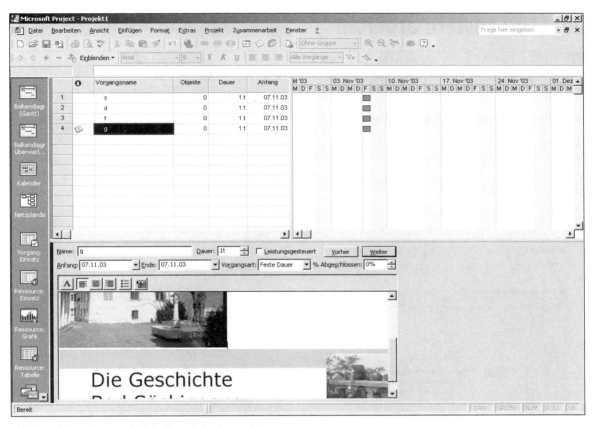

Abbildung 2.83 Vorgang mit Notiz, die auch Grafiken enthält

27 Mit Fenstern arbeiten

VIDEO   Zum Thema des Artikels finden Sie auf der DVD zum Buch ein Video – wählen Sie in der Videoauswahl unter **Kapitel 2 Daten organisieren und Darstellung anpassen** den Eintrag **27 Mit Fenstern arbeiten**.

Daten in ein und demselben Projekt nutzen

Hat man in Microsoft Project ein Projekt mit vielen Vorgängen (>50) und muss diese verknüpfen, so entsteht natürlicherweise das Problem, dass die gesuchten Vorgänge ganz oben im Plan sind und deren zu verknüpfende Pendants ganz unten im Plan bzw. umgekehrt. Die Folge ist ein ständiges Hin- und Herblätterns im Balkenplan.

Dabei ist die Lösung für dieses Problem sehr einfach.

1. Laden Sie Ihr Projekt und wählen Sie dann den Menübefehl *Fenster/Neues Fenster*.

2. Wählen Sie im Dialogfeld *Neues Fenster* das Projekt, das Sie gerade bearbeiten, nochmals aus (siehe Abbildung 2.84). Nun haben Sie Ihr Projekt »virtuell« zweimal geöffnet.

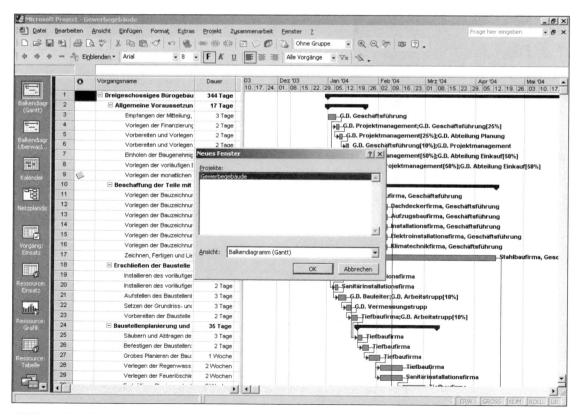

Abbildung 2.84   Ein und dasselbe Projekt in zwei Fenstern öffnen

3. Mit dem Menübefehl *Fenster/Alles Anordnen* können Sie nun den Balkenplan zweimal sehen.

Da Sie zwar im selben Projekt arbeiten, jedoch unabhängige Ansichten haben, haben Sie nun die Möglichkeit, einen völlig anderen Bereich des Projekts auszuwählen (siehe Abbildung 2.85). Dadurch wird es wesentlich einfacher, Vorgänge, die »sehr weit« auseinander liegen, zu verknüpfen oder deren Daten zu vergleichen.

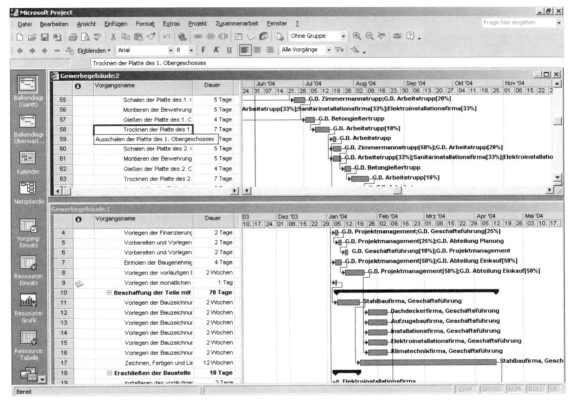

Abbildung 2.85 In den beiden Fenstern lassen sich unterschiedliche Ausschnitte ein und derselben Datei anzeigen

Bitte beachten Sie, dass alle Menüpunkte, die Sie wählen, wie Gliederungsebene einblenden, sich auf beide Fenster beziehen, da die Daten ja nur einmal vorhanden sind. Was Sie jedoch sehr gut nutzen können, ist, dass Sie im unteren Fenster eine andere Ansicht verwenden als im oberen, also unterschiedliche Daten betrachten können, ohne dass diese abhängig sind, wie dies bei der Option *Fenster teilen* ist.

Daten aus unterschiedlichen Projekten nutzen

Die oben beschriebene Fenstertechnik kann auch verwendet werden, um Daten aus einem Projekt schnell und effizient in einem anderen Projekt einzubinden, ohne es als Projekt einfügen zu müssen. Die Problemstellung ist meist so, dass Sie nur Teile der Daten aus verschiedenen Projekten benötigen und somit wesentlich flexibler sind.

Das Vorgehen dazu ist ähnlich dem ersten beschriebenen Fall; jedoch wählen Sie im Dialogfeld *Neues Fenster* ein anderes Projekt aus, bevor Sie wieder den Menübefehl *Fenster/Alles Anordnen* wählen (siehe Abbildung 2.86).

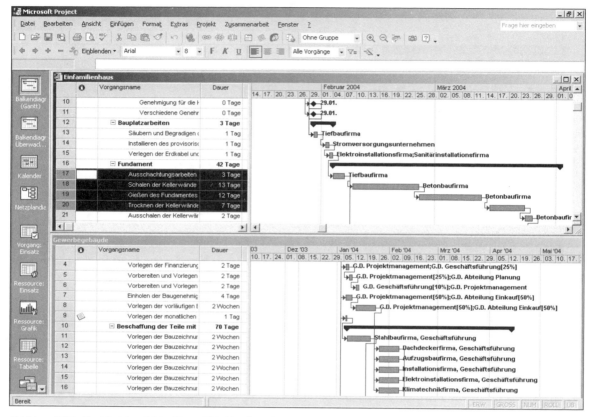

Abbildung 2.86   Zwei Projekte gleichzeitig am Bildschirm betrachten und bearbeiten

Nun können Sie beispielsweise Teile aus dem einen Projekt kopieren (markieren und dann Strg + C drücken), auf die Titelleiste des zweiten Fensters klicken, um dieses zu aktivieren, zu der Stelle scrollen, an der die Daten eingefügt werden sollen, und dann die Daten mit Strg + V dort einfügen.

WICHTIG   Bitte beachten Sie, dass Sie durch Markieren eines Sammelvorgangs den gesamten Bereich kopieren.

Häufig überraschend ist auch, dass durch einfaches Markieren des Namens nur der Namenstext übertragen wird. Deshalb bitte beachten: Markieren Sie den gesamten Datensatz durch Klick auf die graue Leiste mit den Nummern (es werden noch weitere Informationen mitkopiert, auch die, die nicht offensichtlich zu sehen sind wie beispielsweise Ressourcen und Ressourcenzuweisungen). Ansonsten wird nur die Feldinformation gelesen (auch das kann ja gewünscht sein).

28 Grundeinstellungen festlegen

Zunächst einmal etwas Grundsätzliches: Es gibt nicht *die* Einstellung bei den Optionen. Nachfolgend werden verschiedene Möglichkeiten gezeigt, die in den Optionen eingestellt werden können, und soweit notwendig kurz beschrieben. Dies wird für den Allgemeinfall getan und ist keineswegs ein Muss, sondern es handelt sich um Erfahrungen aus nunmehr 18 Jahren Umgang mit Microsoft Project und vielen Kursen, Beratungsmandaten sowie Diskussionen mit Kunden und Kollegen. Wenn bestimmte Einstellungen für Sie nicht zutreffend sind, ignorieren Sie diese einfach oder stellen Sie andere Parameter ein! Es wird hier keine Bekehrung vorgenommen!

HINWEIS   Die hier besprochenen Optionen sind in allen Project-Versionen ähnlich oder identisch vorhanden, sodass das Beschriebene weitgehend auch für andere Versionen als Project 2007 gilt. Lediglich die Registerkarten sehen teilweise anders aus. Die Inhalte sind jedoch nur selten abweichend.

VIDEO   Zum Thema des Artikels finden Sie auf der DVD zum Buch ein Video – wählen Sie in der Videoauswahl unter **Kapitel 2 Daten organisieren und Darstellung anpassen** den Eintrag **28 Grundeinstellungen festlegen**.

---

1. Wählen Sie den Menübefehl *Extras/Optionen* und aktivieren Sie die Registerkarte *Ansicht* (siehe Abbildung 2.87).

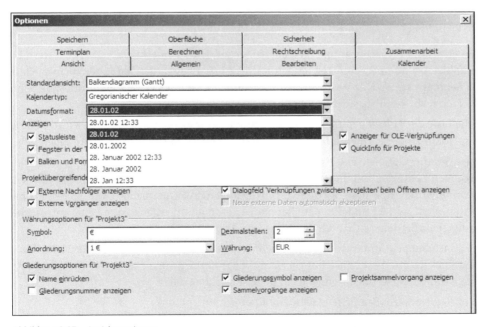

Abbildung 2.87   Ansichtsoptionen

Hier stellen Sie das Datumsformat auf das kürzeste Format, hier »28.01.02«. Da im Balkenplan in der Tabelle nur wenig Platz ist, sparen Sie einige Zeichen in der Breite, die Sie zur Anzeige für andere Daten nutzen können. Wenn Sie das längste Format verwenden, verlieren Sie ungefähr zwei Spalten.

2. Wechseln Sie zur Registerkarte *Allgemein* (siehe Abbildung 2.88).

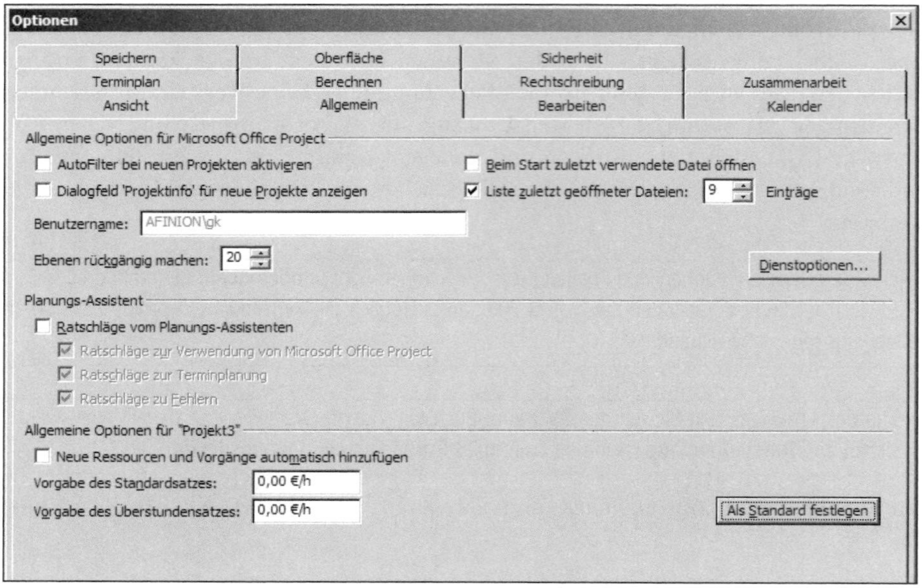

Abbildung 2.88 Allgemeine Optionen

Wenn Sie schon etwas mit Project gearbeitet haben, haben Sie sicher gemerkt, dass das Programm Ihnen ständig Hilfen anbietet. Diese nerven meist jedoch nach einiger Zeit. Dass z.B. Ihr Netzplan noch nicht stimmt, wissen Sie meist selbst. Das Wegklicken der Meldungen ist mit der Zeit eher mühsam. Schalten Sie deshalb alle Hilfen ab, wenn Sie sie nicht benötigen.

Erweitern Sie die Liste der zuletzt geöffneten Dateien auf 9. Somit werden Ihnen wie in Word oder Excel die letzten neun Dokumente im unteren Bereich des *Datei*-Menüs zum schnellen Zugriff angeboten.

Wichtig ist, dass Sie die Option *Neue Ressourcen und Vorgänge automatisch hinzufügen* deaktivieren. Wenn Sie Ressourcen benutzen und diese direkt eingeben, sich aber vertippen, haben Sie ansonsten das Problem, dass automatisch eine neue Ressource hinzugefügt wird. Das macht dann später Probleme. Zumal Project dies nicht mitteilt und die neue Ressource automatisch ergänzt, ohne eine entsprechende Meldung zu bringen. Außerdem schalte ich den Planungs-Assistenten aus.

Wenn Sie diese Einstellungen immer so haben wollen, vergessen Sie nicht auf die Schaltfläche *Als Standard festlegen* zu klicken, um diese Einstellungen in der *Global.mpt* zu speichern. Die *Global.mpt* ist die Vorlagendatei, die Project verwendet, wenn Sie ein neues Projekt erstellen.

3. Wechseln Sie zur Registerkarte *Bearbeiten* (siehe Abbildung 2.89).

Auch hier bei den Zeiteinheiten gilt: je kürzer desto besser. Also stellen Sie alle Zeiteinheiten auf das kürzeste Format um und verwenden Sie – falls geeignet – keine Leerzeichen. Allein diese Einstellungen bewirken, dass Sie ca. sechs bis acht Zeichen pro Spalte mehr zur Verfügung zu haben. Ich habe mir auch angewöhnt, die Werte für Minuten, Stunden und Tage in Kleinbuchstaben zu verwenden und die anderen in Großbuchstaben. Das hat keinerlei Auswirkungen auf Ihren Plan, ist jedoch optisch dann einfacher zu lesen. Das Feld *Minuten* ist wegen der Abkürzung M für Monat nur mit drei Buchstaben abkürzbar.

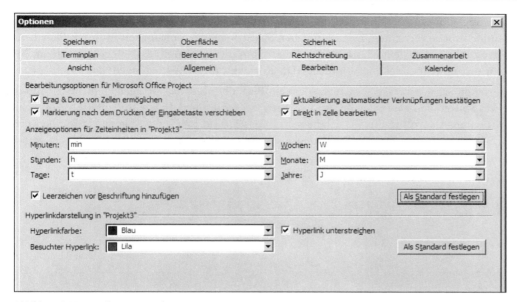

Abbildung 2.89   Bearbeitungs- und Anzeigeoptionen

4. Wechseln Sie zur Registerkarte *Kalender* (siehe Abbildung 2.90).

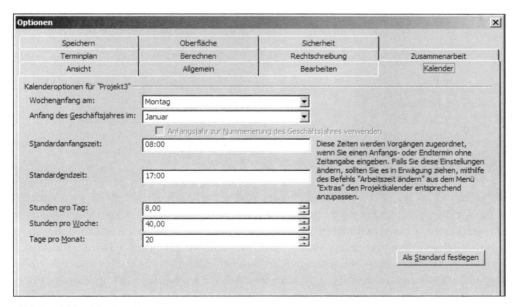

Abbildung 2.90   Kalenderoptionen

Bei den Kalendereinstellungen gehen die Meinungen weit auseinander. Die Standardanfangs- und -endzeit können Sie ignorieren, da sie keine Auswirkungen haben. Zumindest konnte ich Microsoft Project bis heute nicht dazu überreden, diese Werte auch zu verwenden, wenn ich sie umgestellt hatte.

Bei Stunden und Wochen sollte man auf die genaue Abbildung der Arbeitswoche, 37,5-Stundenwoche oder 42-Stundenwoche verzichten. Damit erreichen Sie ca. 5% mehr Genauigkeit in Ihrem Plan, benötigen für dessen Pflege aber deutlich mehr Zeit, da es dann oft vorkommt, dass eine Tätigkeit am Montagmorgen um 10.00 Uhr endet oder Ähnliches. Die Korrektur dieser Werte braucht dann viel Zeit.

Außerdem sollten Sie sich vergegenwärtigen, dass ein Plan, der mit einer 80%igen Genauigkeit versehen ist, bereits ein Spitzenplan ist. In der Regel ist es noch viel schlimmer! Dass ein Plan 100% Abweichung hat, ist nicht selten. Also kümmern Sie sich besser um das Projekt und seine Abläufe als um die Korrektur einiger Stunden, die ohnehin nur Schätzungen darstellen. Also gilt fast immer: Hände weg vom Kalender!

5. Wechseln Sie zur Registerkarte *Terminplan* (siehe Abbildung 2.91).

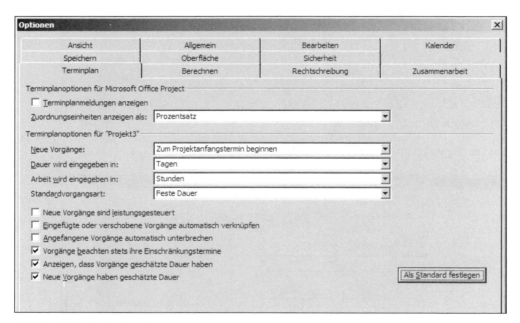

Abbildung 2.91   Terminplanoptionen

Beim Terminplan gibt es fast ebenso viele Meinungen und ebenso viele Philosophien wie Berater. Fakt ist: Zuerst die Vorgänge definieren und dann den Aufwand, also im Dropdown-Listenfeld *Standardvorgangsart* die Option *Feste Dauer* definieren. Bei *Feste Einheiten* oder *Feste Arbeit* wird jedes Mal, wenn Sie die Zuweisung einer Ressource verändern, auch die Dauer des Vorgangs angepasst, ohne dass Project eine entsprechende Meldung anzeigt. Somit wird Ihr Plan bei jeder Änderung angepasst. Ihre Kollegen erhalten also jedes Mal einen anderen Plan. Damit schaffen Sie mehr Verwirrung, als dass Sie Hilfe anbieten.

Lassen Sie eingefügte oder verschobene Vorgänge auf keinen Fall automatisch verknüpfen, damit ändert Project Ihren Plan in der Vernetzung, ohne dass Sie es merken.

Ob Sie neue Vorgänge automatisch »leistungsgesteuert« verwenden, ist Ihnen überlassen. Diese Option legt fest, dass bei der Zuweisung einer zweiten Person der Aufwand auf beide verteilt wird. Ich deaktiviere diese Option immer, da es ohnehin nie passt.

Die Option *Angefangene Vorgänge automatisch unterbrechen* deaktiviere ich ebenfalls immer. Diese Option ist nicht sehr einfach zu verstehen. Deshalb hier die Beschreibung aus der Microsoft Project-Hilfe:

»Ermöglicht das Neuplanen der verbleibenden Dauer und Arbeit, wenn sich ein Vorgang verzögert oder für ihn ein Fortschritt ›vor Zeitplan‹ gemeldet wird. Wenn dieses Kontrollkästchen aktiviert ist und Fortschritt für einen Nachfolgervorgang gemeldet wird, bevor der Vorgängervorgang abgeschlossen ist, kann die verbleibende Arbeit am Nachfolgervorgang unter Verwendung der gleichen Anordnungsbeziehung mit dem Vorgänger für die verbleibende Arbeit als Unterbrechung angezeigt werden. Wenn dieses Kontrollkästchen deaktiviert ist, wird die verbleibende Arbeit nicht unterbrochen. Die Fortschrittsinformationen werden unabhängig vom Auftreten der aktuellen Werte an den ursprünglich geplanten Terminen aufgezeichnet. Ebenso wird die verbleibende Arbeit nicht neu geplant, um die Anordnungsbeziehung aufrechtzuerhalten. Standardmäßig ist dieses Kontrollkästchen aktiviert.«

Die restlichen Einstellungen können Sie belassen. Insbesondere das erst in den neueren Programmversionen vorhandene Fragezeichen als Darstellung für eine geschätzte Dauer ist sehr hilfreich. Damit sieht man sofort, dass für einen Vorgang noch keine Dauer explizit eingegeben wurde. Das Fragezeichen verschwindet, sobald eine Dauer festgelegt wurde.

6. Wechseln Sie zur Registerkarte *Berechnen* (siehe Abbildung 2.92).

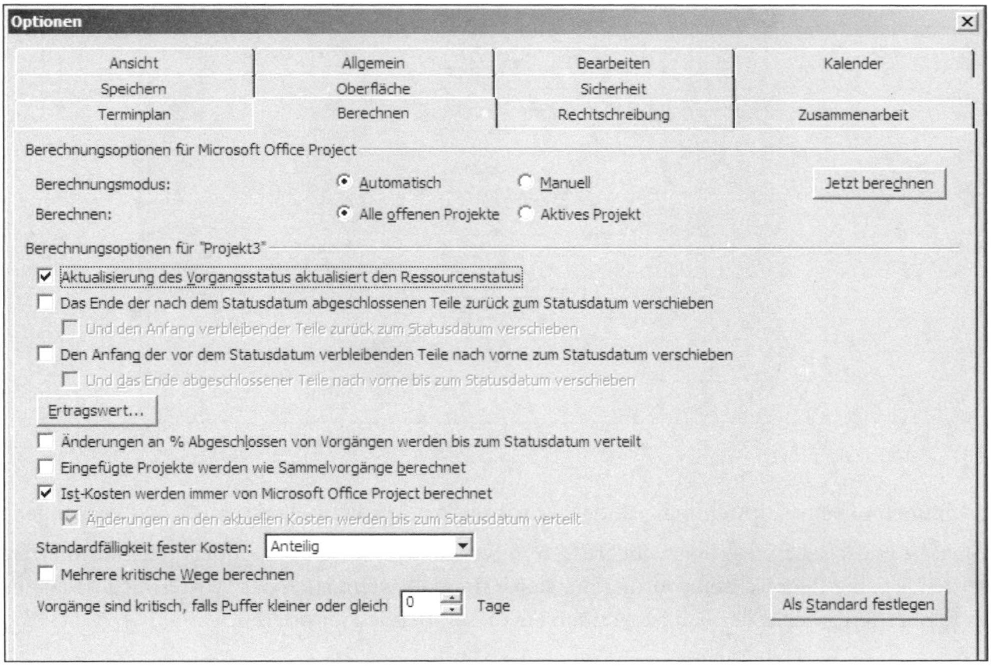

Abbildung 2.92 Berechnungsoptionen

Beim Berechnen gibt es zwei grundsätzliche Einstellungen. Werden Ihnen aus einem anderen System, z.B. einem ERP-System, Daten übergeben (z.B. mithilfe von SAMI, einer Schnittstelle von Afinion, die zwischen Microsoft Project und SAP R/3 Daten austauscht), dürfen diese natürlich anschließend von Project nicht überschrieben werden. In diesem Fall müssen Sie die Option *Aktualisierung des Vorgangs-status aktualisiert den Ressourcenstatus* deaktivieren, und natürlich auch die Option *Aktuelle Kosten werden immer von Project berechnet*. Ansonsten werden die übergebenen Werte wieder von Project neu berechnet und die übergebenen Werte überschrieben.

Haben Sie vor, mehrere Projekte in ein Projekt einzubinden, so sollten Sie die Option *Mehrere kritische Wege berechnen* aktivieren. Ansonsten sehen Sie keinen kritischen Weg in den eingebundenen Projekten – außer Sie wünschen das explizit. Wenn Sie diese Option deaktiviert haben, sind in den anderen Projekten die kritischen Vorgänge nicht zu sehen. Verschieben Sie also einen kritischen Vorgang in einem Unterprojekt, verschieben Sie auch das Projektende dieses Projekts!

Ansonsten können Sie diese Einstellungen wie oben dargestellt belassen.

7. Wechseln Sie zur Registerkarte *Rechtschreibung* (siehe Abbildung 2.93).

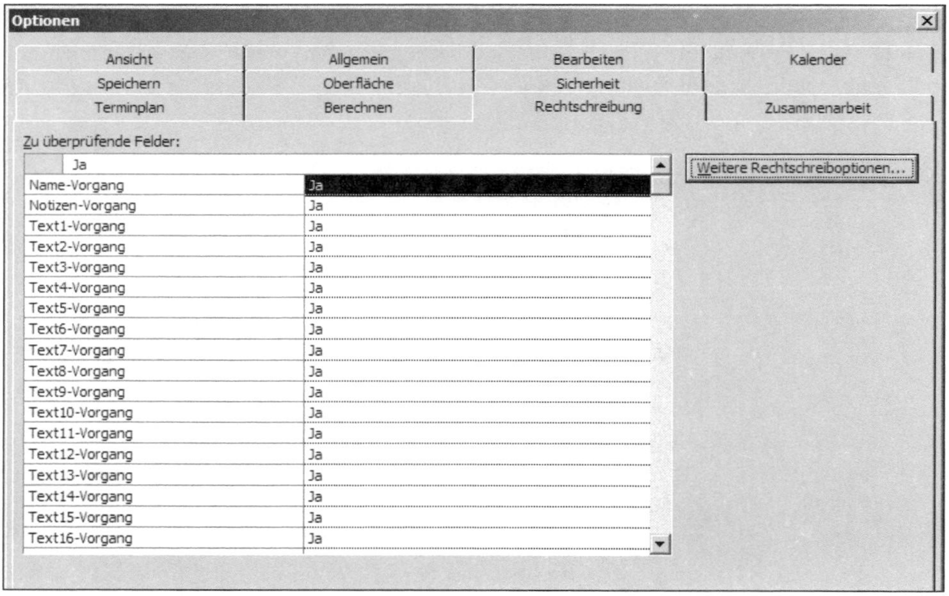

Abbildung 2.93   Rechtschreiboptionen

Hier habe ich noch nie eine Einstellung geändert (auch nicht bei großen Plänen mit 3.500 Vorgängen).

Da in Projekten meist sehr viele Spezialbegriffe und Typen wie Maschinen- oder Teilenummern verwendet werden, ist eine Rechtschreibprüfung nur dann sinnvoll, wenn auch das Wörterbuch nachgeführt ist. Da dies in aller Regel nicht der Fall ist, können Sie diesen Bereich ignorieren.

8. Wechseln Sie zur Registerkarte *Zusammenarbeit* (siehe Abbildung 2.94).

Die Optionen auf dieser Registerkarte sind nur interessant, wenn Sie Project Server einsetzen. Außerdem haben Sie als Benutzer hier meist ohnehin nur wenige Eingriffsmöglichkeiten.

Dieser Bereich ist in den verschiedenen Project-Versionen unterschiedlich und kann übersprungen werden. Ob und wie Sie damit arbeiten, hängt von den eingesetzten Servern ab. Wenn Sie nur für sich arbeiten (also Einzelplatz ohne Vernetzung), dann hat diese Registerkarte keine Bedeutung und Sie können sie überspringen.

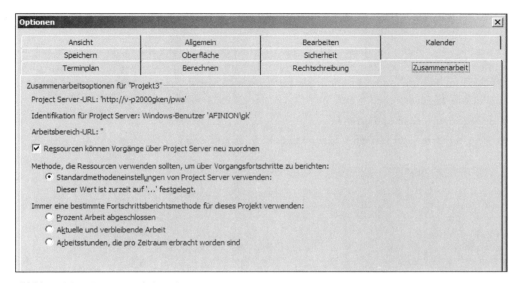

Abbildung 2.94 Zusammenarbeitsoptionen

9. Wechseln Sie zur Registerkarte *Speichern* (siehe Abbildung 2.95).

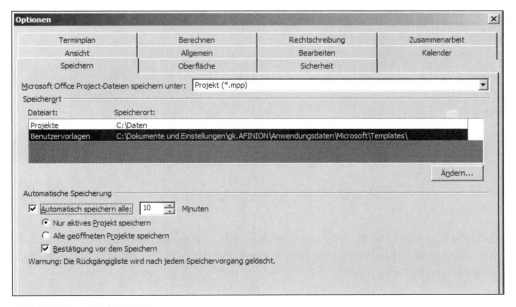

Abbildung 2.95 Speicheroptionen

Hier finden Sie zwei wichtige Einstellungen:

Sie können den Standardordner für die Projektspeicherung festlegen, hier *C:\Daten*. Damit sind Sie schon mal im richtigen Bereich.

Außerdem können Sie die Option *Automatisch speichern* anpassen. Das schützt vor Datenverlust. Nichts ist ärgerlicher, als wenn sich nach zwei Stunden intensiver Planarbeit Project verabschiedet und Sie anschließend alles noch einmal eingeben müssen.

Bitte beachten Sie aber: Wenn Sie diese Option aktivieren, werden immer alle Daten nachgeführt. Kommen Sie später zu dem Schluss, dass Sie sich verrannt haben und wieder von vorn beginnen wollen, ist der Projektstand zu Beginn überschrieben. Sie müssten also vor dem Arbeiten an einem Projekt zunächst eine Backup-Datei erstellen, wenn Sie Ihren Anfangstand behalten möchten.

10. Wechseln Sie zur Registerkarte *Oberfläche*.

Auch diese Registerkarte sieht je nach Project-Version etwas anders aus.

Abbildung 2.96   Oberflächenoptionen

Wichtig für Sie ist eigentlich nur die Option *Projektberater anzeigen*, die Sie deaktivieren sollten. Ist sie aktiviert, wird bei jedem neuen Projekt im linken Teil ein entsprechender Bereich und eine separate Symbolleiste eingeblendet (siehe Abbildung 2.97).

Abbildung 2.97 Der Projektberater-Bereich und
die zugehörige Symbolleiste

11. Wechseln Sie zur Registerkarte *Sicherheit*.

Auch diese Registerkarte ist je nach Project-Version sehr unterschiedlich.

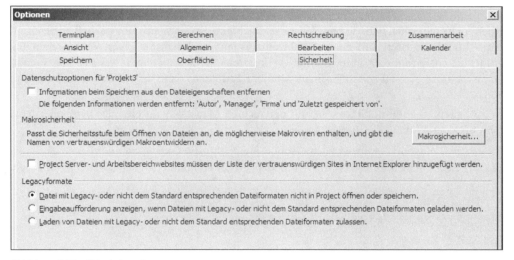

Abbildung 2.98 Sicherheitsoptionen

Hier definieren Sie die grundlegenden Einstellungen für die Makrobehandlung. Falls Makros nicht laufen oder Fehlermeldungen bringen, lohnt es sich, die Einstellungen im Dialogfeld *Sicherheit* (das Sie durch Klicken auf die Schaltfläche *Makrosicherheit* öffnen) zu überprüfen – insbesondere auch, wenn es mit dem Project Server Probleme gibt.

Wie zu Anfang dieses Artikels bereits erwähnt, sind diese Beschreibungen reine Empfehlungen, die in den meisten Fällen richtig sind. Was Sie genau benötigen, hängt von Ihren Bedürfnissen und Vorgaben ab.

29 Darstellung der Symbolleisten und Menüs anpassen

Nachdem Sie Microsoft Project installiert haben, werden die beiden standardmäßig angezeigten Symbolleisten *Standard* und *Format* in einer Zeile dargestellt und die Menüs erscheinen nur »verkürzt«. Letztere werden erst erweitert, wenn Sie einen Moment warten oder einen Klick auf den Doppelpfeil im unteren Bereich ausführen (siehe Abbildung 2.99).

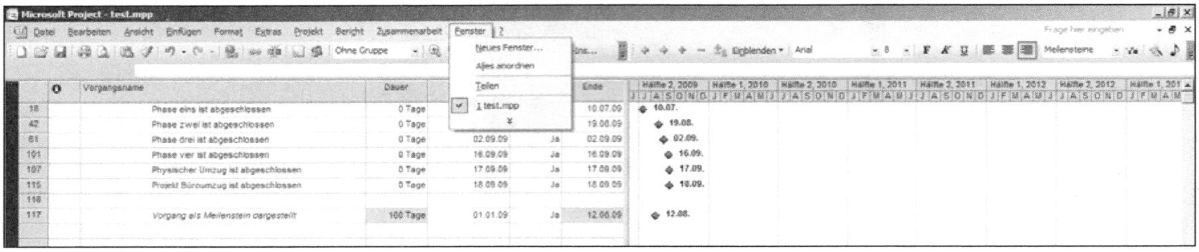

Abbildung 2.99   Standard- und Formatsymbolleiste in einer Zeile und »verkürzte« Menüs – die Standardeinstellung

Dies ist natürlich nicht sehr glücklich, da beispielsweise das Menü *Format* dann nur partiell angezeigt wird bzw. Sie zweimal klicken müssen, um einen Befehl aufzurufen (nachdem Sie einen verborgenen Befehl einmal ausgeführt haben, wird dieser dann auch im »verkürzten« Menü angezeigt – was sich »personalisierte Menüs« nennt) – oder Sie müssen sich einen Moment gedulden, dann wird das Menü selbstständig erweitert.

1. Um dieses Verhalten zu ändern, klicken Sie mit der rechten Maustaste auf eine der Symbolleisten und wählen dann im Kontextmenü den Befehl *Anpassen*.

2. Aktivieren Sie im Dialogfeld *Anpassen* (siehe Abbildung 2.100) die Option *Standard- und Formatsymbolleiste in zwei Zeilen anzeigen*, sodass die Symbolleisten untereinander in separaten Zeilen angezeigt werden.

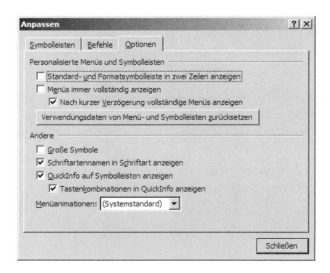

Abbildung 2.100   Personalisierte Menüs und Symbolleisten deaktivieren

3. Aktivieren Sie außerdem die Option *Menüs immer vollständig anzeigen*, sodass in den Menüs sofort alle Befehle angezeigt werden. Dies ist in Project kein Problem, da die Liste der Befehle in den verschiedenen Menüs nicht sehr umfangreich ist.

Nun erscheinen die Symbolleisten untereinander und die Menüs werden immer vollständig angezeigt (siehe Abbildung 2.101).

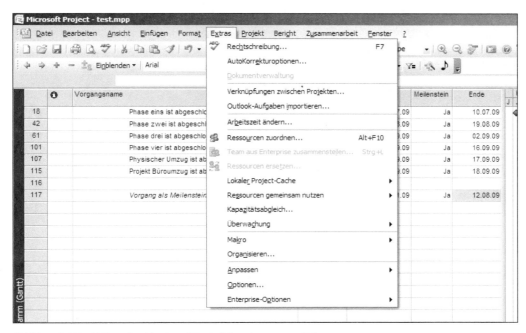

Abbildung 2.101 Vollständige Menüs und Symbolleisten in separaten Zeilen

WICHTIG   Diese Einstellungen werden standardmäßig im Programm gespeichert – sie stehen also in Zukunft für alle Projekte zur Verfügung. Abweichungen davon kommen vor, wenn Sie einen Project Server verwenden. Dann überschreibt die Servereinstellung Ihre lokalen Einstellungen. In diesem Fall sollten Sie mit dem Serveradministrator Kontakt aufnehmen.

Kapitel 3

Daten drucken, veröffentlichen, exportieren

In diesem Kapitel:

Irgendwann muss jeder Plan »unter die Leute« – meist als Bericht, manchmal als Export oder als Daten-übergabe in andere Systeme.

In diesem Kapitel werden verschiedene Möglichkeiten behandelt, die Ergebnisse aus der Planung an andere Beteiligte zu übergeben, sei es als Druck direkt aus Microsoft Project oder als Export beispielsweise in ein Word-Dokument oder ein Excel-Arbeitsblatt. Außerdem geht es darum, wie Sie die Ergebnisse so aufberei-ten, dass die Kollegen und Kolleginnen damit etwas anfangen können.

Darüber hinaus werden die Berichte und die neuen grafischen Berichte in Microsoft Project 2007 gezeigt. Diese bieten im Projektalltag oft genug eine solide Basis für das Reporting innerhalb der Firma und in Richtung Kunde. Geschickt genutzt können einfach und schnell die wesentlichen Informationen aus der Planung gewonnen werden, ohne dass Sie hierzu großen Aufwand betreiben müssen.

30 Project-Daten für das Berichtswesen zur Verfügung stellen

Für Berichte, Angebote, Stellungnahmen etc. ist es immer wieder wichtig, den Plan oder einen Teil davon in ein Microsoft Word-Dokument einzubinden. Dazu haben Sie grundsätzlich verschiedene Möglichkeiten, die im Folgenden besprochen werden sollen.

HINWEIS   Die konkreten Beschreibungen in diesem Artikel gelten im Wesentlichen für alle Project-Versionen (Spezialitäten sind im Text genannt) und Word bis Version 2003; Word 2007 unterscheidet sich lediglich in Details.

VIDEO   Zum Thema des Artikels finden Sie auf der DVD zum Buch ein Video – wählen Sie in der Videoauswahl unter **Kapitel 3 Daten drucken, veröffentlichen, exportieren** den Eintrag **30 Project-Daten für das Berichtswesen zur Verfügung stellen**.

Ein Bild erstellen

Sie können ein Bild Ihres Projektplans mit der entsprechenden Funktion in Microsoft Project anfertigen und dieses in ein Word-Dokument einfügen.

1. Öffnen Sie in Project das betreffende Projekt mit der gewünschten Ansicht und klicken Sie in der Symbolleiste auf die Schaltfläche mit dem Kamerasymbol, um das Dialogfeld *Bild kopieren* zu öffnen.

2. Legen Sie fest, wie das Bild angefertigt werden soll.

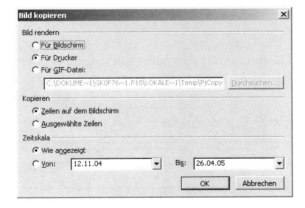

Abbildung 3.1 Einstellungen für das »Foto« festlegen

Nachdem Sie sich entschieden haben, ob alle Zeilen auf dem Bildschirm verwendet werden sollen oder nur die zuvor markierten, wird der gewählte Bereich gespeichert und steht Ihnen dann zur weiteren Verfügung. Dabei ist die Darstellung je nach gewählter Option geringfügig anders (siehe die Abbildungen 3.4 bis 3.6). Und natürlich können Sie auch die Zeitskala festlegen, die dargestellt werden soll. Wählen Sie den Bereich zu groß, so erhalten Sie zusätzlich die Abfrage, wie mit der Darstellung verfahren werden soll (siehe Abbildung 3.2).

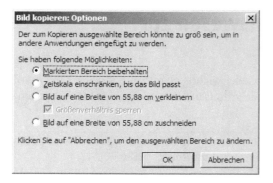

Abbildung 3.2   Die Optionen zum Anpassen der Größe

Hier im Beispiel wurde der gewählte Bereich beibehalten. Das Bild ist danach sehr groß und damit nur brauchbar, wenn Sie auf ein A1- oder A0-Format drucken, da die Daten nicht mehr lesbar sind, wenn Sie sie, wie in der Abbildung 3.3 gezeigt, im A4-Format einfügen.

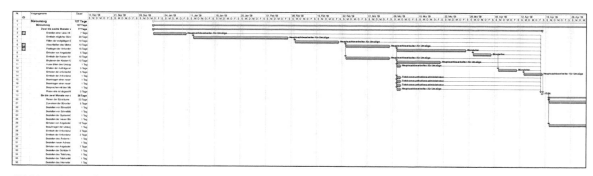

Abbildung 3.3   Nicht mehr lesbare Darstellung bei A4

Die Darstellung hängt außerdem davon ab, welches Bildrendering Sie verwenden. Nachfolgend die Darstellung für die drei Optionen – Bildschirm, Drucker, GIF-Datei:

- Ergebnis für die Ausgabe auf einem Drucker:

Nr.	Vorgangsname	Dauer	'08	04. Jan '09	11. Jan '09	18. Jan '09	25. Jan '09	01. Feb '09	06. Feb '09	15.
			D M D F	S S M D M D F	S S M D M D F	S S M D M D F	S S M D M D F	S S M D M D F	S S M D M D F	S S
0	**Büroumzug**	**127 Tage**								
1	Büroumzug	127 Tage								
2	Zwei bis sechs Monate vor	77 Tage								
3	Erstellen einer Liste mit de	7 Tage		Hauptsachbearbeiter für Umzüge						
4	Ermitteln möglicher Bürost	20 Tage						Hauptsachbearbeiter für Umzüg		
5	Fällen der endgültigen Ent	10 Tage								
6	Abschließen des Mietvert	10 Tage								
7	Festlegen der Anforderur	15 Tage								

Abbildung 3.4   Option *Bilder rendern/Für Drucker*

- Ergebnis für die Ausgabe auf dem Bildschirm:

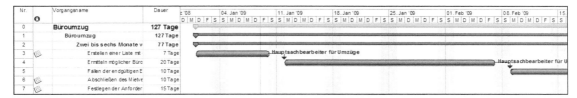

Abbildung 3.5 Option *Bilder rendern/Für Bildschirm*

- Ergebnis für die Ausgabe in einer GIF-Datei:

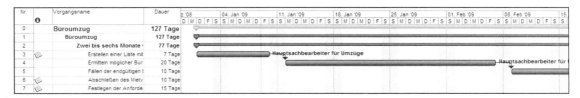

Abbildung 3.6 Option *Bilder rendern/Für GIF-Datei*

Die beste Darstellung liefert die GIF-Datei, da die Auflösung am besten und der Text gut lesbar ist.

Mit den Zwischenablagefunktionen arbeiten

Sie können die gewünschten Informationen auch einfach zur weiteren Verfügung in die Zwischenablage kopieren.

1. Markieren Sie den benötigten Bereich und kopieren Sie ihn mit [Strg]+[C] in die Zwischenablage.

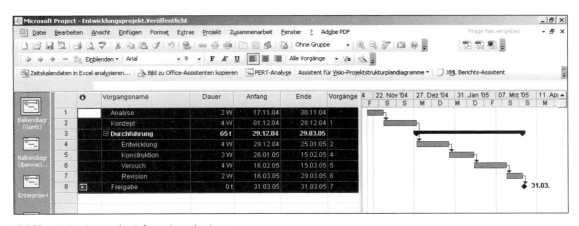

Abbildung 3.7 Gewünschte Informationen kopieren

2. Fügen Sie den Inhalt der Zwischenablage mit [Strg]+[V] beispielsweise in ein Word-Dokument ein.

3. In Word müssen Sie dann nur noch die Tabulatoren entsprechend setzen, damit die Darstellung der Informationen korrekt ist, da die übertragenen Spalten jeweils durch Tabulator getrennt werden:

Büroumzug	127t	01.01.09	26.06.09
Büroumzug	127t	01.01.09	26.06.09
Zwei bis sechs Monate vor dem Umzugstag	77t	01.01.09	17.04.09
Erstellen einer Liste mit den unverzichtbaren Anforderungen, die die neuen Büroraume erfüllen müssen	7t	01.01.09	09.01.09
Ermitteln möglicher Bürostandorte	20t	12.01.09	06.02.09
Fällen der endgültigen Entscheidung über die Büroräume	10t	09.02.09	20.02.09
Abschließen des Mietvertrags für die Büroräume	10t	23.02.09	06.03.09
Festlegen der Anforderungen an die Büroeinrichtung	15t	09.03.09	27.03.09
Einholen von Angeboten von Büroeinrichtungsfirmen	5t	30.03.09	03.04.09
Ermitteln der Kosten für das neue Büro (Stühle, Schreibtische, Ausstattung)	10t	23.02.09	06.03.09
Einplanen der Kosten für den Umzug	10t	09.03.09	20.03.09

Als Objekt einbetten

Sie können das Projekt auch als Objekt in Word einbetten. Voraussetzung dafür ist jedoch, dass Sie es als .mpp-Datei abspeichern, da Word aus diesem Dialogfeld heraus nicht auf einen eventuell vorhandenen Project Server zugreifen kann. Zum Einbinden des Projektplans gehen Sie wie folgt vor:

1. Wählen Sie in Word *Einfügen/Objekt* und aktivieren Sie die Registerkarte *Aus Datei erstellen* (siehe Abbildung 3.8).

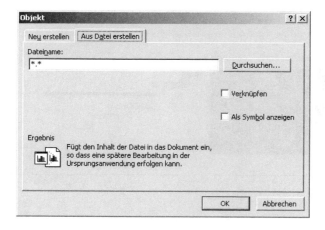

Abbildung 3.8   Optionen zum Einbetten des Objekts

2. Definieren Sie, ob das Projekt verknüpft werden soll (also alle Änderungen nachgeführt werden) und ob es als Symbol angezeigt werden soll (wenn Sie nur den Link darauf haben möchten, damit das Word-Dokument nicht so groß wird).

3. Wählen Sie das Projekt aus, das Sie einbetten möchten, und definieren Sie die Breite und Höhe des Objekts. Damit legen Sie den sichtbaren Bereich fest und nicht die Skalierung.

Wie in Abbildung 3.9 zu sehen, wurde einmal der Bereich sehr klein gewählt und einmal größer, was nur den sichtbaren Bereich verändert und nicht die Größe von Schrift und Balken. Der Nachteil ist, dass die Darstellung nicht optimiert ist, also z.B. im unteren Beispiel das Feld *Ressourcennamen* abgeschnitten ist. Eine Erweiterung der Ansicht ist dabei nur möglich, indem Sie ein größeres Blattformat also A3 oder A2 wählen, sodass alles auf das Blatt passt.

Nr.	❶	Vorgangsname
0		**Büroumzug**
1		Büroumzug
2		Zwei bis sechs Monate ı
3		Erstellen einer Liste mit
4		Ermitteln möglicher Bür
5		Fällen der endgültigen l

Nr.	❶	Vorgangsname	Dauer	Anfang	Ende	Vorgänger	Ressourcennam
0		**Büroumzug**	**127 Tage**	**01.01.09**	**26.06.09**		
1		Büroumzug	127 Tage	01.01.09	26.06.09		
2		Zwei bis sechs Monate ı	77 Tage	01.01.09	17.04.09		
3		Erstellen einer Liste mit	7 Tage	01.01.09	09.01.09		Hauptsachbear
4		Ermitteln möglicher Bür	20 Tage	12.01.09	06.02.09	3	Hauptsachbear
5		Fällen der endgültigen l	10 Tage	09.02.09	20.02.09	4	Hauptsachbear
6		Abschließen des Mietv	10 Tage	23.02.09	06.03.09	5	Hauptsachbear
7		Festlegen der Anforde	15 Tage	09.03.09	27.03.09	6	Büroleiter
8		Einholen von Angebote	5 Tage	30.03.09	03.04.09	7	Büroleiter
9		Ermitteln der Kosten fü	10 Tage	23.02.09	06.03.09	5	Hauptsachbear
10		Einplanen der Kosten f	10 Tage	09.03.09	20.03.09	9	Hauptsachbear

Abbildung 3.9   Zum Vergleich zwei unterschiedlich groß gewählte Bereiche

Einen Screenshot anfertigen

Sie können auch die Bildschirmdruckfunktion verwenden – die schnellste Methode –, um den Bildschirminhalt in einem sogenannten Screenshot (oder Printscreen) festzuhalten.

In den Artikeln dieses Buches habe ich zum Anfertigen der veranschaulichenden Bilderschirmfotos den Bildschirmdruck auf Windows-Ebene ([Druck]-Taste) verwendet. Wenn so etwas öfters gemacht werden soll, kann man sich auch aus dem Internet eines der kleinen, kostenlosen Tools holen, die dieses Vorgehen optimieren, die z.B. mehrere Bildschirmdrucke verwalten können oder den zu fotografierenden Bildschirmbereich direkt auswählen lassen.

Nachteil dieser Methode ist, dass das Zurechtschneiden meist nicht so genau aufgeht, dass das Ergebnis »geschäftsleitungsfähig« oder kundenfähig ist (siehe die Ränder in Abbildung 3.10).

Der Vorteil ist, dass man genau die Information darstellen kann, die man möchte und das Ganze sehr schnell geht.

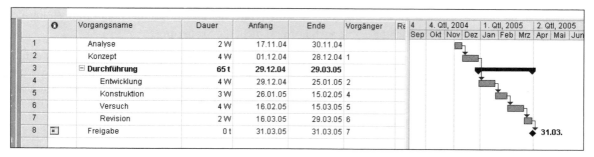

	❶	Vorgangsname	Dauer	Anfang	Ende	Vorgänger	Re
1		Analyse	2 W	17.11.04	30.11.04		
2		Konzept	4 W	01.12.04	28.12.04	1	
3		⊟ Durchführung	65 t	29.12.04	29.03.05		
4		Entwicklung	4 W	29.12.04	25.01.05	2	
5		Konstruktion	3 W	26.01.05	15.02.05	4	
6		Versuch	4 W	16.02.05	15.03.05	5	
7		Revision	2 W	16.03.05	29.03.05	6	
8	▣	Freigabe	0 t	31.03.05	31.03.05	7	

Abbildung 3.10   Ein sogenannter Screenshot

Export nach Excel und anschließender Import in Word

Man kann natürlich die Daten mit sehr ausgefeilten Mechanismen nach Excel exportieren, die Daten dort aufbereiten, mit Grafiken versehen und dann das Ganze wiederum in Word importieren.

> **HINWEIS**   Ausführliche Informationen zum Thema Exportieren nach Excel bietet das Video **37 Daten exportieren**, das Sie auf der DVD zum Buch in der Videoauswahl unter **Kapitel 3 Daten drucken, veröffentlichen, exportieren** finden.

Bildgenerator verwenden

Sie können in Project 2003 und 2007 auch den Bildgenerator verwenden.

1. Wählen Sie hierzu zunächst *Ansicht/Symbolleisten/Analyse* und klicken Sie dann in der *Analyse-Symbolleiste* auf *Bild zu Office-Assistenten kopieren*.

2. Folgen Sie dem Assistenten, der eine ganze Fülle an Möglichkeiten anbietet.

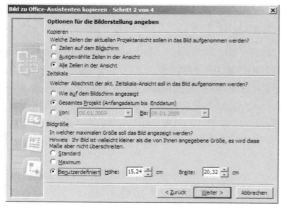
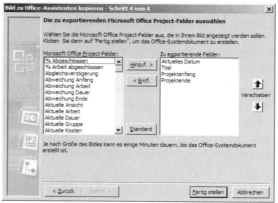

Abbildung 3.11   Mit der Unterstützung des Assistenten die gewünschten Daten abbilden

Das Ergebnis ist ein neues Word-Dokument, das eine ähnliche Darstellung wie in Abbildung 3.12 als Beispiel gezeigt enthält. Welche Informationen Sie letztendlich erhalten, hängt von den Informationen ab, die Sie in den verschiedenen Assistentendialogfeldern ausgewählt haben.

3. Aus dem so erstellten Dokument kopieren Sie dann die gewünschten Informationen und übertragen diese in Ihr Zieldokument.

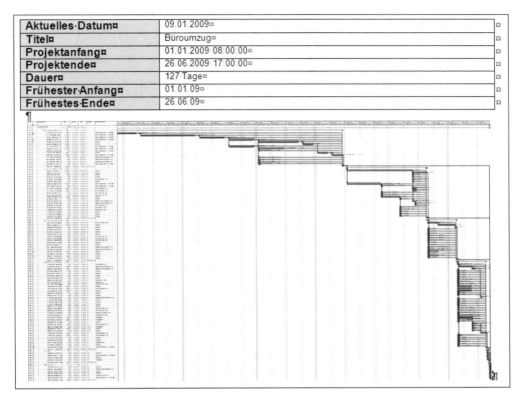

Aktuelles·Datum¤	09.01.2009¤	¤
Titel¤	Büroumzug¤	¤
Projektanfang¤	01.01.2009·08:00:00¤	¤
Projektende¤	26.06.2009·17:00:00¤	¤
Dauer¤	127·Tage¤	¤
Frühester·Anfang¤	01.01.09¤	¤
Frühestes·Ende¤	26.06.09¤	¤

Abbildung 3.12 Die mit dem Assistenten zusammengetragenen Daten aus Project

Projektstruktur über Visio importieren

Als Schmankerl gibt es in Microsoft Project 2003 auch die Möglichkeit, die Projektstruktur zu visualisieren. Dazu benötigen Sie allerdings Visio 2000 oder höher.

HINWEIS   In Microsoft Project 2007 ist der betreffende Assistent nicht mehr vorhanden, da diese Funktion in den grafischen Berichten aufgegangen ist (siehe hierzu auch den Artikel »36 Grafische Berichte erstellen«).

1. Klicken Sie in Project in der oben im Abschnitt »Bildgenerator verwenden« erwähnten *Analyse*-Symbolleiste auf die Schaltfläche *Assistent für Visio-Projektstrukturplandiagramme*.

2. Folgen Sie den Abfragen und erstellen Sie den PSP-Plan.

3. Markieren Sie alle Elemente (Strg + A), kopieren Sie sie und fügen Sie sie in ein Word-Dokument ein (siehe Abbildung 3.13).

Damit haben Sie die Möglichkeit, die gesamte Projektstruktur Ihres Projekts abzubilden.

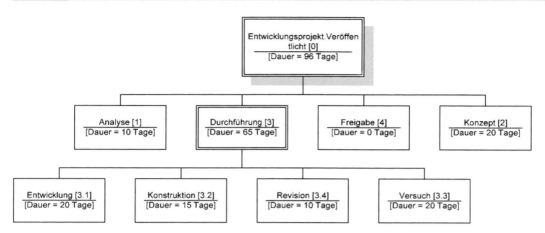

Abbildung 3.13   Das Abbild der Projektstruktur

TIPP   Ist Ihr Projekt sehr groß, wird die gesamte Projektstruktur sehr unübersichtlich. Deshalb ist es wichtig, im Visio-PSP-Diagramm-Assistenten die Anzahl der Gliederungsebenen nicht zu hoch festzulegen (siehe die Abbildung).

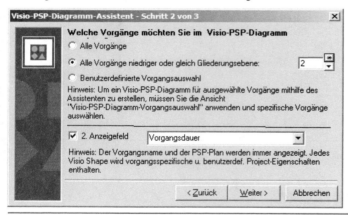

Fazit

Sie sehen, es gibt eine ganze Reihe von Möglichkeiten, wie Sie Project-Daten nach Word transportieren können. Welche dieser Möglichkeiten am besten für Sie geeignet sind, müssen Sie selbst entscheiden. Auch gibt es je nach Anforderungen unterschiedliche Vorgehensweisen, um dasselbe Resultat zu erzielen.

ACHTUNG   Bitte beachten Sie, dass alle Operationen mit Objekten kritisch sind, d.h. manchmal auch mit einer Fehlermeldung enden oder zu einem Absturz führen können. Deshalb ist es wichtig, dass Sie Ihre Arbeit abspeichern, bevor Sie solche Bearbeitungen vornehmen.

31 Project-Daten in einer Datenbank ablegen

Standardmäßig wird beim ersten Speichern von Microsoft Project-Dateien das mpp-Format als Dateityp vorgeschlagen. Wie im Artikel »54 Schutz vor Datenverlust« angesprochen, ist das Datenbankformat jedoch wesentlich stabiler und zuverlässiger als das mpp-Format. Hinzu kommt, dass Sie mit Excel und anderen Applikationen dann auch leichter auf die Daten zugreifen können, um zusätzliche Auswertungen zu erstellen.

Um Daten in die Datenbank zu speichern, müssen Sie sich zunächst darüber klar sein, was Sie erreichen wollen. Möchten Sie die Access-Datenbank verwenden, können Sie entweder diese als .mdb erzeugen und dann für die Speicherung verwenden, oder Sie lassen direkt aus Project heraus das mdb-Format erzeugen, jedoch mit der Endung .mpd. Sie müssen in Access anschließend nur darauf achten, dass Sie alle Dateien anzeigen und dann die Datenbank mit der Erweiterung .mpd wählen.

Access ist schon wesentlich besser als das mpp-Format. Optimal jedoch ist die MSDE, also der SQL Server ohne Wartungsoberfläche, den ich als am stabilsten einstufe.

Insgesamt gilt das nachfolgende Vorgehen für beide Arten, sodass es anhand der mdb-Datei beschrieben wird, was für die meisten von Ihnen zutreffen wird.

HINWEIS Die konkreten Beschreibungen in diesem Artikel gelten für Project 2000 bis 2003, bei 2000 mit einigen Abweichungen bei der Benutzeroberfläche, jedoch sinngemäß gleich.

1. Nachdem Sie Ihr Projekt erstellt haben, rufen Sie den Befehl *Speichern* bzw. *Speichern unter* auf und wählen dann als *Dateityp* das mdb- oder das mpd-Format aus (siehe Abbildung 3.14).

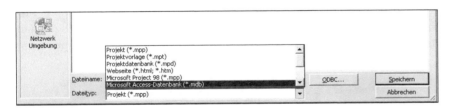

Abbildung 3.14 Dateityp auswählen

2. Es erscheint der Export-Assistent, in dem Sie die entsprechenden Einträge vornehmen.

   Sie müssen sich zunächst für das Verzeichnis und den Namen der Datenbank entscheiden! Diese erste Eingabe hat also nichts mit Ihrem Projekt zu tun. Normalerweise wird man hier Abteilungs- oder Firmenbezeichnungen wählen bzw. Namen für die Datenbank, die eine Aussage darüber treffen, was abgelegt ist, z.B. Projekte oder Entwicklungsprojekte etc.

WICHTIG Bitte beachten Sie, dass der Name, den Sie in Schritt 1 eingegeben haben, der Dateiname der Datenbank ist und nicht der des Projekts. Erst im zweiten Schritt geben Sie dann den Projektnamen in der Datenbank an (siehe Abbildung 3.15), auch wenn dort .mpp als Endung steht.

3. Mit *Ende* legen Sie das Projekt in der Datenbank ab und können anschließend weitere Projekte dort aufnehmen.

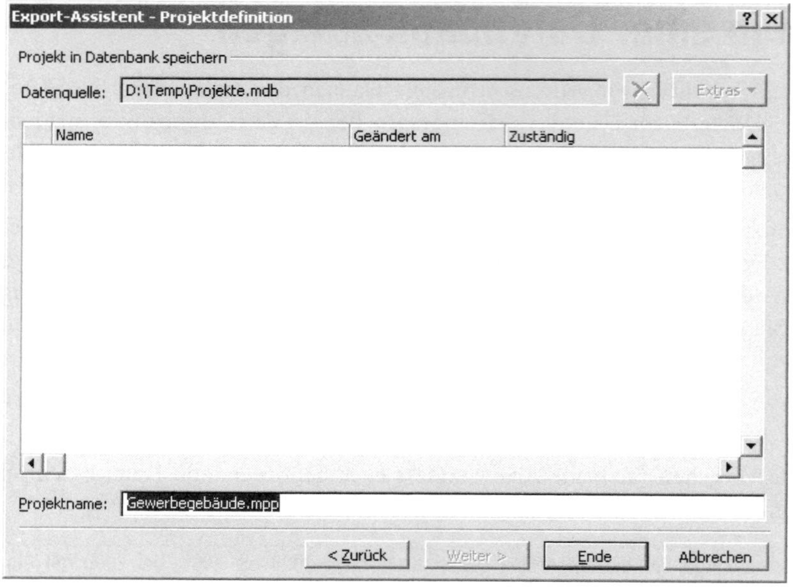

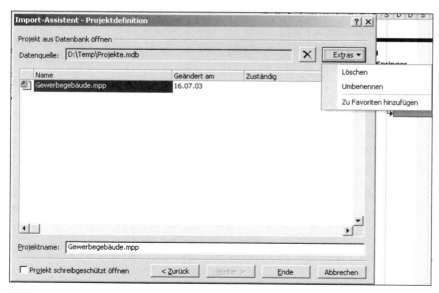

Abbildung 3.15   Projektname festlegen

Projekte aus der Datenbank laden Sie ähnlich, wie Sie sie gespeichert haben: Sie wählen im Dialogfeld zum Befehl *Öffnen* als Datenbankformat *mdb* aus und das Verzeichnis, das die Datenbank enthält, und bekommen dann die darin enthaltenen Projekte angezeigt (siehe Abbildung 3.16). Sie können nun das Projekt laden – das geht auch schreibgeschützt durch Aktivieren des entsprechenden Kontrollkästchens unten links im Dialogfeld. Über das Menü zur Schaltfläche *Extras* können Sie auch Projekte löschen und umbenennen.

Abbildung 3.16   Projekt aus einer Datenbank laden

32 In eine Datei drucken

Es kommt von Zeit zu Zeit vor, dass man die Druckausgabe in eine Datei umleiten möchte, um das Ergebnis beispielsweise zu verschicken. Zwar hat sich in den letzten Jahren das PDF-Format diesbezüglich bewährt, jedoch hat nicht jeder die Möglichkeit, ein solches zu erzeugen. Damit trotzdem eine Datei versandt werden kann, soll nachfolgend beschrieben werden, wie man rasch eine Datei erzeugen kann.

1. Öffnen Sie über das Windows-Startmenü den Drucker-Ordner, klicken Sie mit der rechten Maustaste auf den betreffenden Drucker und wählen Sie im Kontextmenü den Befehl *Eigenschaften*.

2. Aktivieren Sie auf der Registerkarte *Anschlüsse* das Kontrollkästchen *FILE*.

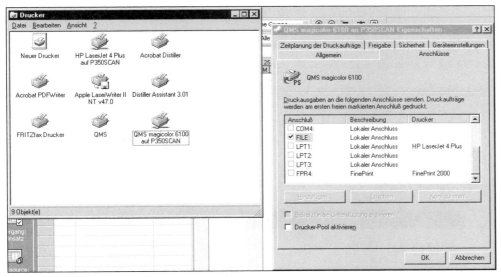

Abbildung 3.17 Die Druckausgabe in eine Datei umleiten

3. Kehren Sie zu Microsoft Project zurück und starten Sie den Druckvorgang. Anstatt die Daten auf den Drucker zu senden, werden diese – nachdem Sie einen Namen für die Ausgabedatei angegeben haben – in eine Datei umgeleitet. Diese können Sie dann weitergeben.

Abbildung 3.18 Die Ausgabedatei benennen

WICHTIG   Der Empfänger kann die Datei nur auf dem gleichen Druckertyp drucken oder auf einem Drucker, der dieselbe Druckersprache verwendet; universal und häufig unterstützt sind hier PCL und PostScript. Ansonsten erhält der Empfänger der Datei beim Drucken nur Müll.

33 Balkenplan drucken

Wie Sie als Benutzer von Project aus leidvoller Erfahrung wissen, ist es nicht immer einfach, all das, was man mühevoll erarbeitet hat, anschließend auch rasch und korrekt zu Papier zu bringen. Das liegt weniger an Ihren Fähigkeiten als an bestimmten Eigenheiten von Project, die hier kurz beschrieben werden sollen.

VIDEO   Zum Thema des Artikels finden Sie auf der DVD zum Buch ein Video – wählen Sie in der Videoauswahl unter **Kapitel 3 Daten drucken, veröffentlichen, exportieren** den Eintrag **33 Balkenplan drucken ohne Mühe**.

- Ist der grafische Teil rechts zu klein, steht also nur etwa ein Viertel des Platzes zur Verfügung, so kann Project häufig nicht auf eine Seitenbreite verkleinern.

- Die Abschätzung, wie viel Platz Sie tatsächlich für die Darstellung benötigen, ist häufig ein schwieriges Unterfangen, d.h., Sie müssen zu einem Trick greifen.

Dazu wählen Sie im Kontextmenü zur Zeitskala den Befehl *Zoom* (siehe Abbildung 3.19).

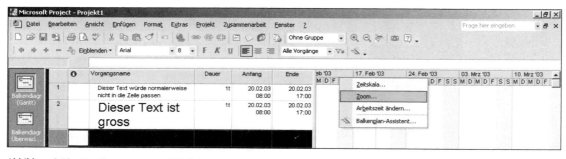

Abbildung 3.19   Das Kontextmenü zur Zeitskala

Nun wählen Sie die Option *Gesamtes Projekt*. Dadurch formatiert Project automatisch den Balkenplan so, dass er in die Anzeige passt. Dies heißt jedoch nicht, dass anschließend nur eine Seite breit gedruckt wird. Dazu machen Sie das Ganze nochmals. Wählen Sie diesmal jedoch die Option *Anpassen* und geben Sie ca. 20% zu, d.h. statt wie im linken Beispiel 31 Tage erhöhen Sie auf 37 oder 38 Tage. Also ganz wie ein guter Koch – man gebe etwas zu …

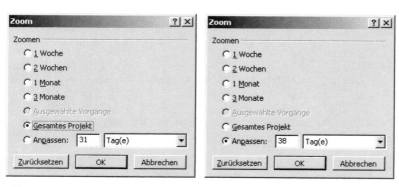

Abbildung 3.20   Zoomeinstellungen festlegen

Beachten Sie dabei jedoch, dass Project nur die Balken berücksichtigt, nicht Texte an den Balken, wie z.B. die Ressourcen. In diesem Fall müssen Sie noch mehr Platz definieren.

Danach erscheinen garantiert alle Tätigkeiten in der Grafik und im Normalfall wird dann der Plan nur eine Seite breit gedruckt, jedoch wie oben erwähnt nur, wenn insgesamt genügend Platz zur Verfügung steht.

Sollte Project wie in Abbildung 3.21 dargestellt immer noch eine zweite Seite anzeigen, so können Sie dies ignorieren und einfach nur die vorderen Seiten drucken, da Project von oben nach unten druckt, hier also nur jeweils die ersten Seiten relevant sind. Es lohnt sich auch ein Versuch, die Option *Zeitskala in Seite einpassen* zu deaktivieren (siehe Abbildung 3.22), das hilft in der Regel ebenfalls, die Seiten zu verringern.

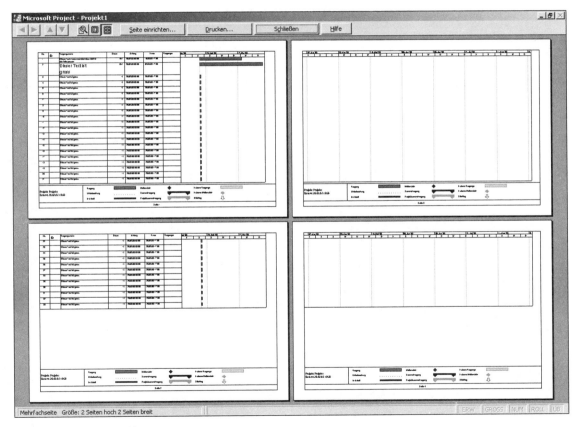

Abbildung 3.21 Seitenansicht

- Wenn Sie die Seitenansicht aufgerufen haben, klicken Sie auf die Schaltfläche *Seite einrichten* und anschließend auf *Ansicht*. Wenn Sie sich gewundert haben, welche Tabellenspalten verwendet werden, so liegt dies daran, dass Sie einerseits definieren können, ob alle Tabellenspalten gedruckt werden sollen, unabhängig davon, was Sie auf dem Bildschirm sehen, oder Sie wählen *Die ersten X Spalten auf allen Seiten drucken*. Dann werden diese Spalten auf jeden Fall gedruckt, unabhängig davon, was auf dem

Bildschirm zu sehen ist. Bei dem Beispiel in Abbildung 3.22 wurden drei Tabellenspalten definiert. Diese Option ist in diesem Bildschirmausdruck jedoch deaktiviert; Microsoft Project richtet sich also nach der Bildschirmanzeige. In diesem Dialogfeld definieren Sie auch, ob Sie eine extra Seite mit den Notizen drucken wollen.

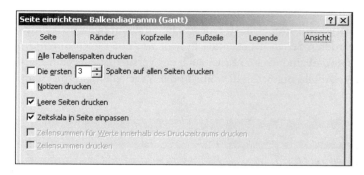

Abbildung 3.22 Optionen zum Einrichten der Druckausgabe

- Ab Project 2000 stehen außerdem die Skalierungsoptionen wie in Excel zur Verfügung; auch hier lohnt sich ein Versuch, diese Parameter zu nutzen, also die gewünschte Seitendefinition auszuwählen – im vorliegenden Beispiel eine Seite breit und vier Seiten hoch (siehe Abbildung 3.23).

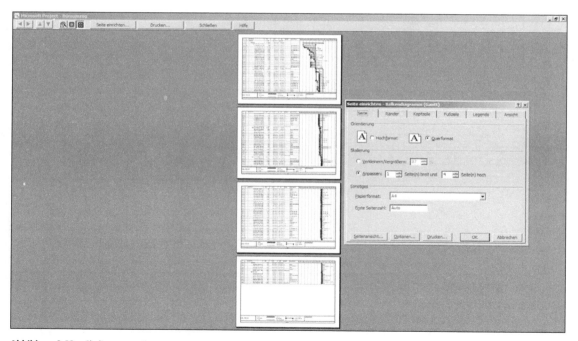

Abbildung 3.23 Skalierungsoptionen

34 Seitenwechsel einfügen

Handelt es sich um Projekte mit mehr als 20 bis 30 Tätigkeiten bzw. Vorgängen, so bricht Microsoft Project den Plan auf mehrere Seiten um. Dies ist normalerweise kein Problem, jedoch möchten Sie in der Regel logische Zusammenhänge darstellen, also zusammenhängende Bereiche zusammenfassen.

Dies funktioniert natürlich nicht immer automatisch – siehe Abbildung 3.24, dort gehört der obere Bereich zu einer anderen Überschrift, die auf der zweiten Seite nicht zu sehen ist.

| VIDEO | Zum Thema des Artikels finden Sie auf der DVD zum Buch ein Video – wählen Sie in der Videoauswahl unter **Kapitel 3 Daten drucken, veröffentlichen, exportieren** den Eintrag **34 Seitenwechsel einfügen**. |

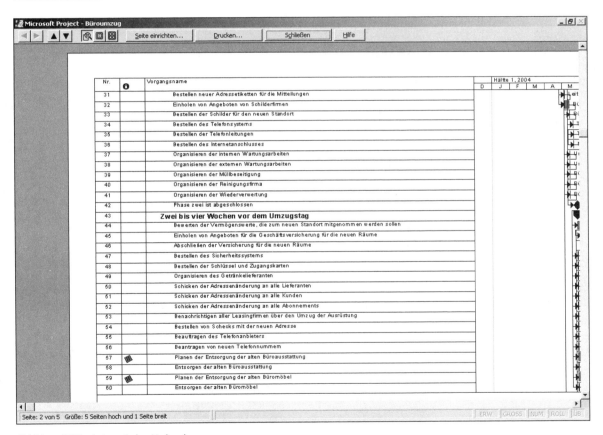

Abbildung 3.24 Automatischer Umbruch

Nachdem hier auf der zweiten Seite ein Teil der Tätigkeiten eines Vorgangs dargestellt wird, ist der Zusammenhang nicht eindeutig. Schön wäre es, die Überschrift oben auf der Seite zu haben und alle Tätigkeiten darunter angeordnet.

Um dies zu erreichen, klicken Sie auf den entsprechenden Vorgangsnamen und wählen *Einfügen/ Seitenwechsel*. Nun erscheint eine gestrichelte Linie über dem ausgewählten Vorgang oder Sammelvorgang, die den Seitenumbruch anzeigt. Dadurch werden die Blöcke logisch gegliedert und die Übersichtlichkeit ist deutlich verbessert (siehe Abbildung 3.25).

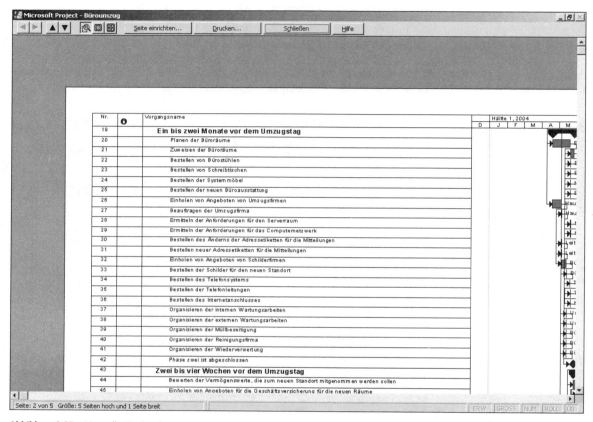

Abbildung 3.25 Manueller Umbruch

Möchten Sie den Seitenwechsel wieder aufheben, markieren Sie den Vorgang bzw. die Tätigkeit direkt unterhalb des manuellen Seitenwechsels und wählen *Einfügen/Seitenwechsel aufheben*.

Auf diese Weise können Sie Ihren Ausdruck in sinnvolle Einheiten zerlegen.

35 Berichte drucken

Nachdem der Projektplan erstellt ist, müssen die Daten meist auch gedruckt bzw. visualisiert werden. Microsoft Project beinhaltet eine ausführliche Berichtsengine, in der die meisten Informationen sehr gut aufgearbeitet werden können. Insbesondere bieten Kreuztabellen bei Ressourcen und Kosten hervorragende Möglichkeiten, die Daten einfach und schnell zu berichten. Im vorliegenden Video erfahren Sie Details zum Thema.

VIDEO Das Video finden Sie auf der DVD zum Buch – wählen Sie in der Videoauswahl unter **Kapitel 3 Daten drucken, veröffentlichen, exportieren** den Eintrag **35 Berichte drucken**.

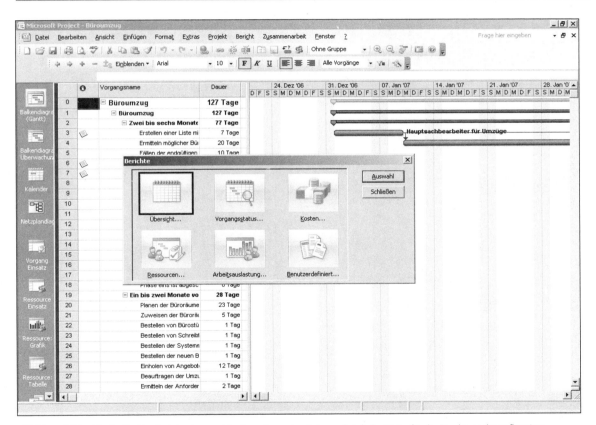

Abbildung 3.26 Mit der Berichtsfunktion lassen sich die vorliegenden Daten auf einfache Weise für die Druckausgabe aufbereiten

HINWEIS Der Artikel »36 Grafische Berichte erstellen« beschäftigt sich mit der in Project 2007 neuen Funktion, mit der Sie Ihre Berichte mithilfe entsprechender Vorlagen auch grafisch aufbereiten können.

36 Grafische Berichte erstellen

Neu in Project 2007 sind die grafischen Berichte, die als Pivottabellen vorbereitet sind und direkt verwendet werden können. Aufgrund der Komplexität sind diese Berichte jedoch nicht so ganz einfach zu ändern, damit sie die gewünschte Darstellung liefern. In diesem Video wird gezeigt, wie die grafischen Berichte funktionieren und wie Sie sie an die entsprechenden Bedürfnisse anpassen können.

VIDEO   Das Video finden Sie auf der DVD zum Buch – wählen Sie in der Videoauswahl unter **Kapitel 3 Daten drucken, veröffentlichen, exportieren** den Eintrag **36 Grafische Berichte erstellen**.

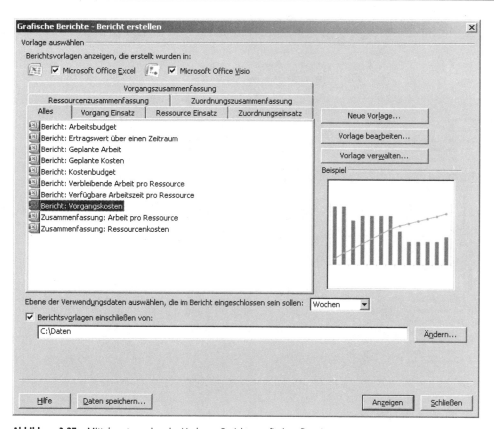

Abbildung 3.27   Mittels entsprechender Vorlagen Berichte grafisch aufbereiten

37 Daten exportieren

Der Export von Daten, insbesondere nach Excel ist ein wichtiges Element der Projektplanung. Vor allem Kosten- und Ressourcendaten stehen dabei im Vordergrund. Die Exportfunktion ist sehr mächtig und andererseits sehr einfach zu bedienen, sodass die Daten mit wenigen Klicks exportiert werden können. Im vorliegenden Video erfahren Sie Details zum Thema.

VIDEO   Das Video finden Sie auf der DVD zum Buch – wählen Sie in der Videoauswahl unter **Kapitel 3 Daten drucken, veröffentlichen, exportieren** den Eintrag **37 Daten exportieren**.

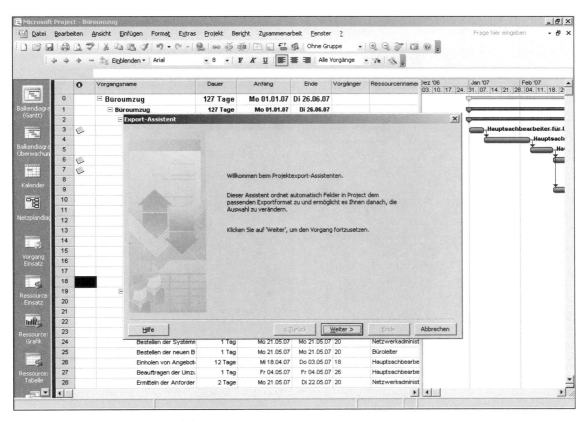

Abbildung 3.28   Ein Assistent führt durch den Exportvorgang

38 Project Viewer nutzen

Der Afinion Project Viewer bietet den Projektbeteiligten die Möglichkeit, Terminpläne aus Microsoft Project rasch und ohne großen Aufwand zu betrachten. Da keine Schulung notwendig ist, kann der Viewer den Mitarbeitern als Möglichkeit dienen, Projektpläne anzusehen und zu drucken; vor allem unter dem Blickwinkel der den einzelnen Mitarbeiter interessierenden Aspekte. Somit wird der Projektleiter entlastet, da jeder auf die Pläne zugreifen kann, ohne sie zu verändern. Im vorliegenden Video erfahren Sie Details zum Thema.

VIDEO   Das Video finden Sie auf der DVD zum Buch – wählen Sie in der Videoauswahl unter **Kapitel 3 Daten drucken, veröffentlichen, exportieren** den Eintrag **38 Project Viewer nutzen**.

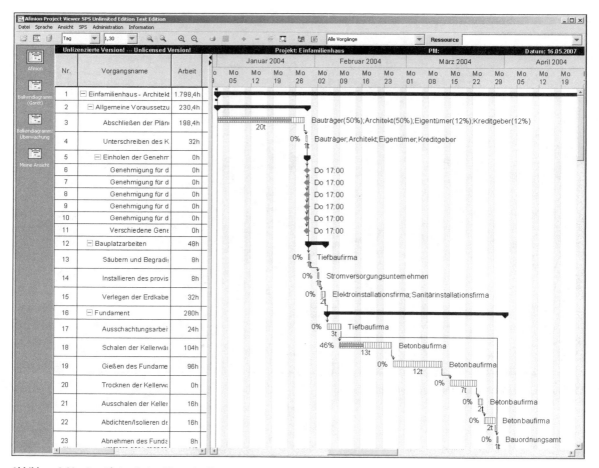

Abbildung 3.29   Der Afinion Project Viewer im Einsatz

Kapitel 4

Für Fortgeschrittene

In diesem Kapitel:

In den Artikeln dieses Kapitels werden weiterführende Möglichkeiten und Sonderfälle gezeigt – Ampelchart, benutzerdefinierte Tabellen und Ansichten werden ebenso besprochen wie Hyperlinks, Gliederungen, Gruppierungen und Filter.

Damit haben Sie als Projektleiter die Möglichkeit, Ihren Plan zu erweitern, besser zu gliedern und Ihren Kollegen und Kolleginnen mehr Informationen zur Verfügung zu stellen.

Insbesondere werden auch Felder besprochen, die für den »Normalanwender« nur sehr schwierig zu finden und zu verstehen sind. Mithilfe der Videos und Beschreibungen können mehr Informationen bereitgestellt werden.

Nicht zuletzt wird in diesem Kapitel auch auf die Funktion von Makros eingegangen und auf deren Einbindung in Symbolleisten.

39 Eigene Tabellen erstellen

Es gibt immer wieder den Fall, dass verschiedene Tabellen benötigt werden und diese von den Standardtabellen abweichen.

VIDEO   Zum Thema des Artikels finden Sie auf der DVD zum Buch ein Video – wählen Sie in der Videoauswahl unter **Kapitel 4 Für Fortgeschrittene** den Eintrag **39 Eigene Tabellen erstellen**.

Um solche Tabellen zu generieren, gehen Sie wie folgt vor:

1. Suchen Sie zunächst eine Tabelle, die der am nächsten kommt, die Sie wünschen (kopieren geht stets vor kreieren). Hierzu können Sie über *Ansicht/Tabelle: <Tabellenname>/Weitere Tabellen* entweder eine neue Tabelle erzeugen oder eine bestehende markieren und kopieren. Dabei müssen Sie sich entscheiden, ob die Tabelle Vorgangs- oder Ressourceninformationen darstellen soll.

   Hier sollen die Möglichkeiten anhand der Tabelle *Eingabe* gezeigt werden.

2. Zunächst sollten Sie einen passenden *Namen* eingeben, der auf den ersten Blick erkennen lässt, was die Tabelle darstellt.

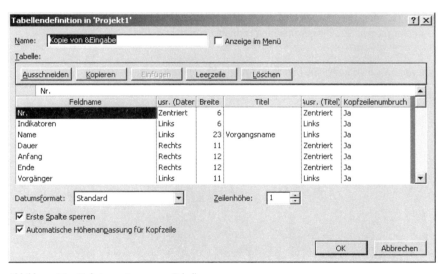

Abbildung 4.1   Definieren einer neuen Tabelle

3. Anschließend müssen Sie sich entscheiden, ob die Tabelle direkt ausgewählt werden kann oder nicht, d.h. wenn Sie das Kontrollkästchen *Anzeige im Menü* aktivieren, wird die Tabelle über *Ansicht/Tabelle: <Tabellenname>* zur Auswahl angeboten. Für Tabellen, die Sie nur zusammen mit einer Ansicht nutzen wollen oder für den Export von Daten, können Sie auf diese Option verzichten.

4. Nun können Sie die Felder entsprechend einfügen, Leerzeilen platzieren und Spaltenüberschriften festlegen; außerdem können Sie vorhandene Felder auch wieder löschen.

   Bitte achten Sie auch auf das *Datumsformat*. Dabei gilt, dass Sie damit alle Datumswerte der Tabelle auf dieses Format umstellen und nicht nur das derzeit ausgewählte Feld.

Die *Zeilenhöhe* definiert, wie viele Zeilen maximal angezeigt werden sollen. Hier lohnt es sich auch darüber nachzudenken, ob eine zweizeilige Darstellung nicht in der Breite Platz spart, der ohnehin immer knapp ist.

Das Aktivieren des Kontrollkästchens *Erste Spalte sperren* dient dazu, dass die Inhalte in dieser Spalte nicht mehr bearbeitet werden können. Da z.B. die Nummer nicht editiert werden kann, macht es keinen Sinn, dass dieses Feld editierbar ist. Wenn Sie in der ersten Spalte ein anderes Feld auswählen, das editierbar sein soll, müssen Sie dieses Kontrollkästchen natürlich deaktivieren.

Die Option *Automatische Höhenanpassung für Kopfzeile* gibt es erst ab Project 2002. Ebenso die Optionen *Ausrichtung Daten* und *Ausrichtung Kopfzeile* sowie *Kopfzeilenumbruch*.

5. Wenn Sie alle Felder, die Sie benötigen, ausgewählt haben, klicken Sie auf *OK*.

Nun steht Ihnen die Tabelle zur Auswahl zur Verfügung.

TIPP   Bitte beachten Sie:

- Sie können Tabellen nicht fix einer Ansicht zuweisen. Wenn Sie also im Menü *Ansicht* eine andere Tabelle auswählen, so wird auch beim nächsten Aufruf des Gantt-Graphen diese Tabelle mit angezeigt. Möchten Sie das verhindern, so erstellen Sie mehrere Balkenplan-Ansichten, die unterschiedliche Tabellen verwenden.

- Außerdem wird die Darstellung (Schriften, fett, Farben etc.) durch die Ansicht und nicht durch die Tabelle gesteuert. Somit müssen Sie über die Ansicht dafür sorgen, dass die gewünschten Formate dargestellt werden.

HINWEIS   Zum Anpassen von Ansichten finden Sie Details im Artikel »40 Eigene Ansichten erstellen«.

40 Eigene Ansichten erstellen

Im Projektalltag kommt es immer wieder vor, dass Tabellen und Ansichten an die geforderten Informationen angepasst werden müssen.

VIDEO   Zum Thema des Artikels finden Sie auf der DVD zum Buch ein Video – wählen Sie in der Videoauswahl unter **Kapitel 4 Für Fortgeschrittene** den Eintrag **40 Eigene Ansichten erstellen**.

Um eine eigene Ansicht zu erzeugen, gehen Sie wie folgt vor:

1. Erstellen Sie zunächst die gewünschte Tabelle, da diese im Menü *Ansichten* nicht erzeugt, sondern nur ausgewählt werden kann.

HINWEIS   Wenn Sie mit der Erstellung von Tabellen noch nicht vertraut sind, lesen Sie bitte zunächst den Artikel »39 Eigene Tabellen erstellen«.

2. Wählen Sie den Menübefehl *Ansicht/Weitere Ansichten* und klicken Sie dann auf die Schaltfläche *Neu*.

Nun haben Sie zwei Möglichkeiten: Entweder erzeugen Sie eine Ansicht, die nur aus einer Darstellung besteht (*Einzelansicht*), so wie Sie diese aus dem Balkendiagramm (Gantt) kennen. Oder Sie erzeugen eine *Ansichtskombination*, die aus zwei Darstellungen besteht, wobei die untere von der oberen abhängig ist, so wie Sie sie erhalten, wenn Sie über den Menübefehl *Fenster/Teilen* die aktuelle Darstellung in zwei Ansichtsbereiche aufteilen (siehe Abbildung 4.2).

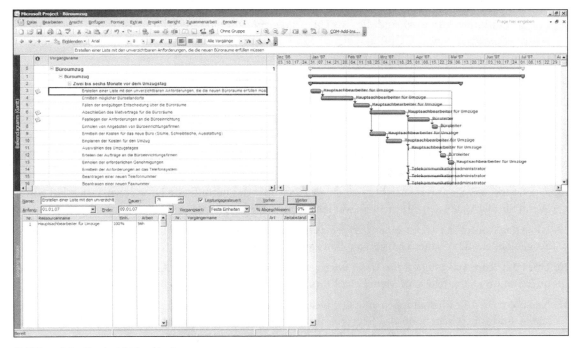

Abbildung 4.2   Eine Ansichtskombination

3. Zunächst erstellen wir in diesem Beispiel eine Einzelansicht. Hierzu klicken Sie in der Abfrage auf *Einzelansicht* und erhalten nach Klicken auf *OK* das in Abbildung 4.3 gezeigte Dialogfeld zum Definieren der Ansicht.

Abbildung 4.3   Einzelansicht erstellen

4. Geben Sie der Ansicht einen Namen.

TIPP   Im Beispiel wurde ein Sternchen vor den Namen geschrieben. Dies bewirkt, dass diese Ansicht in der Sortierung immer ganz oben erscheint, da das Sternchen computertechnisch vor den Zahlen und Buchstaben eingeordnet ist.

5. Entscheiden Sie sich für eine Bildschirmdarstellung. Dazu werden Ihnen im Dropdown-Listenfeld *Bildschirm* neben dem Kalender die verschiedenen Diagramm-, Ressourcen- und Vorgangsansichten angeboten.

   Für Sie am interessantesten sind die Ansichten *Balkendiagramm (Gantt)* und *Vorgang: Tabelle* oder *Ressource: Tabelle*. Die zweite Option *Vorgang/Ressource: Tabelle* stellt nur eine Tabelle dar, ohne dass im rechten Teil eine Grafik vorhanden ist.

   Für das Beispiel entscheiden wir uns für das *Balkendiagramm*.

6. Nun müssen Sie im Dropdown-Listenfeld *Tabelle* entweder die zuvor erstellte Tabelle oder eine der Standardtabellen auswählen. Hier können Sie nur eine Auswahl treffen. Deshalb muss die Tabelle vorher erstellt sein.

7. Im Dropdown-Listenfeld *Gruppe* können Sie festlegen, ob die Daten gruppiert werden sollen. Dies ist vor allem für Ressourcengruppen interessant.

8. Zuletzt müssen Sie Ihrer Ansicht noch einen *Filter* über das betreffende Dropdown-Listenfeld zuweisen. Wenn Sie alle Daten sehen möchten, wählen Sie hier *Alle Vorgänge*.

9. Über das Kontrollkästchen *Filter hervorheben* legen Sie fest, ob beim Filter die nicht selektierten Daten ausgeblendet oder ob diese hervorgehoben werden sollen.

10. Über das Kontrollkästchen *Im Menü anzeigen* definieren Sie, ob diese Ansicht direkt im Menü *Ansicht* oder erst im Dialogfeld zum Menübefehl *Ansicht/Weitere Ansichten* angeboten werden soll.

11. Nachdem Sie die Einstellungen mit *OK* bestätigt haben, können Sie die neue Ansicht sofort anzeigen lassen und direkt sehen, ob das Ergebnis Ihren Erwartungen entspricht. Falls dem nicht so sein sollte, können Sie die Ansicht über die Schaltfläche *Bearbeiten* im Dialogfeld *Weitere Ansichten* korrigieren.

Als Nächstes erstellen wir eine Ansichtskombination. Solche Ansichten dienen vor allem dazu, im oberen Bereich ausgewählte Daten im unteren Bereich mit anderen Attributen zu betrachten. Wenn Sie z.B. oben eine Ressource auswählen, können Sie im unteren Bereich alle Vorgänge der Ressource im Balkenplan betrachten; also deren zeitliche Lage besser darstellen als mit abstrakten Stundenwerten.

1. Zum Erstellen einer solchen Ansicht wählen Sie wieder den Menübefehl *Ansicht/Weitere Ansichten/Neu*. Wählen Sie diesmal aber die Option *Ansichtskombination* und klicken Sie dann auf *OK*.

2. Geben Sie der Ansicht einen Namen – vergessen Sie das Sternchen vor dem ersten Buchstaben nicht.

3. Wählen Sie wie in Abbildung 4.4 gezeigt für den oberen Bereich die Ansicht *Ressource Einsatz* und für den unteren die Ansicht *Balkendiagramm (Gantt)*.

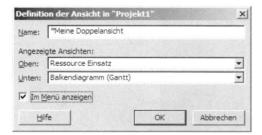

Abbildung 4.4 Ansichtskombination erstellen

4. Aktivieren Sie das Kontrollkästchen *Im Menü anzeigen* und bestätigen Sie dann die Einstellungen.

Wie Sie in Abbildung 4.5 sehen, sind beide Ansichten im Menü *Ansicht* an oberster Stelle in der jeweiligen Kategorie eingeordnet – oben im Bereich der Vorgangsansichten die Einzelansicht, im mittleren Bereich bei den Ressourcendarstellungen die Ansichtskombination.

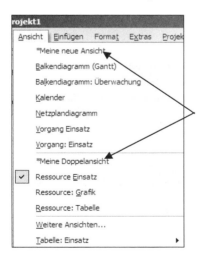

Abbildung 4.5 Das erweiterte Menü *Ansicht*

Das Ergebnis der Ansichtskombination können Sie Abbildung 4.6 entnehmen.

Ressourcenname	Einheiten	Jan	Feb	Mrz	Apr	Mai	Jun	Jul
⊟ Müller	Arbeit	184h	208h	160h	112h	32h	24h	
Erstellen einer Liste mit den unverzichtbaren Anforderungen, die die neuen Bürorau	Arbeit	56h						
Ermitteln möglicher Bürostandorte	Arbeit	128h	32h					
Fällen der endgültigen Entscheidung über die Büroräume	Arbeit		80h					
Abschließen des Mietvertrags für die Büroräume	Arbeit		48h	32h				
Ermitteln der Kosten für das neue Büro (Stühle, Schreibtische, Ausstattung)	Arbeit		48h	32h				
Einplanen der Kosten für den Umzug	Arbeit			80h				
Auswählen des Umzugstages	Arbeit			8h				
Einholen der erforderlichen Genehmigungen	Arbeit				40h			
Besprechen mit den Mitarbeitern	Arbeit			8h				
Einholen von Angeboten von Umzugsfirmen	Arbeit				72h	24h		
Beauftragen der Umzugsfirma	Arbeit					8h		
Zusammenstellen des Teams für den Umzugstag, das die Möbelpacker dirigiert	Arbeit						8h	
Bringen des Teams für den Umzugstag an Ort und Stelle	Arbeit						8h	
Planen des Tags der offenen Tür für die Kunden	Arbeit						8h	
⊟ Büroleiter	Arbeit		144h		128h	376h	304h	
Festlegen der Anforderungen an die Büroeinrichtung	Arbeit		120h					

Vorgangsname	1. Qtl, 2007 (Jan / Feb / Mrz)	2. Qtl, 2007 (Apr / Mai / Jun)	3. Qtl, 2007 (Jul)
Erstellen einer Liste mit den unverzichtbaren Anforderungen, die die neuen Büroraume erfüllen	Müller		
Ermitteln möglicher Bürostandorte	Müller		
Fällen der endgültigen Entscheidung über die Büroräume	Müller		
Abschließen des Mietvertrags für die Büroräume	Müller		
Ermitteln der Kosten für das neue Büro (Stühle, Schreibtische, Ausstattung)	Müller		
Einplanen der Kosten für den Umzug	Müller		
Auswählen des Umzugstages	Müller		
Einholen der erforderlichen Genehmigungen		Müller	
Besprechen mit den Mitarbeitern	Müller		
Einholen von Angeboten von Umzugsfirmen		Müller	
Beauftragen der Umzugsfirma		Müller	
Zusammenstellen des Teams für den Umzugstag, das die Möbelpacker dirigiert		Müller	
Bringen des Teams für den Umzugstag an Ort und Stelle		Müller	
Planen des Tags der offenen Tür für die Kunden		Müller	

Abbildung 4.6   Die Ansichtskombination

Im oberen Teil wurde die Ressource Müller ausgewählt. Im unteren Teil werden nun alle Tätigkeiten von Müller angezeigt, sodass sofort zu erkennen ist, ob es zu Überlasten in der Arbeitsbelastung kommt. Eine solche Überlast ist im Februar zu sehen, wo 208 Stunden anfallen, oder beim Büroleiter, der im Mai mit 376 Stunden zu kämpfen hat.

41 Angepasste Tabellen und Ansichten in anderen Projekten zur Verfügung stellen

Haben Sie für ein Projekt eine gute Ansicht erzeugt, so möchten Sie diese natürlich auch für andere Projekte nutzen. Dies können Sie durch Organisieren leicht ermöglichen. In diesem Video wird aufgezeigt, wie Tabellen und Ansichten in anderen Projekten oder global zur Verfügung gestellt werden.

VIDEO   Das Video finden Sie auf der DVD zum Buch – wählen Sie in der Videoauswahl unter **Kapitel 4 Für Fortgeschrittene** den Eintrag **41 Angepasste Tabellen und Ansichten verteilen**.

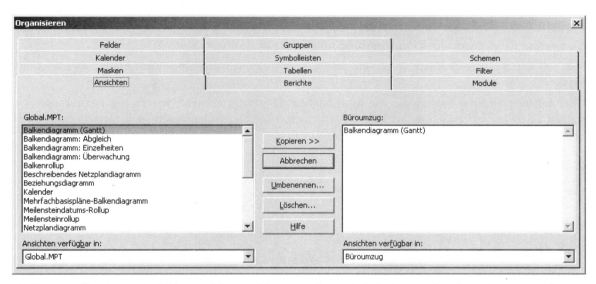

Abbildung 4.7   Über dieses Dialogfeld lassen sich benutzerdefinierte Ansichten und Tabellen bequem allen oder nur bestimmten anderen Projekten zur Verfügung stellen

42 Berechnungen durchführen

Es kommt immer wieder vor, dass Feldinhalte oder Projektinformationen berechnet werden sollen; siehe dazu auch den Artikel »43 Dauer berechnen lassen«. Insbesondere der Ressourcenbedarf steuert häufig die Dauer der Vorgänge oder soll rasch Kosteninformationen liefern.

VIDEO   Zum Thema des Artikels finden Sie auf der DVD zum Buch ein Video – wählen Sie in der Videoauswahl unter **Kapitel 4 Für Fortgeschrittene** den Eintrag **42 Berechnungen durchführen**.

Zum Berechnen von Feldern haben Sie grundsätzlich sehr viele (oft zu viele) Möglichkeiten.

Um Berechnungen durchzuführen, erstellen Sie sich zunächst eine entsprechende Tabelle (wie das geht, können Sie im Artikel »39 Eigene Tabellen erstellen« nachlesen).

Hier werden die Zahlenfelder *Zahl1* (Ergebnis) und *Zahl2* (Wert1) verwendet.

Nun soll aus der zugewiesenen Arbeit und einem Faktor eine entsprechende Berechnung vorgenommen werden.

Dazu erstellen Sie eine Formel, die wie in Abbildung 4.8 gezeigt aussieht (wie Formeln erstellt werden, können Sie im bereits erwähnten Artikel »43 Dauer berechnen lassen« nachlesen), und betrachten dann das Ergebnis, nachdem Sie zweimal mit *OK* bestätigt haben.

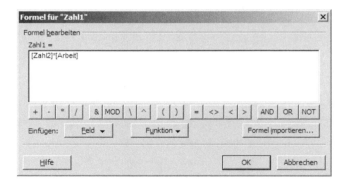

Abbildung 4.8   Formel erstellen

Das Ergebnis wird Sie sicher überraschen (siehe Abbildung 4.9).

Bei dem Beispiel ist die Dauer eine Woche und die Ressource Krug zu 100%, also 40 Stunden Arbeit zugewiesen. Das Feld *Wert1* hat den Wert 10, also würde man *Wert1* × *Arbeit*, somit 10 × 40 Stunden = 400, erwarten.

Gezeigt wird aber 24000!

Dazu muss man wissen, dass Project die Arbeitszuteilung nicht mit dem absoluten Wert, also 40 (h bzw. Stunden) speichert, sondern diese in 1/10-Minuten umwandelt und dann zur Laufzeit daraus den aktuellen Wert berechnet. Die kleinste Einheit, mit der Sie in Project planen können, ist 1 Minute – hier also 40 Stunden × 60 Minuten = 2400 × 10 = 24000.

In der Datenbank werden sogar 1/1000-Minuten für die Arbeit abgelegt (dort finden Sie für einen Tag Arbeit zu acht Stunden den Wert 480000), jedoch werden diese bei den Formeln in Project auf die Einheit 1/10-Minute hochgerechnet. Nun wird vielleicht auch verständlich, warum im Dialogfeld zum Menübefehl *Extras/Optionen* auf der Registerkarte *Kalender* die Möglichkeit besteht, diese Umrechnung teilweise zu beeinflussen, indem Sie für Tag, Woche und Monat an dieser Stelle andere Werte eintragen (wovon übrigens dringend abzuraten ist, da Sie sich damit fast nur Probleme einhandeln!).

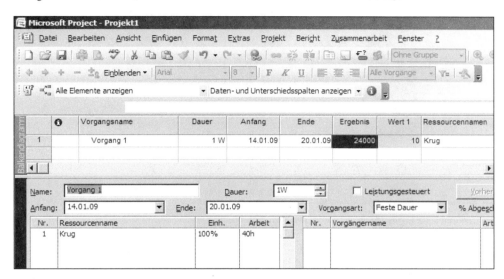

Abbildung 4.9   Ergebnis der Berechnung

Ähnlich verhält es sich mit der Dauer.

Auch hier wird in Minuten gerechnet (1 Woche = 40 Stunden × 60 Minuten = 2400).

Der Wert für die Formeln wird wieder hochgerechnet. In der Datenbank hinterlegt sind bei einer Woche 24000, was dann einer Einheit von 1/10-Minuten entspricht.

Dies sollten Sie berücksichtigen, wenn Sie an die Übergabe von Daten z.B. nach Excel denken oder andere Programmierungen vorhaben.

Wenn Sie Berechnungen in Project vornehmen, sollten Sie auch beachten, dass die Informationen zu Vorgängen bzw. Tätigkeiten und zu Ressourcen in verschiedenen Tabellen liegen. Wenn Sie die folgenden zwei Abbildungen jeweils für *Zahl1* betrachten, sehen Sie, dass die *Zahl1* der Ressourceninformation leer ist, da dieses Feld nicht identisch ist mit dem Vorgangsfeld *Zahl1*.

Diese grundlegende Trennung ist auch der Grund, warum Anwender immer wieder erstaunt sind, dass ihre Formeln nicht arbeiten, obwohl sie eigentlich korrekt erstellt wurden. Dies liegt dann daran, dass in diesem Zusammenhang (Vorgangsdatenbank oder Ressourcendatenbank) jeweils bestimmte Informationen von Project nicht oder nur dort zur Verfügung gestellt werden.

Ab Project 2003 wird dieser Zusammenhang nochmals erschwert, da hier noch zusätzlich sogenannte Enterprise-Felder als dritte Kategorie hinzukommen.

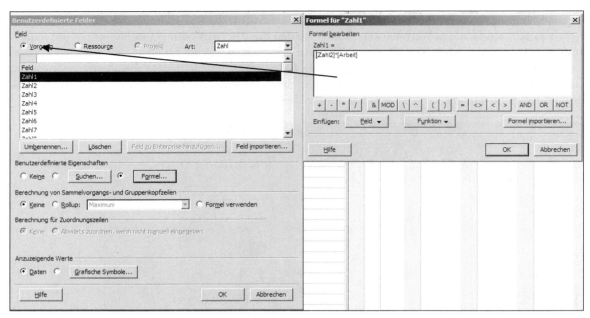

Abbildung 4.10 Das Feld *Zahl1* im Kontext *Vorgang* mit der Formel, die oben verwendet wurde

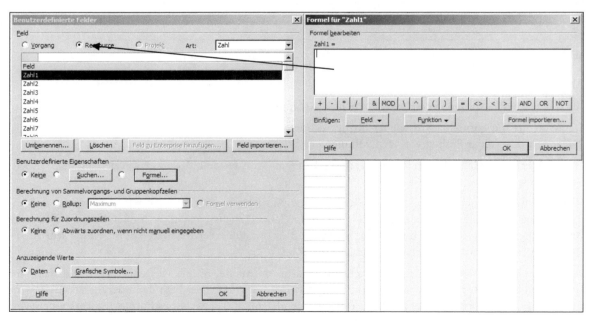

Abbildung 4.11 Das Feld *Zahl1* im Kontext *Ressource*, bei dem keine Formel verwendet wurde

43 Dauer berechnen lassen

Es ist immer wieder wichtig, dass Projektkosten oder Projektinformationen zur Laufzeit aus aktuellen Werten berechnet werden.

Insbesondere der Ressourcenbedarf steuert häufig die Dauer der Vorgänge oder soll rasch Kosteninformationen liefern (siehe dazu auch den Artikel »42 Berechnungen durchführen«).

Hier soll nun die Dauer einer Tätigkeit von Project aus berechneten Feldern ermittelt werden.

VIDEO Zum Thema des Artikels finden Sie auf der DVD zum Buch ein Video – wählen Sie in der Videoauswahl unter **Kapitel 4 Für Fortgeschrittene** den Eintrag **43 Dauer berechnen lassen**.

Dazu gehen Sie wie folgt vor:

Zunächst wurden im Beispiel die Zahlenfelder 1 bis 3 ausgewählt und mit entsprechenden Bezeichnungen versehen – hier *Ergebnis* (*Zahl1*), *Wert 1* (*Zahl2*) und *Wert 2* (*Zahl3*).

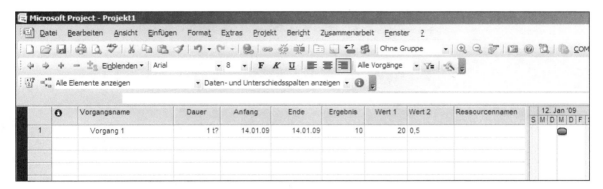

Abbildung 4.12   Benutzerdefinierte Zahlenfelder für die Berechnung einfügen

Die Summe wird ermittelt aus der Multiplikation von *Wert1* mit *Wert 2*; die Formel dazu sieht wie in Abbildung 4.13 gezeigt aus.

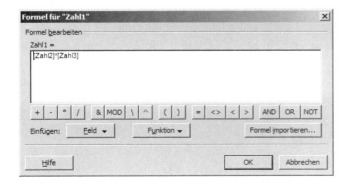

Abbildung 4.13   Die verwendete Formel

Die Möglichkeit, Berechnung durchzuführen, erhalten Sie,

1. wenn Sie das Dialogfeld zum Menübefehl *Extras/Anpassen/Felder* aufrufen und dann im Dropdown-Listenfeld *Art* die Option *Zahl* wählen (siehe Abbildung 4.14).

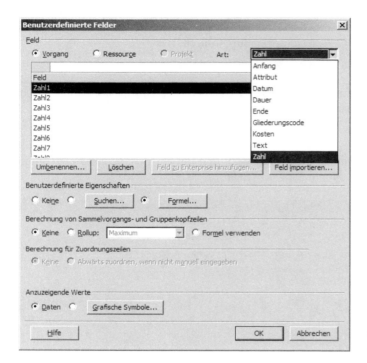

Abbildung 4.14 Benutzerdefinierte Zahlenfelder erstellen

2. Anschließend klicken Sie unter *Benutzerdefinierte Eigenschaften* auf die Schaltfläche *Formel* (siehe Abbildung 4.14).

3. Im daraufhin angezeigten Dialogfeld wählen Sie über *Feld/Zahl/Zahl (benutzerdefiniert)* die Felder aus und ergänzen die Formel noch mit den entsprechenden Rechenoperationen (siehe Abbildung 4.13).

Nachdem Sie die Felder entsprechend angepasst haben, erhalten Sie den Multiplikationswert (hier $20 \times 0,5 = 10$), der dann an die Dauer übergeben werden soll. Dazu gehen Sie wie folgt vor:

1. Gehen Sie auf das Feld, das das Ergebnis beinhaltet (also hier *Zahl1*), und kopieren Sie den Wert mit Strg+C.

2. Anschließend wechseln Sie auf das Feld *Dauer* und wählen den Menübefehl *Bearbeiten/Inhalte einfügen*, um das betreffende Dialogfeld zu öffnen (siehe Abbildung 4.15).

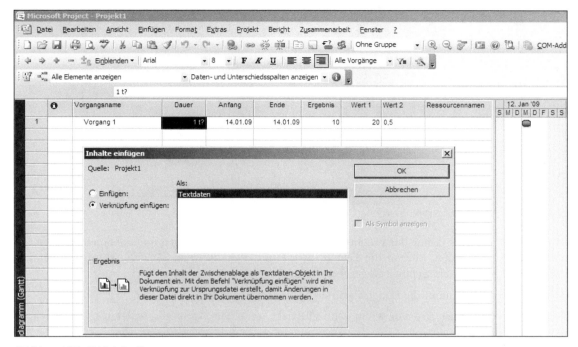

Abbildung 4.15   Feldinhalte übertragen

3. Wählen Sie die Option *Verknüpfung einfügen*. Dies bewirkt, dass das Feld immer den aktuellen Wert beinhaltet, wie er errechnet wurde.

Project ergänzt nun den Wert 10 noch mit der Standarddauereinheit (wie im Dialogfeld zum Menübefehl *Extras/Optionen* auf der Registerkarte *Bearbeiten* eingestellt wurde) – hier, wie in Abbildung 4.16 zu sehen, *t* für Tage.

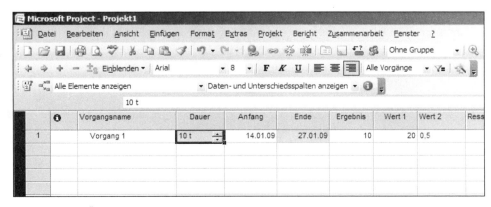

Abbildung 4.16   Übertragenes Berechnungsergebnis

Ändern Sie nun einen Wert in der Formel, wird die Dauer neu berechnet. Im Beispiel wurde *Wert 2* von *0,5* auf *2* geändert. Dies ergibt eine neue Dauer von 40 Tagen (siehe Abbildung 4.17).

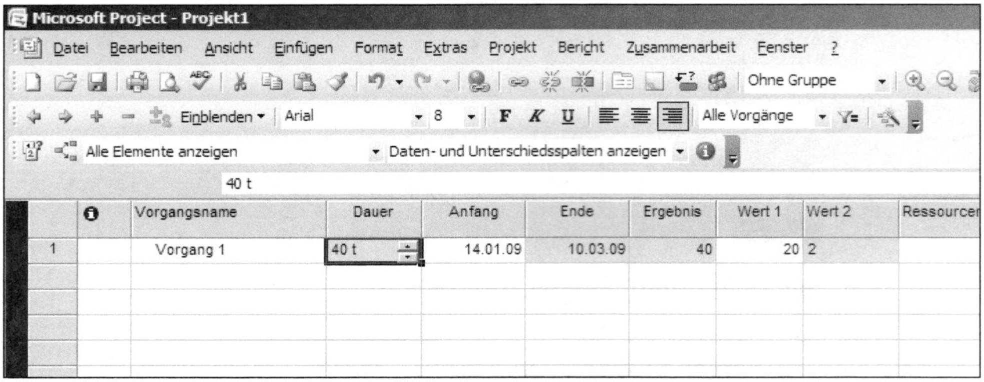

Abbildung 4.17   Neue Berechnung der Dauer

Da die Spalte *Ergebnis* ja nur dazu dient, die Ergebnisse der Berechnungen aufzunehmen, können Sie sie anschließend ausblenden. Ebenso die Felder *Wert 1* und *Wert 2*, wenn sie von externen Datenbanken gespeist werden und nicht manuell eingegeben werden.

Dann erscheint im Plan nur die Dauer, als ob sie manuell erfasst wurde.

Diese Funktionalität ist also vor allem sehr hilfreich, wenn Sie Werte aus anderen Quellen wie ERP-Systemen erhalten.

44 Ampelchart erstellen

Es wird immer wieder gewünscht, dass – abhängig von bestimmten Gegebenheiten – eine Darstellung verfügbar ist, die sofort signalisiert, wenn sich eine Tätigkeit verändert.

Dazu sind in Microsoft Project verschiedene Schritte notwendig, die hier anhand von Terminverschiebungen dargestellt werden sollen. Das heißt, die Ampel geht auf Gelb, wenn das ursprüngliche Ende der Tätigkeit um bis zu eine Woche nach hinten verschoben wird, und auf Rot, wenn die Verschiebung größer als eine Woche beträgt, bezogen auf den Basisplan.

VIDEO Zum Thema des Artikels finden Sie auf der DVD zum Buch ein Video – wählen Sie in der Videoauswahl unter **Kapitel 4 Für Fortgeschrittene** den Eintrag **44 Ampelchart erstellen**.

Zum Erstellen eines entsprechenden Ampelcharts ist Folgendes notwendig:

1. Zunächst erstellen Sie einen Terminplan und speichern einen Basisplan. Die Datumswerte *Anfang* und *Ende* werden von Project beim Speichern eines Basisplans nach *Geplanter Anfang* und *Geplantes Ende* kopiert.

2. Dann fügen Sie eine Spalte ein, die später den Ampelchart enthalten soll. Dazu machen Sie einen Klick mit der rechten Maustaste an der gewünschten Stelle in der Leiste mit den Spaltenüberschriften, wählen *Spalte einfügen* und wählen dann im Dropdown-Listenfeld *Feldname* z.B. die Option *Zahl1* aus. Das Feld *Zahl1* soll später die grafischen Symbole aufnehmen.

Abbildung 4.18 Spalte für den Ampelchart einfügen

3. Anschließend rufen Sie über *Extras/Anpassen/Felder* das Dialogfeld *Felder anpassen* bzw. *Benutzerdefinierte Felder* (Project 2007) auf und wählen im Dropdown-Listenfeld *Art* die Zahlenfelder aus (siehe Abbildung 4.19). Dort werden auch noch die anderen Möglichkeiten wie Kosten- und Textfelder angezeigt, die Ihnen ebenfalls für einen Ampelchart zur Verfügung stehen.

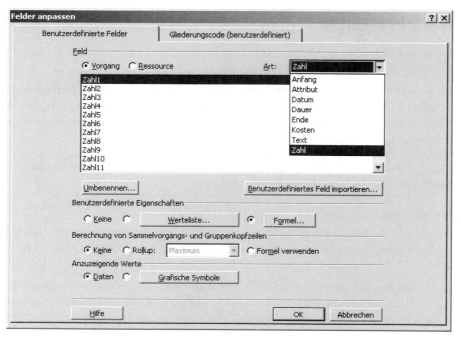

Abbildung 4.19   Art des benutzerdefinierten Feldes festlegen

4. Klicken Sie auf die Schaltfläche *Formel* für *Zahl1* und definieren Sie den Wertebereich, den Sie auswerten wollen; hier die Felder *Ende* und *Geplantes Ende* (in der Kategorie *Datum*).

Da ein *Ende* kleiner *Geplantes Ende* – also eine Beschleunigung des Vorgangs – normalerweise unkritisch ist, wird darauf getestet, ob das Ende größer ist und somit später liegt als das *Geplante Ende* des Basisplans.

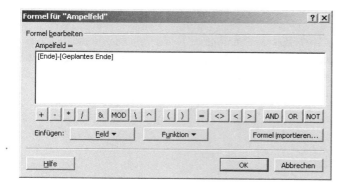

Abbildung 4.20   Die Formel für das Ampelfeld

Damit Sie die Eingaben nicht von Hand durchführen müssen, können Sie diese auch aus den Dropdownmenüs der Schaltflächen *Feld* und *Funktion* entsprechend auswählen.

ACHTUNG   Bitte beachten Sie: Dauer wird in der Project-Datenbank als ein Zehntel einer Minute ohne Einheit abgelegt, d.h., eine Stunde ist in der Datenbank 600 Einheiten und ein Tag 4.800 Einheiten! Spätere Updates sind jedoch auf eine Minute umgestellt. Bitte prüfen Sie, welche Version (welches Service Pack) bei Ihnen installiert ist.

Wie diese Werte später angezeigt werden, wird über *Extras/Optionen/Kalender* gesteuert. Dort werden über *Stunden pro Tag/Stunden pro Woche* und *Tage pro Monat* diese Werte wieder in die entsprechenden Einheiten umgerechnet. Bei Berechnungen zeigt Project Ihnen für eine Stunde 60 bzw. für einen Tag 480 an. Wenn Ihnen also bei Berechnungen höhere oder niedrigere Werte angezeigt werden, als Sie erwarten, prüfen Sie, welche Werte in der Datenbank abgelegt sind bzw. welche Werte Ihr System verwendet.

Übrigens: In SAP, im PS-Modul wird der Wert mit Einheit der jeweiligen Sprache gespeichert, also *5T*, *5D* oder *5G* für fünf Tage in Deutsch, Englisch und Italienisch. Wenn also Werte aus SAP kommen, müssen Sie diese zuerst umrechnen, um sie an Microsoft Project übergeben zu können.

5. Nun haben Sie die Formel und weisen jetzt die Kriterien dem Ampelchart zu. Dazu öffnen Sie durch Klicken auf die Schaltfläche *Grafische Symbole* ein Dialogfeld, in dem Sie die Werte entsprechend eintragen bzw. in der Werteliste auswählen (siehe Abbildung 4.21).

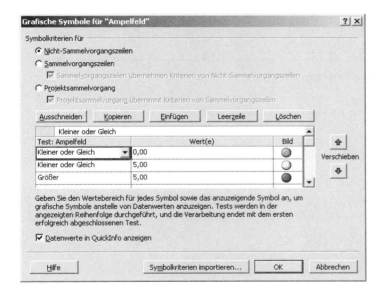

Abbildung 4.21   Die Wertebereiche für die Ampelsymbole festlegen

WICHTIG   Bitte beachten: Die Werte werden gemäß Liste von oben nach unten ausgewertet, d.h., sobald das oberste Kriterium der Liste erfüllt ist, wird für diese Tätigkeit nicht weiter ausgewertet. Deshalb ist das gelbe Symbol nach dem grünen angeordnet, da zuerst geprüft wird, ob der Wert kleiner gleich null ist, die Tätigkeit sich also gegenüber dem Basisplan nicht oder nach vorn verschoben hat. Da das Kriterium kleiner gleich 5 auch für das grüne Symbol zutreffen würde, würde Project hier alles in Gelb oder Rot zeigen, da nach dem gelben Symbol das grüne Symbol nie ausgewertet wird, nachdem das Kriterium ja bereits durch Gelb erfüllt ist.

Da die Datumswerte immer ganzzahlige Werte errechnen, kann hier mit festen Ganzzahlen operiert werden. Es könnten aber auch andere Felder verglichen werden.

Das Ergebnis ist dann ein Balkenplan, der bei Verspätungen den Projektleiter mittels des Ampelcharts auf Verzögerungen – bezogen auf den ursprünglichen Basisplan – hinweist, wobei in diesem Beispiel der blaue (= obere) Balken die aktuelle Planung (Anfang/Ende) darstellt und der graue (= untere) Balken den Basisplan (geplanter Anfang/geplantes Ende).

Diese Ansicht ist im Übrigen nicht benutzerdefiniert erstellt, sondern kann über *Ansicht/Balkendiagramm: Überwachung* angezeigt werden.

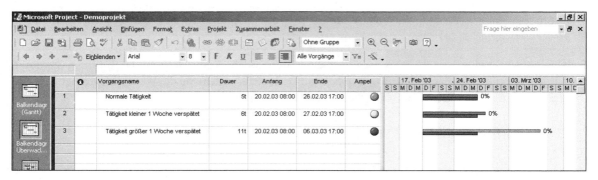

Abbildung 4.22   Visualisierung von Verzögerungen anhand eines Ampelcharts

45 Gliederungen und Nachschlagetabellen erstellen

Gliederungen für Projektinhalte sind eine wichtige Funktion zur Strukturierung der Daten. Hierzu können Auswahllisten von Prüforganisationen gehören oder Kostengliederungen des Unternehmens zur Kostenzuweisung und vieles mehr.

VIDEO   Zum Thema des Artikels finden Sie auf der DVD zum Buch ein Video – wählen Sie in der Videoauswahl unter **Kapitel 4 Für Fortgeschrittene** den Eintrag **45 Gliederungscodes erstellen**.

Zunächst müssen Sie entscheiden, ob Sie die Gliederungscodes unternehmensweit nutzen möchten oder nur innerhalb Ihres Projekts. Wählen Sie hierzu im Untermenü zum Menübefehl *Extras/Anpassen* die betreffende Option (siehe Abbildung 4.23).

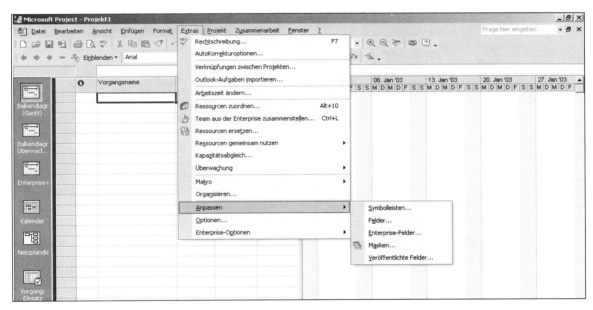

Abbildung 4.23   Festlegen, wo die Gliederungscodes verfügbar sein sollen

Das grundsätzliche Vorgehen ist anschließend in etwa gleich, sodass wir uns auf das Anpassen der *Felder* beschränken.

Zunächst müssen Sie sich entscheiden, wo Ihre Gliederungen verwaltet werden sollen bzw. welche Felder Sie dafür nutzen möchten. Hierzu stehen Ihnen prinzipiell alle in Abbildung 4.24 dargestellten Felder zur Verfügung.

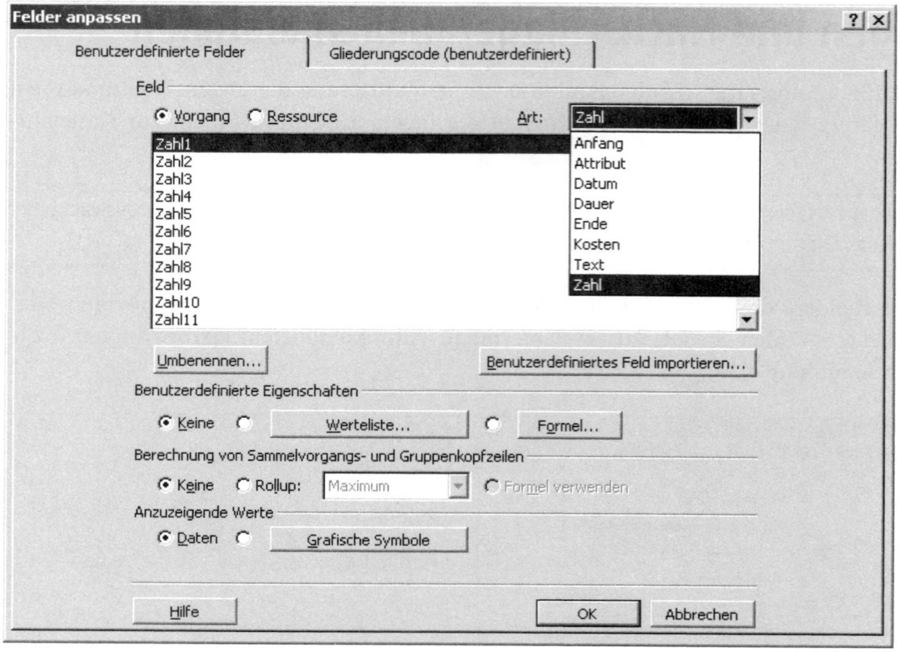

Abbildung 4.24 Optionen für benutzerdefinierte Felder

Hier sollen jedoch nur die Gliederungscodes näher betrachtet werden (siehe Abbildung 4.25). Das grundsätzliche Vorgehen ist bei den anderen Feldern identisch und es sollte Ihnen anschließend keine Mühe machen, auch mit den benutzerdefinierten Feldern zu arbeiten. Dort haben Sie jedoch keine Möglichkeit, Untercodes in der Werteliste zu vergeben, also ganze Projektdefinitionen zu verwalten.

Da die Gliederungscodes schon dafür vorgesehen sind, werden wir nachfolgend eben diese verwenden. Wie gesagt: Sie sind nicht darauf festgelegt.

> **HINWEIS** In Project 2007 finden sich die Gliederungscodes nicht mehr auf einer separaten Registerkarte, sondern werden über die entsprechende Option im Dropdown-Listenfeld *Art* ausgewählt.

Eine weitere Entscheidung ist, welchen Typ von Feldern Sie verwenden wollen. Sollen die Gliederungscodes für Ressourcen oder für Vorgänge gelten? Dazu muss man wissen, dass Project grundsätzlich zwischen diesen zwei Gruppen von Informationen unterscheidet. Gliederungscodes für Ressourcen stehen in vielen Bereichen von Vorgängen nicht zur Verfügung und umgekehrt. Hier wird nun der Standardfall Gliederungscodes für Vorgänge betrachtet.

Vergeben Sie zunächst einen sinnvollen Namen, um die verschiedenen Codes später identifizieren zu können. Hierzu klicken Sie auf die Schaltfläche *Umbenennen* und ändern den Feldnamen für dieses Beispiel – *Gliederungscode1* – in *Projektcodes* (siehe Abbildung 4.25).

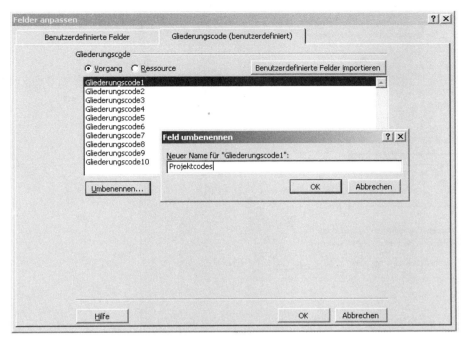

Abbildung 4.25   Gliederungscode benennen

Anschließend definieren Sie die grundlegende Struktur Ihres Codes. Dazu haben Sie die vier in Abbildung 4.26 zu sehenden grundsätzlichen Möglichkeiten:

- Zahlen

- Großbuchstaben

- Kleinbuchstaben

- Zeichen

HINWEIS   In Project 2007 ist das Dialogfeld zum Definieren des Codeformats und der Nachschlagetabelle abweichend von den Vorgängerversionen über die Schaltfläche *Suchen* zu öffnen, verhält sich aber ansonsten gleich.

Zunächst wählen Sie das Format (hier *Zeichen*) und dazu definieren Sie die zulässige Länge für den Codeteil sowie das Trennzeichen zwischen den einzelnen Hierarchieebenen.

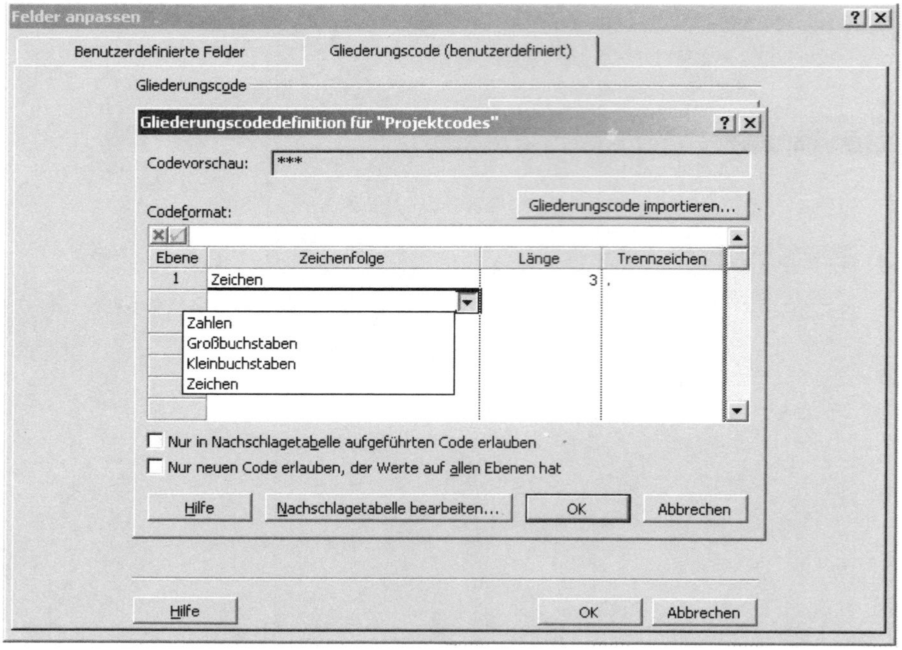

Abbildung 4.26   Codeformat definieren

Nun definieren Sie noch, ob Sie mit einer Nachschlagetabelle arbeiten möchten oder freie Eingaben zulassen (hier Nachschlagetabelle).

Hierzu rufen Sie mit der Schaltfläche *Nachschlagetabelle bearbeiten* das in Abbildung 4.27 gezeigte Dialogfeld auf und definieren die Codes – in der Abbildung sehen Sie die für dieses Beispiel definierten Codes, wobei für die beiden letzten Codes keine Untercodes existieren, sodass diese auf der ersten Hierarchiestufe stehen. Mit der Schaltfläche mit dem Pfeil nach rechts stufen Sie die Codeteile tiefer, sodass sie als untergeordnete Werte für einen Oberbegriff fungieren.

Die Tabelle kann jederzeit mit Höher- und Tieferstufen bearbeitet werden. Außerdem stehen zur Bearbeitung die gleichen Einfügeoptionen zur Verfügung, wie Sie sie auch aus Excel für Zeilen kennen, die Sie später hinzufügen möchten.

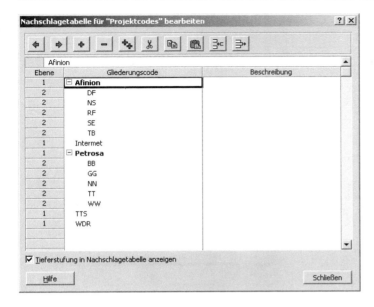

Abbildung 4.27 Einträge der Nachschlagetabelle definieren

Nach dem Erstellen schließen Sie alle Dialogfelder.

In der *Balkenplan*-Ansicht stellen Sie mit dem Kontextmenübefehl *Spalte einfügen* den Code in der Anzeige zur Verfügung.

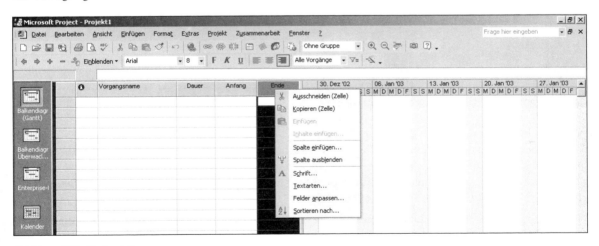

Abbildung 4.28 Spalte einfügen

Wählen Sie den gewünschten Gliederungscode aus, hier *Gliederungscode1 (Projektcodes)* (siehe Abbildung 4.29).

Abbildung 4.29   Einzufügenden Gliederungscode auswählen

Nun stehen Ihnen die definierten Codes, wie in Abbildung 4.30 zu sehen, zur Verfügung.

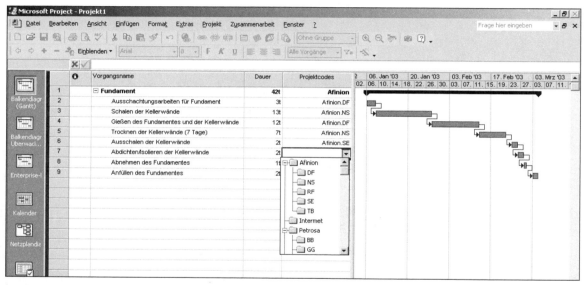

Abbildung 4.30   Um den Gliederungscode erweiterte Ansicht

Wie Abbildung 4.30 zeigt, ist es bei dieser Variante der Codes möglich, Obergruppen zu wählen – also nur *Afinion* oder *Petrosa*. Ob nur ein Teilcode möglich ist, hängt davon ab, ob Sie im Dialogfeld *Gliederungscodedefinition* das Kontrollkästchen *Nur neuen Code erlauben, der Werte auf allen Ebenen hat* deaktiviert gelassen haben (siehe Abbildung 4.26). Damit legen Sie fest, dass im obigen Beispiel der Wert *Afinion* allein ungültig ist. Ein gültiger Wert wäre hier: *Afinion.SE*.

Wenn Sie nur gesamten Code zulassen und nur die obere Ebene anwählen, erscheint die in Abbildung 4.31 gezeigte Meldung.

Abbildung 4.31 Meldung zu falscher Ebenenauswahl

Damit erzwingt Microsoft Project, dass die Werte stringent bleiben.

Dies ist vor allem wichtig, wenn Sie Projektdaten an Fremdsysteme wie SAP übergeben und einlesen. Damit stellen Sie die Datenkonsistenz sicher.

46 Gruppierungen erstellen

Daten können und müssen immer wieder in Gruppen gegliedert werden. So wie die Sammelvorgänge die Tätigkeiten gliedern, können Gruppen bei Ressourcen und Kosten den Überblick wesentlich erleichtern. Oftmals sind Gruppen schon inhärent, z.B. durch die Nutzung von Abteilungen für die Ressourcen. Wenn man diese Informationen geschickt nutzt, können Gruppierungen eine gute Möglichkeit bieten, Daten zweckmäßig zu präsentieren. Im vorliegenden Video erfahren Sie Details zum Thema.

VIDEO   Das Video finden Sie auf der DVD zum Buch – wählen Sie in der Videoauswahl unter **Kapitel 4 Für Fortgeschrittene** den Eintrag **46 Gruppierungen erstellen**.

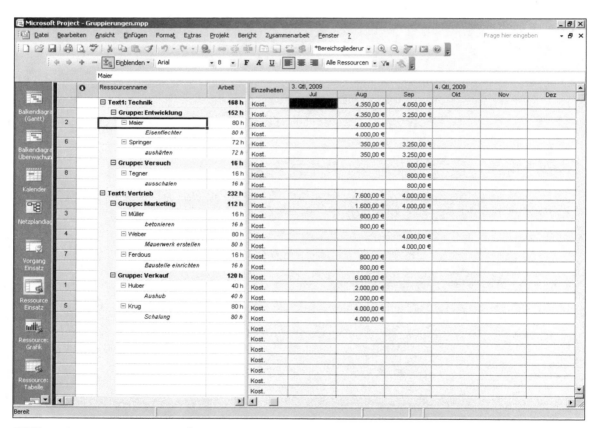

Abbildung 4.32   Gruppierungen schaffen Übersicht

47 Interaktive Filter erstellen

Immer wieder ist es notwendig, dass Daten gefiltert werden müssen. Zwar sind in Microsoft Project schon die wichtigsten Filter enthalten, diese decken aber nicht alle Fälle ab.

Eigene Filter zu schreiben ist weit weniger schwierig, als man gemeinhin denkt. Dies soll hier anhand eines interaktiven Filters gezeigt werden. Interaktiv heißt, dass beim Aufruf der eigentliche Wert abgefragt wird.

VIDEO   Zum Thema des Artikels finden Sie auf der DVD zum Buch ein Video – wählen Sie in der Videoauswahl unter **Kapitel 4 Für Fortgeschrittene** den Eintrag **47 Interaktive Filter erstellen**.

Zum Erstellen eines interaktiven Filters gehen Sie wie folgt vor:

1. Wählen Sie zunächst im Untermenü zum Menübefehl *Projekt/Filter* die Option *Weitere Filter* (siehe Abbildung 4.33).

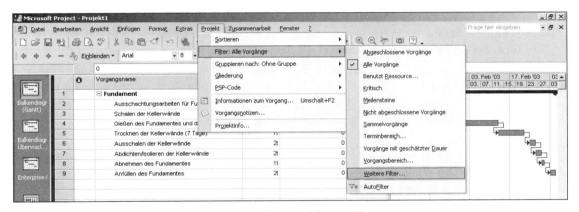

Abbildung 4.33   Das Menü zum Arbeiten mit integrierten und benutzerdefinierten Filtern

2. Klicken Sie auf die Schaltfläche *Neu*.

3. Benennen Sie den Filter. Das Sternchen (*) vor dem ersten Buchstaben (siehe Abbildung 4.34) dient dazu, dass dieser Filter ganz oben im Menü angezeigt wird, da das Sonderzeichen computertechnisch vor den eigentlichen Zeichen kommt (siehe Abbildung 4.35). Das Sternchen ist hier völlig unkritisch.

Ebenso legen Sie hier im Dialogfeld *Filter definieren* über das betreffende Kontrollkästchen fest, ob der Filter im Menü angezeigt werden soll. Dies ist nicht immer notwendig, z.B. werden bestimmte Filter auch automatisch mit einer Anzeige übergeben.

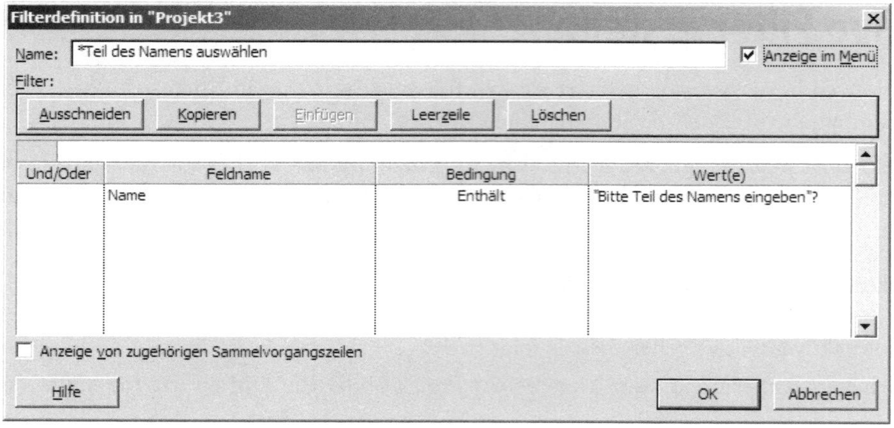

Abbildung 4.34 Filter definieren

In Abbildung 4.34 wird ein Filter gezeigt, der es erlaubt, über einen Textteil (Zeichenkombination) alle Vorgänge auszuwählen, die diesen Textteil enthalten, z.B. Kennwörter wie Analyse, Entscheidung etc.

Dazu müssen Sie den Feldnamen eingeben, eine Selektionsbedingung und dann eine Beschreibung, die später im Menü erscheinen soll. Hier: "Bitte Teil des Namens eingeben" unmittelbar gefolgt von einem Fragezeichen ohne Leerstelle nach dem schließenden Anführungszeichen, wie in Abbildung 4.34 zu sehen. Das Fragezeichen stellt die Variable dar und legt fest, dass beim Aufruf des Filters diese Abfrage erscheint.

Ob die zugehörigen Sammelvorgänge mit angezeigt werden sollen oder nur die Tätigkeiten bzw. Vorgänge, die das Kriterium erfüllen, entscheiden Sie über das Kontrollkästchen *Anzeige von zugehörigen Sammelvorgangszeilen* links unten im Dialogfeld (siehe Abbildung 4.34).

4. Nachdem Sie den Filter erstellt haben, können Sie ihn anwenden (siehe Abbildung 4.35).

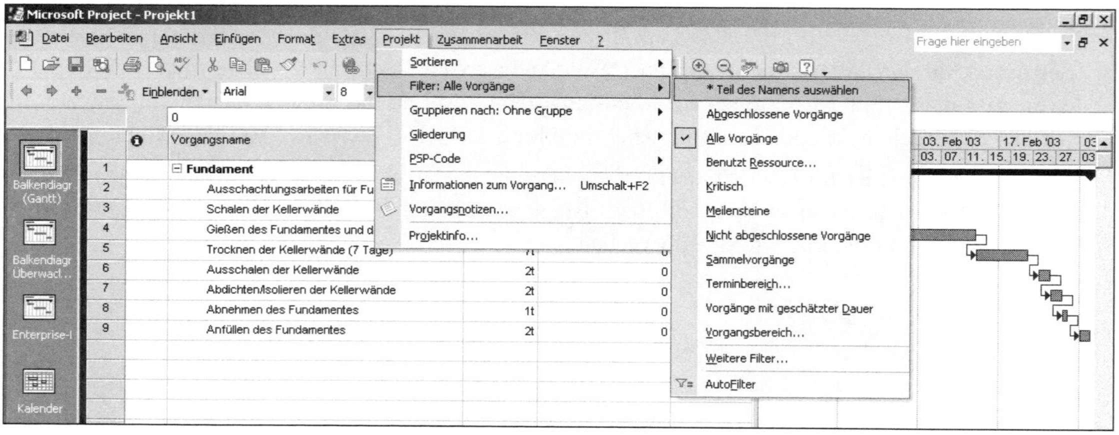

Abbildung 4.35 Anwenden des benutzerdefinierten Filters über den Menübefehl *Projekt/Filter*

5. Geben Sie in der Abfrage die entsprechende Zeichenkombination ein (siehe Abbildung 4.36) und klicken Sie dann auf *OK*.

Abbildung 4.36 Die Abfrage des interaktiven Filters

Nun erhalten Sie das (hoffentlich gewünschte) Ergebnis – im Beispiel alle Vorgänge, die in der Bezeichnung *Ermit* enthalten.

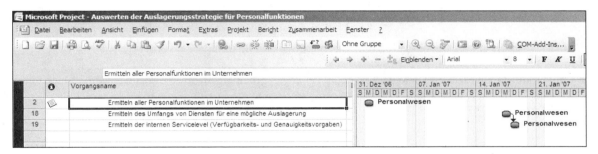

Abbildung 4.37 Die gefilterte Anzeige

Bitte beachten Sie, dass aufgrund der hier verwendeten Definition des Filters bei Eingabe von *Ermit* auch Wörter wie *Ermittlung* oder *Ermittler* das Kriterium erfüllen würden. Vorgänge, die diese Wörter enthalten, würden also auch angezeigt.

Es ist deshalb immer notwendig, dass Sie die Kriterien so exakt eingeben, wie sie benötigt werden.

Selbstverständlich können Sie die Filter auch mit anderen Kriterien verwenden oder andere Selektionsbedingungen angeben. Ebenso können Sie die Filterkriterien mit *Und* (= alle angegebenen Kriterien müssen erfüllt sein) oder mit *Oder* (= nur eins der angegebenen Kriterien muss erfüllt sein) verketten.

48 Hyperlinks verwenden

Oft ist es hilfreich, zu einer Tätigkeit bzw. einem Vorgang gehörende Dokumente in den Plan einzubinden. Solch ein Dokument lässt sich einfach und schnell an den betreffenden Vorgang anhängen. Damit die Project-Datei jedoch nicht überladen wird, ist es sinnvoll, dazu die Hyperlinkfunktion zu verwenden.

VIDEO   Zum Thema des Artikels finden Sie auf der DVD zum Buch ein Video – wählen Sie in der Videoauswahl unter **Kapitel 4 Für Fortgeschrittene** den Eintrag **48 Hyperlinks verwenden**.

Zum Einfügen eines Hyperlinks gehen Sie folgendermaßen vor:

1. Klicken Sie in der Standardsymbolleiste auf die Schaltfläche *Hyperlink einfügen* (siehe Abbildung 4.38).

   Abbildung 4.38   Die Weltkugel mit Kettenglied symbolisiert einen Hyperlink

2. Im daraufhin angezeigten Dialogfeld *Hyperlink einfügen* geben Sie die notwendigen Informationen ein.

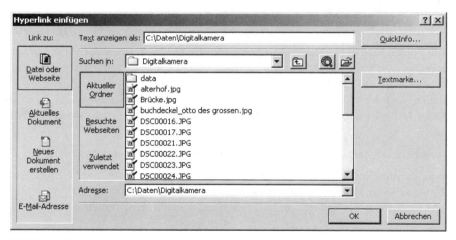

Abbildung 4.39   Hyperlink zu einer Datei oder Webseite einfügen

Hier können Sie unter anderem auch eine *QuickInfo* hinterlegen, sodass Sie sofort beim Zeigen auf den Hyperlink sehen, welche Information an diese Tätigkeit bzw. diesen Vorgang gebunden ist (siehe das Beispiel in Abbildung 4.40).

Abbildung 4.40   QuickInfo zum Hyperlink

Sie können auch ein neues Dokument erstellen. Dabei können Sie außerdem den Zeitpunkt wählen, wann Sie dieses bearbeiten möchten, und den zugehörigen Pfad festlegen (siehe Abbildung 4.41).

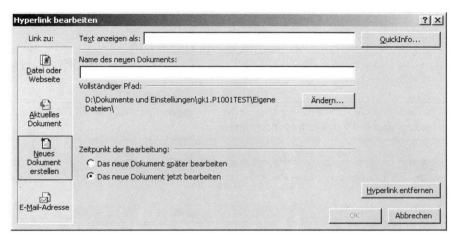

Abbildung 4.41   Hyperlink zu einem neuen Dokument

WICHTIG   Achten Sie bei den Pfadangaben darauf, dass alle Beteiligten Zugang dazu haben. Andernfalls bekommen Kollegen eine Fehlermeldung angezeigt, wenn sie das Dokument nutzen wollen, ohne die erforderlichen Rechte im Netzwerk zu besitzen.

Über die betreffende Schaltfläche im Dialogfeld *Hyperlink bearbeiten* können Sie einen vorhandenen Hyperlink auch jederzeit wieder entfernen, wenn Sie ihn nicht mehr benötigen. Diesen Befehl finden Sie aber auch schneller im Kontextmenü zum Hyperlink.

49 Beziehungsdiagramm und Vorgangstreiber verwenden

Diese beiden neuen Möglichkeiten von Microsoft Project 2007 helfen bei Unstimmigkeiten oder wenn es schwierig wird, die Beziehungen des Vorgangs zu visualisieren. Insbesondere bei komplexen oder sehr großen Projekten wird dadurch mehr Transparenz geschaffen. Im vorliegenden Video erfahren Sie Details zum Thema.

VIDEO   Das Video finden Sie auf der DVD zum Buch – wählen Sie in der Videoauswahl unter **Kapitel 4 Für Fortgeschrittene** den Eintrag **49 Beziehungsdiagramm und Vorgangstreiber verwenden**.

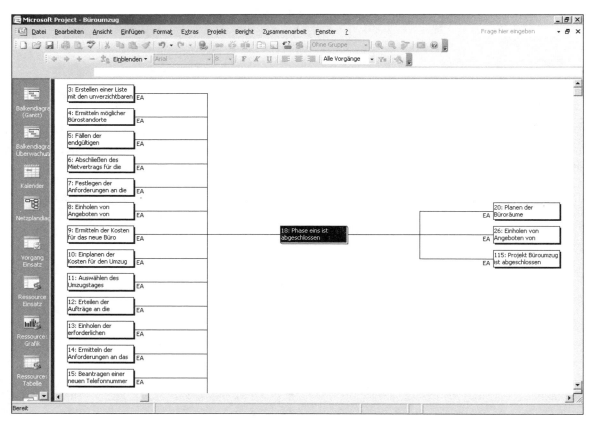

Abbildung 4.42   Beziehungen transparent machen

50 Gesamte Pufferzeit auf den Balken anzeigen

In größeren oder schwierigen Projekten ist es manchmal hilfreich, direkt auf dem Balken die gesamte Pufferzeit abzubilden, um die Möglichkeiten der Verschiebungen direkt in der Grafik zu visualisieren. Wie dies geht, zeigt der nachfolgende Ablauf.

VIDEO Zum Thema des Artikels finden Sie auf der DVD zum Buch ein Video – wählen Sie in der Videoauswahl unter **Kapitel 4 Für Fortgeschrittene** den Eintrag **50 Gesamte Pufferzeit auf den Balken anzeigen**.

Wie Sie aus Abbildung 4.43 sehen, hat *Vorgang 3* eine Woche gesamte Pufferzeit.

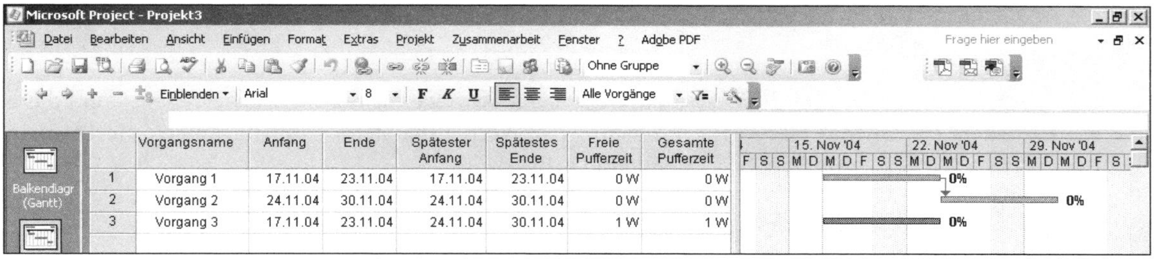

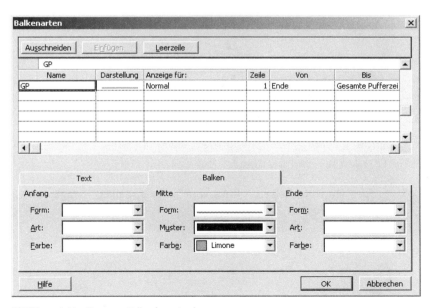

Abbildung 4.43 Die Standardansicht *Balkendiagramm (Überwachung)*, die Sie direkt z. B. im Menü *Ansicht* aufrufen können

Passen Sie nun die Balkenformate an:

1. Wählen Sie den Menübefehl *Format/Balkenarten* und scrollen Sie in der Liste zum letzten Eintrag.
2. Nehmen Sie die in Abbildung 4.44 gezeigten Einstellungen vor. Dabei ist der Name frei wählbar, die anderen Optionen müssen Sie in den Dropdown-Listenfeldern auswählen.

Abbildung 4.44 Ein neues Balkenformat anlegen

Nach dem Bestätigen der Einstellungen mit *OK* ist die Anzeige geändert und zeigt sich wie in Abbildung 4.45 dargestellt.

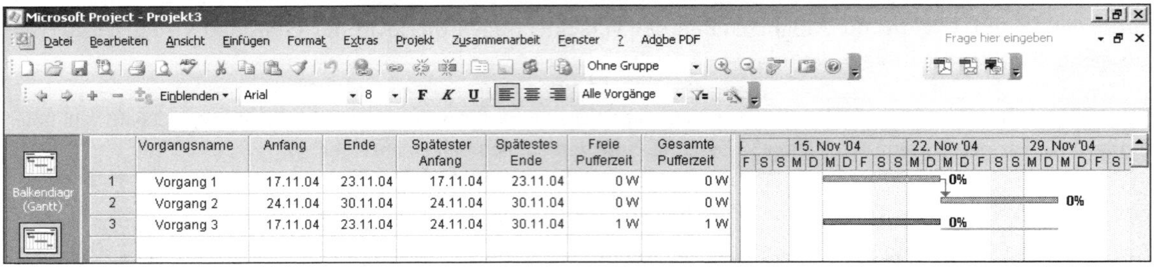

Abbildung 4.45   Anzeige der Pufferzeiten

Nachteil dabei ist jedoch, dass auf diese Art und Weise keine Anzeige für negative Pufferzeiten – und diese sind meist vorhanden und das eigentliche Problem – zur Verfügung steht. Deshalb müssen die Formate nochmals ergänzt werden, und zwar wie in Abbildung 4.46 gezeigt.

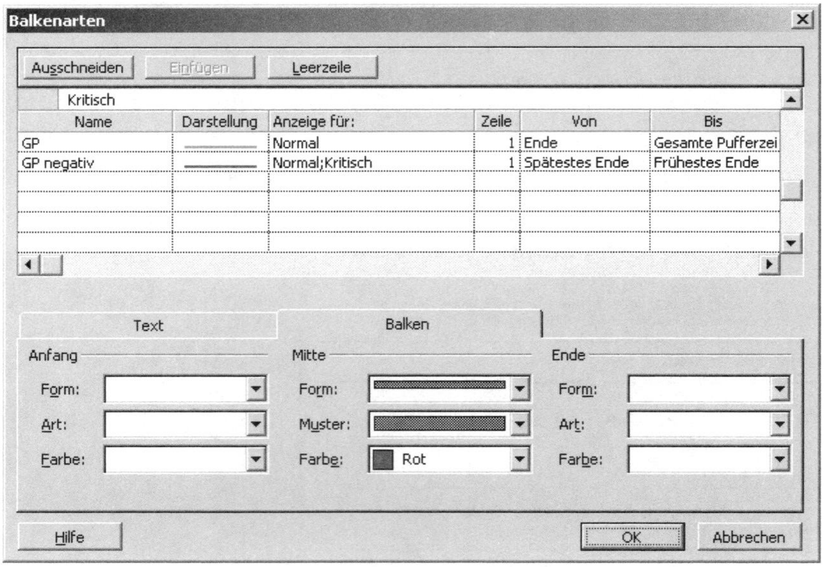

Abbildung 4.46   Ein weiteres Balkenformat für negative Pufferzeiten hinzufügen

Nun wird bei überkritischen Vorgängen ein roter Balken – links vom Vorgangsbalken – angezeigt (siehe Abbildung 4.47).

Abbildung 4.47   Anzeige negativer Pufferzeiten

Damit erkennen Sie bereits in der Grafik auf den ersten Blick, wo der Schuh drückt.

51　Früheste und späteste Lage im Balkendiagramm darstellen

Bei der Entscheidung, welche Vorgänge vorrangig abgearbeitet werden müssen und welche verschoben werden können, ist es hilfreich zu wissen, welche Pufferzeiten zur Verfügung stehen. Dies lässt sich einfach darstellen, indem früheste und späteste Lage gleichzeitig angezeigt werden. Dadurch können Entscheidungen direkt am Plan rasch getroffen werden. Im vorliegenden Video erfahren Sie Details zum Thema.

VIDEO　　Das Video finden Sie auf der DVD zum Buch – wählen Sie in der Videoauswahl unter **Kapitel 4 Für Fortgeschrittene** den Eintrag **51 Früheste und späteste Lage im Balkendiagramm darstellen**.

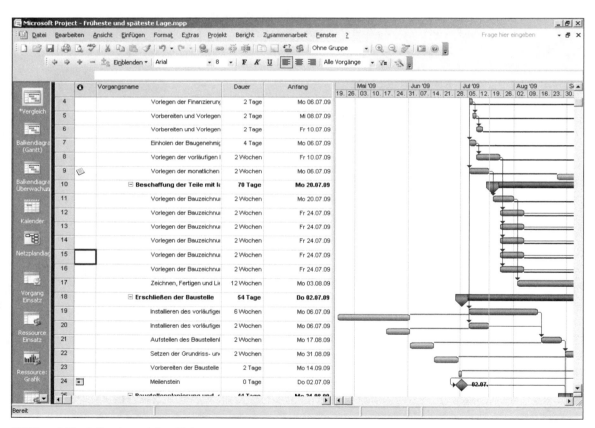

Abbildung 4.48　Pufferzeiten auf einen Blick

52 Projekte miteinander verbinden

Es gibt immer wieder die Notwendigkeit, Projekt miteinander zu verbinden. Insbesondere kann damit für den Gesamtprojektleiter oder das Management eine Ansicht geschaffen werden, die einen Überblick über alle Projekte bietet. Einschränkung dabei ist, dass Microsoft Project bei etwa 30 bis 50 Projekten bzw. bei ca. 5.000 bis 7.000 Vorgängen Schwierigkeiten hat und entweder instabil wird oder gar abstürzt, da alle Vorgänge in den Speicher geladen werden müssen. Steht mehr Speicher zur Verfügung, können Sie auch mehr Projekte einbinden.

Besser als in eine mpp-Datei sollten Sie die Projekte in einer Datenbank speichern. (Geht nicht mehr in Project 2007, da dort die ODBC-Schnittstelle nicht mehr vorhanden ist.) Diese Datenbank ist wesentlich stabiler als die mpp-Datei, da dort die Ablage anders vorgenommen wird. Insbesondere die Tatsache, dass in der mpp-Datei die Vorgänge nicht gelöscht, sondern nur inaktiv gesetzt werden, führt dazu, dass sich nach vielen Änderungen sehr viel Datenmüll in der Datei angesammelt hat und diese unnötig aufbläht. Dies ist in der Datenbank nicht der Fall, da dort die wichtigsten Daten zuerst extrahiert werden, bevor das mpp als Objekt abgelegt wird.

VIDEO   Zum Thema des Artikels finden Sie auf der DVD zum Buch ein Video – wählen Sie in der Videoauswahl unter **Kapitel 4 Für Fortgeschrittene** den Eintrag **52 Projekte miteinander verbinden**.

Um Projekte gemeinsam zu betrachten, gehen Sie wie folgt vor:

1. Wählen Sie den Menübefehl *Einfügen/Projekt*.

2. Im daraufhin erscheinenden Dialogfeld haben Sie die Möglichkeit, die entsprechenden Projekte auszuwählen und weitere Einstellungen festzulegen (siehe Abbildung 4.49).

   Halten Sie beim Anklicken der betreffenden Projekte die `Strg`-Taste gedrückt, um mehrere Dateien gleichzeitig auszuwählen.

   Sie können über das Kontrollkästchen *Verknüpfung zum Projekt* (bzw. *Mit Projekt verknüpfen* in Project 2007) im Dialogfeld *Projekt einfügen* entscheiden, ob Sie lediglich eine Kopie des aktuellen Stands des Projekts nutzen möchten oder eine dauerhafte Verknüpfung zum Originalprojekt behalten wollen. Eine Kopie verwenden Sie normalerweise immer dann, wenn Sie ein neues Projekt aus verschiedenen alten Projekten zusammenstellen möchten. Wenn Sie das Kontrollkästchen aktivieren, werden alle Änderungen im eingebetteten Projekt in dieser Gesamtprojektübersicht aktualisiert und umgekehrt.

   Ob Sie im Gesamtprojekt das Ändern der Daten zulassen, können Sie ab Version 2002 über die Optionen im Menü zur Schaltfläche *Einfügen* zusätzlich einstellen.

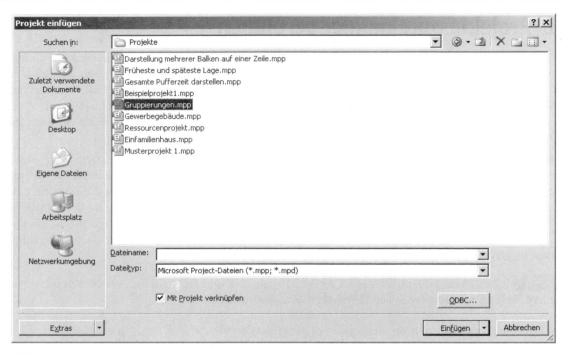

Abbildung 4.49   Projekte auswählen und weitere Optionen festlegen

Nachdem Sie die Projekte eingefügt haben, stehen weitgehend alle Optionen von Project zur Verfügung. Nun können Sie alle Tätigkeiten der Projekte gleichzeitig betrachten.

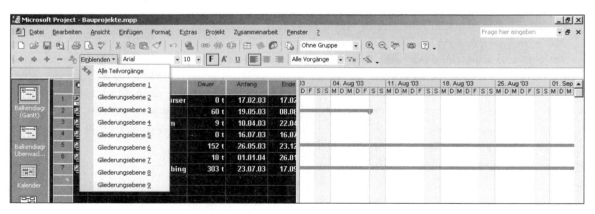

Abbildung 4.50   Festlegen, welcher Detailgrad angezeigt wird

Mit den Optionen im Menü zur Schaltfläche *Einblenden*, d.h. der Auswahl der entsprechenden Gliederungsebene oder aller Vorgänge, können Sie die Projekte gleichzeitig öffnen. Sie müssen also nicht alle Projekte einzeln öffnen. Dabei ist es jedoch notwendig, dass Sie zuvor mit der Maus oben links auf die Fläche im Kreuzungspunkt zwischen Nummerierung und Überschriften klicken, um alle Projekte zu aktivieren.

Nun besteht nur noch das Problem, dass natürlich die meisten Projekte ähnliche Texte aufweisen wie Analyse, Konzept oder Werkleitungen etc., je nach Branche.

Wenn Sie nun mit Sortieren die Struktur auflösen, können Sie nicht mehr nachvollziehen, welcher Vorgang wohin gehört.

Um dieses Problem zu lösen, fügen Sie eine neue Spalte ein. Wählen Sie dazu den Menübefehl *Einfügen/Spalte* und im Dropdown-Listenfeld *Feldname* die Option *Projekt* (siehe Abbildung 4.51).

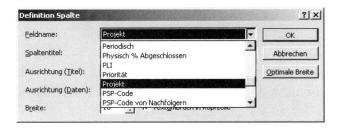

Abbildung 4.51 Spalte zum Identifizieren der Objekte einfügen

Bitte beachten Sie, dass Project dabei auf dem Sammelvorgang (als solcher wird jedes eingebettete Projekt dargestellt) das Masterprojekt darstellt, und erst auf den Vorgängen das Originalprojekt (siehe Abbildung 4.52). Im Beispiel ist also das Projekt *Bauprojekte* das Projekt, das die eingebetteten Projekte aufnimmt, und *Gewerbegebäude* ist das eingebettete Projekt.

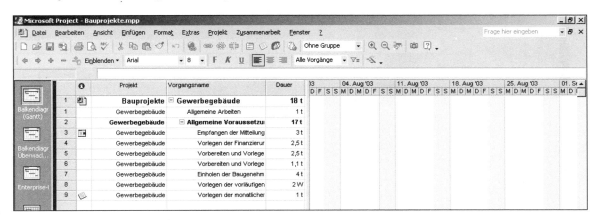

Abbildung 4.52 Die erweiterte Ansicht

Nun können Sie die entsprechenden Vorgänge bearbeiten, untereinander verknüpfen, ausdrucken etc., je nachdem, was Sie mit dem Projekt vorhaben.

53 Pläne vergleichen

Es kommt immer wieder vor, dass zwei Pläne miteinander verglichen werden sollen. Insbesondere bei großen Plänen ist es fast nicht mehr möglich, einen manuellen Vergleich »früher/heute« durchzuführen. Wenn man die Deltawerte erhält, sind die Vergleiche wesentlich einfacher durchzuführen.

Dazu hat Microsoft Project seit der Version 2003 eine einfache und effiziente Möglichkeit. Diese ist vielen Anwendern jedoch nicht bekannt.

VIDEO   Zum Thema des Artikels finden Sie auf der DVD zum Buch ein Video – wählen Sie in der Videoauswahl unter **Kapitel 4 Für Fortgeschrittene** den Eintrag **53 Pläne vergleichen**.

Und so gehen Sie vor:

1. Lassen Sie zunächst über den Menübefehl *Ansicht/Symbolleisten* die Symbolleiste *Projektversionen vergleichen* anzeigen.

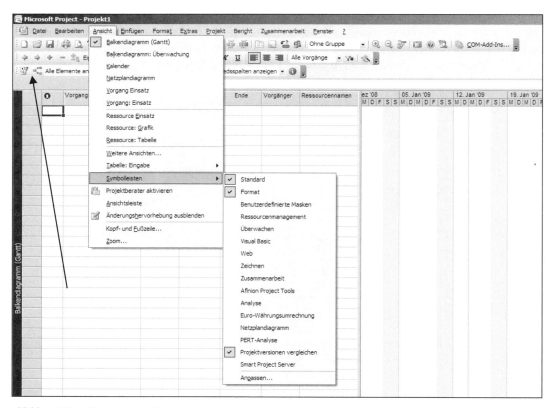

Abbildung 4.53   Die Symbolleiste für den Projektvergleich einblenden

Dabei sind die Symbole wie in Abbildung 4.54 gezeigt belegt.

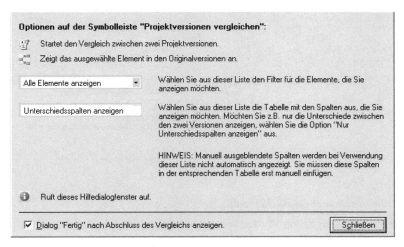

Abbildung 4.54 Die Funktionen der Symbolleiste *Projektversionen vergleichen*

2. Speichern Sie nun Ihr Projekt ab. Im Beispiel wird ein kleines Bauprojekt verwendet, um Ihnen die Wirkung zu zeigen.

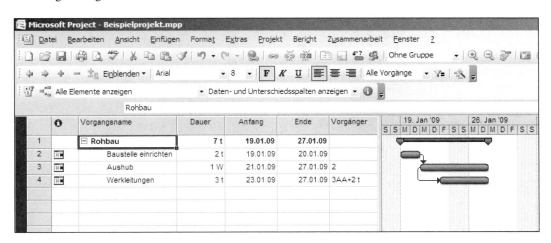

Abbildung 4.55 Die Ausgangslage

3. Nachdem der Plan geändert wurde, speichern Sie diesen unter einem anderen Namen ab.

Wie Sie in Abbildung 4.56 auf einen Blick erkennen können, hat sich in diesem kleinen Beispielprojekt einiges geändert.

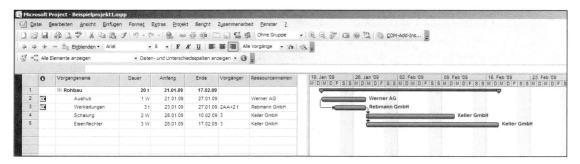

Abbildung 4.56   Der geänderte Plan

4. Nun rufen Sie die Funktion *Projektversionen vergleichen* auf.

5. Wählen Sie die beiden Projekte aus, die verglichen werden sollen (siehe Abbildung 4.57).

Bitte beachten Sie: Das geänderte Projekt muss unter einem anderen Namen abgespeichert worden sein.

Wählen Sie außerdem die Tabellen aus, die verglichen werden sollen. Im Beispiel wird die Eingabetabelle des Standardbalkendiagramms verwendet. Die Ressourcentabelle bleibt unberücksichtigt.

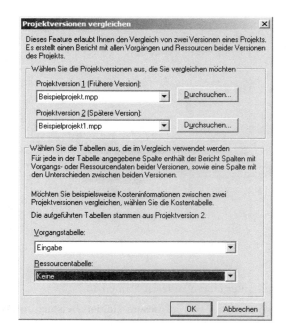

Abbildung 4.57   Zu vergleichende Projektversionen und -tabellen auswählen

Nachdem Sie mit *OK* bestätigt haben, erzeugt Microsoft Project einen dritten Plan mit den Deltawerten.

Zunächst erscheint eine entsprechende Meldung, die Ihnen die Möglichkeit gibt, diesen Deltaplan zu speichern, um später darauf zurückgreifen zu können.

Der Deltaplan selbst sieht dann wie in Abbildung 4.58 gezeigt aus.

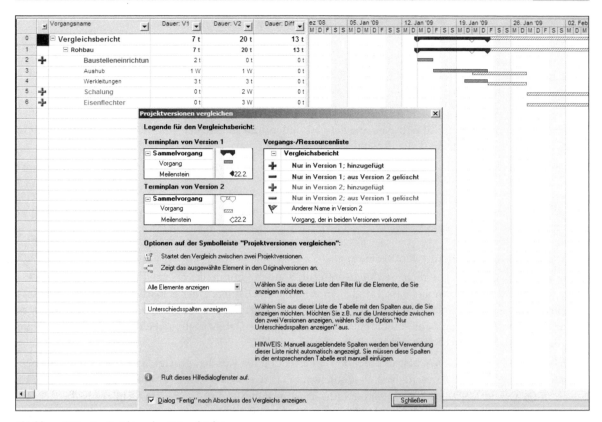

Abbildung 4.58   Der Bericht zu den Unterschieden

Im Schwarz-Weiß-Druck nicht zu erkennen – schauen Sie sich daher einmal das Video an: Der gelöschte Vorgang *Baustelleneinrichtung* ist rot gekennzeichnet, die zwei hinzugefügten Vorgänge grün sowie die geänderte zeitliche Lage der Balken.

Mithilfe der Funktionen zum Vergleichen von Projektversionen erhält man auf einfache Weise einen Überblick über die Veränderungen an seinen Plänen, insbesondere auch wenn diese von Dritten geliefert werden.

54 Schutz vor Datenverlust

Es kann vorkommen, dass Project sich aufgrund von Fehleingaben oder Dateninkonsistenzen »verschluckt« und dann hängen bleibt oder sogar total abstürzt. Anschließend geht entweder gar nichts mehr, oder Sie können nicht mehr speichern und müssen das Projekt ohne Speichermöglichkeit schließen.

Datenverlust nach stundenlangen Änderungen ist nicht nur nervig, sondern auch meist mit mühevoller Wiederherstellung der Daten durch Neueingabe verbunden und ungeheuer »motivierend«! Und auf diese Motivation und Extraarbeit sind alle Projektleiter unheimlich scharf.

Es gibt aber nun verschiedene Möglichkeiten, dieses Problem zumindest zum Teil in den Griff zu bekommen.

> **HINWEIS**   Die Beschreibungen in diesem Artikel gelten für die Project-Versionen ab 98 (teilweise); in Project 2007 man jedoch nicht mehr in eine Datenbank speichern.

- Zunächst ist der Speicherort von Bedeutung.

  Da die mpp-Datei Daten nicht wirklich entfernt, sondern nur inaktiv setzt (ähnlich wie das DOS-System), kann es vorkommen, dass Tätigkeiten zweimal erscheinen. Oder gelöschte Tätigkeiten mit Ressourcenzuordnungen erscheinen bei der Ressourcenauswertung immer noch. Gelegentlich kommt es nach Abstürzen auch zu Fehlermeldungen wie »unerlaubter Datenzugriff«, »Fehler *xxxx*« usw. und die Project-Datei kann überhaupt nicht mehr geöffnet werden.

  Dabei hat sich in unserer Arbeit und bei der Hilfestellung für Kunden gezeigt, dass die Datenbankspeicherung (bis Project 2003 verfügbar) wesentlich stabiler ist als das Speichern in die mpp-Datei. Dabei ist die mitgelieferte MSDE (ein SQL Server ohne Wartungsoberfläche) wiederum stabiler als die Access-Datenbank. MSDE steht zur freien Verfügung und die Nutzung derselben ist für Sie völlig legal und ohne Kosten möglich (siehe Microsoft-Website).

> **HINWEIS**   Wie Sie sich eine Datenbank einrichten, können Sie im Artikel »31 Project-Daten in einer Datenbank ablegen« nachlesen.

- Dann ändern Sie die Standardeinstellung im Dialogfeld zum Menübefehl *Extras/Optionen* auf der Registerkarte *Speichern* wie in Abbildung 4.59 gezeigt.

  Ändern Sie die Einstellungen für *Automatische Speicherung* nach Ihren Bedürfnissen.

  Es hat sich bewährt, alle 10 bis 20 Minuten zu speichern. Das erscheint zunächst eine sehr kurze Zeitspanne. Jedoch zeigt die Erfahrung, dass bei Änderungen in der Vorgangslogik, also bei den Anordnungsbeziehungen, es sehr schwer ist, diese nach einem Programmabsturz oder -aufhänger wiederherzustellen. Wenn Sie das Kontrollkästchen *Bestätigung vor dem Speichern* deaktivieren, werden auch keine störenden Meldungen mehr eingeblendet und das Speichern ist eigentlich sehr schnell, sodass es kaum auffällt, zumal in der Vorgangsplanung viel Zeit damit vergeht, sich die notwendigen Informationen für die Logik zu beschaffen.

  Es lohnt auch nicht, alle geöffneten Projekte zu speichern, da dort normalerweise nichts passiert, nachdem Sie in der Regel nur mit einem Projekt arbeiten (Ausnahme: eingebettete Projekte und Ressourcenpools, dort sollten Sie alle auswählen).

Somit haben Sie zumindest nur die letzten zehn bis zwanzig Minuten verloren, vorausgesetzt, nach dem Absturz ist nicht das gesamte Projekt nicht mehr lesbar.

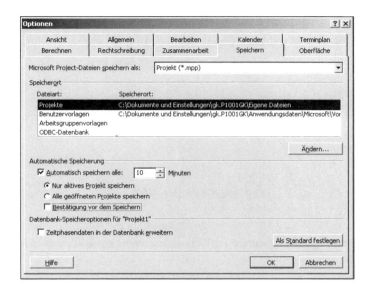

Abbildung 4.59 Standardeinstellungen zum Speichern anpassen

- Um diesen »schlimmsten« Fall zu vermeiden, können Sie noch die Option *Sicherungsdatei erstellen* verwenden.

Das heißt, jedes Mal, wenn Sie Ihr Projekt öffnen, wird vom aktuellen Stand eine Sicherungskopie erstellt und unter demselben Namen, jedoch mit der Erweiterung .bak gespeichert. Dies ist eine normale mpp-Datei, die Sie durch Umbenennen von .bak auf .mpp aktivieren können, also z.B. von *Afinion.bak* in *Afinion.mpp*. Das war's und Sie können in Project dann die Datei wieder aufrufen und die Daten wieder korrigieren.

Somit bleibt Ihnen der Trost, dass Sie wenigstens den Stand zum Beginn der Arbeit noch haben und nutzen können.

Die Funktion zum Erstellen einer Sicherungskopie ist etwas versteckt. Sie erreichen sie, indem Sie mit dem Menübefehl *Datei/Speichern unter* das gleichnamige Dialogfeld aufrufen und dort im Menü zur Schaltfläche *Extras* (in Windows Vista die Schaltfläche *Tools*) den Befehl *Allgemeine Optionen* wählen.

Abbildung 4.60 Speicheroptionen aufrufen

In dem daraufhin angezeigten Dialogfeld *Speicheroptionen* (siehe Abbildung 4.61) aktivieren Sie das Kontrollkästchen *Sicherungsdatei erstellen* und ab sofort wird immer beim Öffnen eine Sicherungsdatei erzeugt, nachdem Sie Ihr Projekt mit dieser aktivierten Option gespeichert haben.

Bitte beachten Sie, dass das Erstellen der Sicherungsdatei nur beim Öffnen des Projekts erfolgt und nicht während Sie arbeiten. Für Letzteres ist die oben erwähnte Option *Automatisch speichern alle x Minuten* zuständig.

Abbildung 4.61   Beim Öffnen des Projekts kann eine Sicherungsdatei erstellt werden

Und nicht zuletzt ist das Einspielen der entsprechenden Service Packs von Microsoft ein wichtiger Schutz gegen Abstürze.

55 Projektvorlagen erstellen

In jeder Firma gibt es »Standardprojekte«, d.h. Projekte, die immer ähnlich ablaufen. Um diese Projekte, die teilweise bereits den Charakter von Tagesgeschäft aufweisen, jedoch gleichzeitig immer etwas anders ablaufen, zu unterstützen, legt man Projektvorlagen an.

Dies ist mit und ohne Project Server keine größere Angelegenheit, jedoch sollte es nur durch die Zuständigen und nicht durch jedermann erfolgen. Ansonsten quillt der Server oder das Verzeichnis bald über vor Projektvorlagen.

VIDEO   Zum Thema des Artikels finden Sie auf der DVD zum Buch ein Video – wählen Sie in der Videoauswahl unter **Kapitel 4 Für Fortgeschrittene** den Eintrag **55 Projektvorlagen erstellen**.

HINWEIS   Die Beschreibungen in diesem Artikel gelten im Wesentlichen für alle Project-Versionen, lediglich die Serverversionen weichen etwas voneinander ab.

Als Dateien

Wenn Sie in der Firma keinen Project Server einsetzen, erstellen Sie Projektvorlagen ganz einfach, indem Sie das Projekt über den Menübefehl *Datei/Speichern unter* mit der *Dateityp*-Option *Projektvorlage (*.mpt)* auf einem Laufwerk in einem bestimmten Ordner ablegen. Standardmäßig wird Ihnen Ihr eigener Vorlagenordner angeboten (siehe Abbildung 4.62).

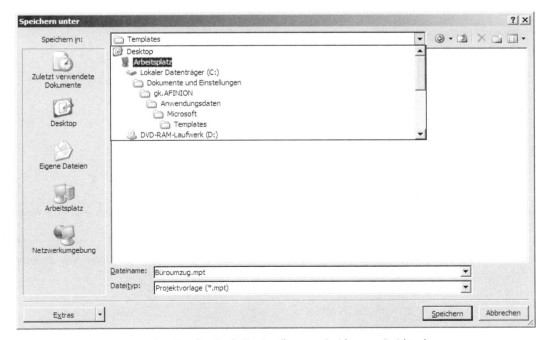

Abbildung 4.62 Der Benutzerordner *Templates* ist die Voreinstellung zum Speichern von Projektvorlagen

Sie müssen dabei bedenken, dass dieses Verzeichnis für Ihre Kollegen in der Regel nicht zugänglich ist. Wählen Sie also ein entsprechendes Netzwerkverzeichnis oder das allgemeine Verzeichnis von Project, das im Programmverzeichnis abgelegt ist, wenn die Kollegen auf Ihrem Computer arbeiten. Normalerweise ist das *C:\Programme\Microsoft Office\Templates\1031. 1031* steht hierbei für die deutsche Version.

Wenn Sie mit den Kollegen zusammenarbeiten möchten und die Projekte auf einem Netzlaufwerk hinterlegt werden sollen, so stellen Sie in Project im Dialogfeld zum Menübefehl *Extras/Optionen* auf der Registerkarte *Speichern* den Speicherort für Vorlagendateien auf das betreffende Netzlaufwerk und -verzeichnis ein. Wenn Sie nun eine Vorlagendatei abspeichern möchten, schlägt Project automatisch dieses Verzeichnis vor. Somit können alle Kollegen, die ebenfalls dieses Vorlagenverzeichnis eingestellt haben, direkt auf die darin befindlichen Vorlagen zugreifen.

Bitte achten Sie darauf, dass Sie auf dem Netzlaufwerk und dem zugehörigen Verzeichnis auch Schreibrechte besitzen. Ansonsten erhalten Sie die Fehlermeldung, dass nicht gespeichert werden kann. Ihre Kollegen benötigen nur Leserechte. Diese können dann ihre Projekte nicht in dieses Verzeichnis ablegen, was im Allgemeinen auch gewünscht ist.

In einer Projektvorlage können auch bereits Ressourcen mit übergeben werden. Diese werden von Project für die geplanten Ressourcenmengen ignoriert, sodass diese nicht als kritisch zu sehen sind.

Nun geben Sie der Vorlage einen entsprechenden Namen. Auf den Zusatz Vorlage können Sie verzichten, da diese Projektvorlagen nur über die Option *Vorlage* zu sehen sind. Wichtiger sind klare Projektbeschreibungen, um den Inhalt des betreffenden Projekts zu verdeutlichen.

Nachdem Sie auf *Speichern* geklickt haben, müssen Sie bestimmen, welche Datentypen in der Vorlage erhalten bleiben sollen (siehe Abbildung 4.63).

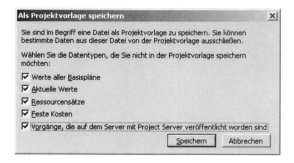

Abbildung 4.63   Projektvorlage »bereinigen«

ACHTUNG   Bitte beachten Sie, dass das Aktivieren einer Option im Dialogfeld *Als Projektvorlage speichern* die Werte löscht und nicht erhält!

Nun ist das Projekt als Vorlage vorhanden und kann jederzeit über den Menübefehl *Datei/Neu* genutzt werden.

Im Project Server

Im Project Server verhält es sich ähnlich.

Gesteuert wird die Vorlagenablage über die Option *Projektvorlage speichern* in den Sicherheitseinstellungen bzw. globalen Berechtigungen der Benutzer bzw. der Gruppen (was sinnvoller ist), wie in Abbildung 4.64 zu sehen. Das heißt, hier wird festgelegt, wer überhaupt Vorlagen in den Server ablegen darf.

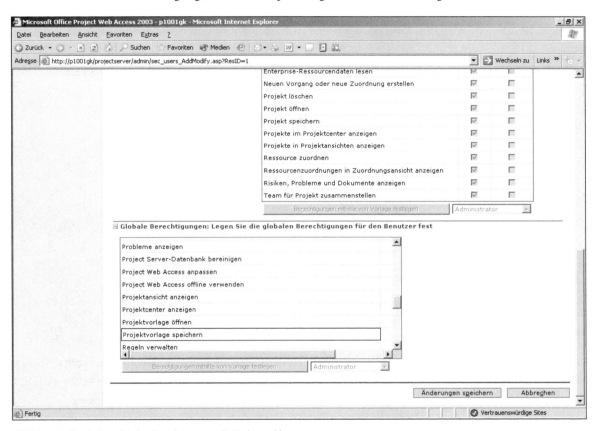

Abbildung 4.64   In den globalen Berechtigungen die Vorlagenablage steuern

56 Automatische Anpassung der Arbeitsmenge bei Änderung der Arbeitszeit verhindern

Wer kennt das nicht.

Sie haben einen Terminplan mit der Einstellung *Feste Dauer* erstellt, diesen vernetzt und mühsam mit Ressourcen versehen, die Arbeitsmenge der Ressourcen abgeschätzt, die Arbeitsmengen angepasst, den Plan gespeichert und an die Kollegen weitergereicht.

Tätigkeit 1 dauert zwei Wochen und benötigt insgesamt zehn Stunden Arbeit für die Ressource Krug zur Spezifikation des Drehteils (siehe Abbildung 4.65). Und für die Betreuung der Lieferung des Drehteils haben Sie vier weitere Stunden (5%) eingeplant.

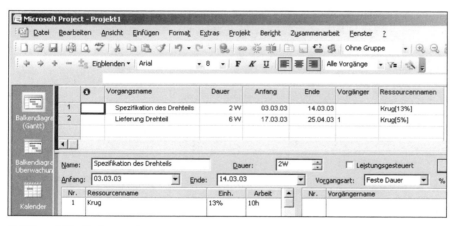

Abbildung 4.65   Die Ausgangslage ...

Nun kommt der Kollege und teilt Ihnen mit, dass sich die Lieferung von zwei Wochen auf sechs Wochen verlängert, da es Lieferengpässe gibt und der Termin vom Lieferanten nicht gehalten werden kann.

Sie passen daraufhin die Dauer auf sechs Wochen an und glauben alles richtig gemacht zu haben.

Was nun passiert, kennt jeder erfahrene Project-Benutzer, der schon mit Ressourcen gearbeitet hat. Microsoft Project passt im Hintergrund automatisch auch die Arbeitsmenge der Tätigkeit an. Somit haben Sie nun zwölf Stunden Arbeit statt vier Stunden auf die Ressource verplant (siehe Abbildung 4.66), ohne dies explizit geändert zu haben.

Diese Änderung kann vielleicht mal zutreffen, ist in der Regel aber nicht korrekt. Somit verändert sich die Ressourcenplanung ständig automatisch, ohne dass Sie dies erkennen bzw. beabsichtigen. Insbesondere bei großen Änderungen z.B. im Monatsbereich und 100% Zuteilungen erhalten Sie automatisch große Ressourcenänderungen, die Sie normalerweise gar nicht bemerken, da in der Normalansicht nicht wie hier in den Abbildungen zu sehen die Ressourcenansicht mit eingeblendet ist.

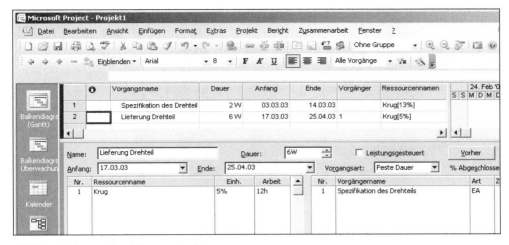

Abbildung 4.66   ... und nach Anpassen der Dauer

Das Vorgehen, das ein Projektleiter eigentlich möchte, ist die Anpassung der Tätigkeiten und dann die Abschätzung und Korrektur der Arbeitsbelastung als Folge für die einzelnen Mitarbeiter in einem zweiten Schritt.

Die Funktion *Resskor* (Bestandteil des Afinion Project Toolset) macht nun Folgendes:

Wenn Sie die Dauer ändern, wird die Arbeitsbelastung automatisch auf dem zuvor eingetragenen Wert belassen – im Beispiel *4h* –, indem die Ressourcenzuteilung angepasst wird – hier von ursprünglich 5% auf 2% (siehe Abbildung 4.67).

Bitte beachten Sie: Die Prozentwerte werden gerundet; maßgeblich sind die zugewiesenen Stunden.

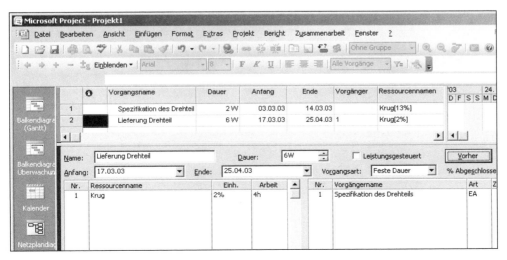

Abbildung 4.67   Das Ergebnis unter Verwendung der Funktion *Resskor*

Das heißt, Sie können die Arbeitsmenge später anpassen, wenn Sie dies möchten, aber sie wird nicht sofort automatisch durch Project angepasst. Somit ist der Mechanismus ausgeschaltet und die Planung kann so erfolgen, wie man dies normalerweise möchte, nämlich selbst die Anpassungen vorzunehmen, da das System ja keine Kenntnis über die Rahmenbedingungen hat.

Dabei werden die Daten zu Anpassung der Zuteilung und Arbeitsmenge nicht verändert wie in Abbildung 4.68 dargestellt (es wurden 9% Zuteilung eingegeben). In diesem Fall wird auch nicht die Dauer angepasst. Somit erfolgt die Planung ohne störende Automatismen.

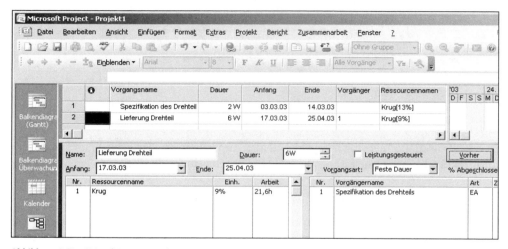

Abbildung 4.68   Keinerlei automatische Anpassung

HINWEIS   Diese Funktion kann bei Afinion zu einem günstigen Preis direkt bezogen werden, zusammen mit anderen nützlichen Funktionen – siehe die Beschreibung zum Afinion Project Toolset auf der Website *www.afinion.ch.*

57 Projekte planen mit Schichtkalendern

Normalerweise werden Projekte während der gewöhnlichen Büro-/Arbeitszeiten bearbeitet. In manchen Fällen jedoch werden Projekte rund um die Uhr oder im Schichtsystem durchgeführt. Hierzu zählen alle Revisionsprojekte und Projekte in Fertigungen, die einen Zwei- oder Dreischichtbetrieb fahren, sofern diese für die Projekte Arbeiten durchführt.

In diesem Artikel sollen speziell die Revisionen betrachtet werden, da hier mit einer geschickten Planung ein hohes Maß an Zeitersparnis erreicht werden kann. Hierfür werden die Tätigkeiten zunächst in ihrer Ablauflogik geplant. Das heißt, die Tätigkeiten werden in ihrer Dauer geschätzt und anschließend verknüpft. Insofern unterscheiden sie sich nicht von »normalen« Projekten. Die weiteren notwendigen Schritte werden nachfolgend beschrieben.

> **VIDEO**   Zum Thema des Artikels finden Sie auf der DVD zum Buch ein Video – wählen Sie in der Videoauswahl unter **Kapitel 4 Für Fortgeschrittene** den Eintrag **57 Projekte planen mit Schichtkalendern**.

> **HINWEIS**   Die konkreten Beschreibungen in diesem Artikel gelten für alle Project-Versionen bis einschließlich Project 2003. Die grundsätzlichen Mechanismen für die Gestaltung von Schichtmodellen gelten auch für Project 2007, jedoch sind dort die Dialogfelder zur Bearbeitung der Kalender komplett geändert (siehe hierzu den Artikel »14 Kalender und Feiertage in Project 2007 verwalten«).

Die Kalendereinstellungen

Zunächst müssen die benutzten Schichtmodelle in Project erzeugt werden. Hierzu gehen Sie wie folgt vor:

1. Öffnen Sie über *Extras/Arbeitszeit ändern* das Dialogfeld *Arbeitszeit ändern* (siehe Abbildung 4.69).

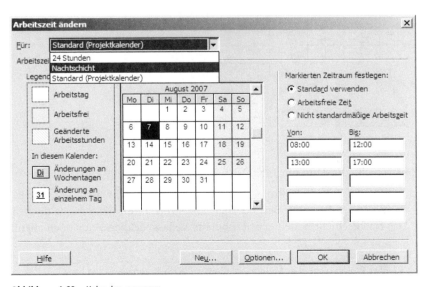

Abbildung 4.69   Kalender anpassen

2. Klicken Sie auf *Neu* und entscheiden Sie sich, ob Sie eine Kopie nutzen wollen oder ein völlig neues Arbeitsmodell erstellen wollen. Wir nutzen hier ein völlig neues Modell, wie in Abbildung 4.70 zu sehen.

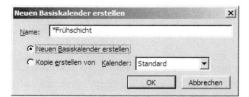

Abbildung 4.70 Komplett neuen Schichtkalender anlegen

Ebenso erzeugen Sie noch ein Modell für die Spätschicht und eines für die Nachtschicht.

Hierbei verwenden Sie vor dem Namen jeweils ein Sternchen. Dadurch werden diese Kalender in Listen immer als Erstes angezeigt, da das Sternchen in der Sortierung vor den Buchstaben kommt.

3. Nun passen Sie die Arbeitszeitmodelle an. Hierbei sind Früh- und Spätschicht kein großes Problem. Dafür müssen Sie lediglich die Uhrzeiten anpassen, wie in Abbildung 4.71 für die Frühschicht dargestellt.

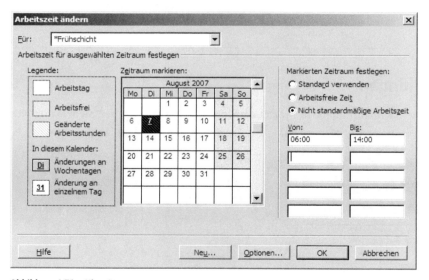

Abbildung 4.71 Uhrzeiten anpassen

Dasselbe machen Sie für die Spätschicht, die dann um 14:00 Uhr beginnt und um 22:00 Uhr endet.

Die Nachtschicht wird schon etwas schwieriger, da Project den Zeitpunkt 24:00 Uhr nicht kennt, der Tag endet um 23:59. Verwenden Sie in diesem Fall eine Besonderheit von Project, um die Schicht doch noch sauber definieren zu können. Das Nachtschichtmodell existiert bereits, sodass Sie dieses nur noch abändern müssen.

WICHTIG Wichtig zu wissen ist, dass Project nicht über Mitternacht hinweg die Uhrzeiten verwalten kann.

Abbildung 4.72   Nachtschichteinstellungen

Wie Sie in Abbildung 4.72 sehen, müssen Sie die Nachtschicht von 22:00 Uhr bis morgens 6:00 Uhr auf einen Tag legen. Dies muss auch fortlaufend sein. Sie können also nicht zuerst den späten Teil definieren und dann den frühen, sondern die Kontinuität muss gewahrt sein. Der Einwand, dass dies unlogisch sei, kann leicht entkräftet werden, da hier nur die Darstellung etwas anders ist als gewohnt. Project hat hier lediglich den Tag fortgeführt, also betrachtet es die Zeiten wie Balken pro Tag.

> **TIPP**   Wenn dieses Schichtmodell für die ganze Woche gelten soll, müssen Sie zuerst die Spaltenüberschriften *Mo* bis *Fr* markieren und nicht nur, wie hier in den Abbildungen zu sehen, einen bestimmten Wochentag. Im obigen Beispiel gilt das Schichtmodell nur an einem Tag. Diese Funktion können Sie natürlich auch nutzen, wenn Sie dieses Arbeitszeitmodell z. B. nur für einige Wochen nutzen möchten. In diesem Fall markieren Sie die gewünschten Wochen und stellen dann die Zeiten ein.

Die Anwendung der Kalender

Nachdem Sie nun die Kalender für die drei Schichten definiert haben, müssen Sie diese auch anwenden. Sie können grundsätzlich jeden Kalender als Projektkalender verwenden, was bei Schichtkalendern jedoch wenig Sinn macht. Zur Anwendung gehen Sie wie folgt vor:

1. Erstellen Sie die Tätigkeiten und verknüpfen Sie sie.

   Abbildung 4.73 zeigt die Ausgangslage. Drei Vorgänge sind miteinander verknüpft, jeweils 8 Stunden Dauer. Da der Standardkalender gilt, werden die Vorgänge auseinandergezogen, da jeweils um 8:00 Uhr begonnen und um 17:00 Uhr geendet wird.

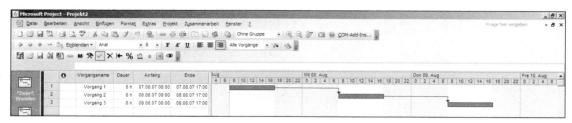

Abbildung 4.73 Ausgangslage Standardkalender

2. Nun weisen Sie zunächst die Frühschicht zu, dann die Spätschicht und anschließend die Nachtschicht. Dazu doppelklicken Sie im Tabellenteil auf den Vorgang, den Sie anpassen wollen, oder Sie wählen den Menübefehl *Projekt/Informationen zum Vorgang*. Dann wechseln Sie zur Registerkarte *Spezial* und wählen bei *Kalender* die gewünschte Schicht aus (siehe Abbildung 4.74).

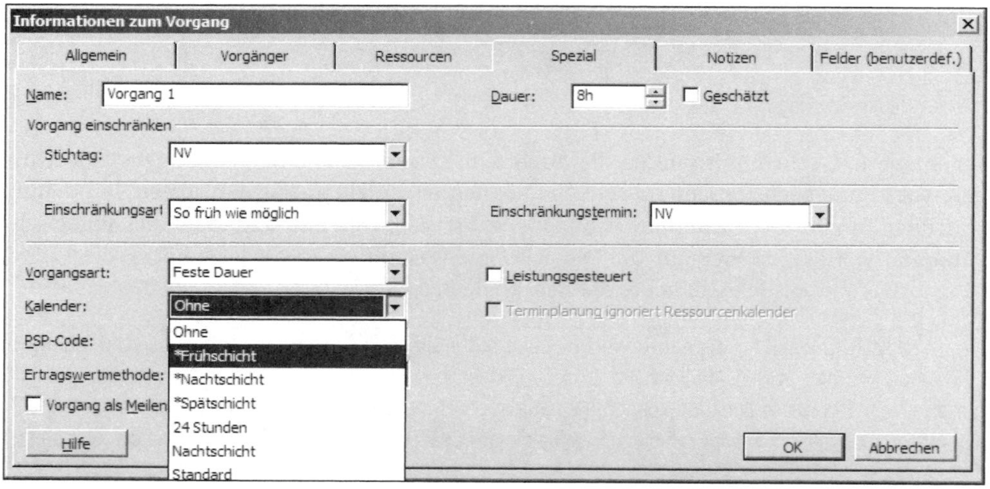

Abbildung 4.74 Schichtkalender auswählen

Nachdem Sie die Kalender zugeordnet haben, sehen Sie in Abbildung 4.75, dass die drei Vorgänge innerhalb von 24 Stunden abgewickelt werden können, da jede Schicht eingesetzt wird. Das Projekt zeigt weiterhin die freien Stunden nach dem Projektkalender.

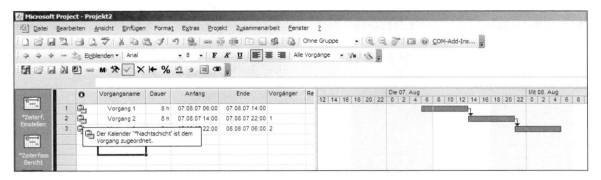

Abbildung 4.75   Zugewiesene Schichtkalender

Diese Möglichkeiten sind speziell für Revisionen von großem Nutzen, da damit die realen Arbeitszeiten einfach und korrekt abgebildet werden können. Dies vor allem weil während Revisionen von Anlagen häufig in Stundeneinheiten gedacht und gearbeitet wird.

58 Makros aufzeichnen

Es gibt häufig den Bedarf, bestimmte Funktionen oder Arbeitsschritte immer wieder auszuführen. Aber anstatt nun immer wieder dieselben Menübefehle zu wählen, geht es mit einem Makro natürlich wesentlich schneller und einfacher.

Anhand eines einfachen Beispiels soll dies verdeutlicht werden. Wir werden mithilfe eines aufgezeichneten Makros den jeweiligen Balken der ausgewählten Tätigkeit grün darstellen.

WICHTIG   Zunächst ein wichtiger Hinweis: Bevor Sie Makros endgültig anwenden, speichern Sie Ihr Projekt ab und machen am besten eine Arbeitskopie, um die Makros zu testen!

Zum Aufzeichnen von Makros gehen Sie wie folgt vor:

1. Wählen Sie den Menübefehl *Extras/Makro/Aufzeichnen*, um das in Abbildung 4.76 gezeigte Dialogfeld zu öffnen.

Abbildung 4.76   Optionen zum Aufzeichnen eines Makros

2. Benennen Sie das Makro.

WICHTIG   Bitte beachten Sie, dass beim Benennen von Makros weder Leerzeichen noch Umlaute zugelassen sind. Der Unterstrich ersetzt hier das Leerzeichen zur optischen Trennung.

---

3. Entscheiden Sie, wohin das Makro aufgezeichnet werden soll.

   Standard ist hier die Globaldatei *Global.mpt*.

4. Geben Sie eine Beschreibung zu dem Makro ein.

5. Legen Sie die Bezugsart fest.

   Bezüge sind hier ganz wichtig. Soll ausgehend von der aktuellen Position des Cursors gearbeitet werden (was hier sinnvoll ist, da man ja nicht weiß, welche Tätigkeit man später mit einem grünen Balken versehen will), so wählen Sie *Relativ* und für die Spaltenbezüge belassen Sie die Einstellung auf *Absolut*. Die Spaltenbezüge sind hier irrelevant, da mit den Spalten nichts geschehen soll.

6. Nach dem Bestätigen mit *OK* wartet Project auf die Befehle, die im Makro gespeichert werden sollen. Das heißt, dass ab diesem Moment alle Klicks und Eingaben aufgezeichnet werden.

7. Die Makroaufzeichnung beenden Sie über den Menübefehl *Extras/Makro/Aufzeichnung beenden*.

Der Menübefehl *Format/Balken/Balkenform/Grün* sieht dann im Makro – d.h. im Visual Basic-Editor – wie folgt aus:

```
Sub Gruener_Balken()     Name des Makros und Start des Moduls
' Makro Gruener_Balken    Beschreibungstext
' Makro am Mi 01.10.03 von Gerhard Krug aufgezeichnet.     Beschreibungstext
```

Jetzt kommt der eigentliche Programmteil, der in Project 2003 in diesem Beispiel wie folgt aussieht:

```
GanttBarFormat StartShape:=0, StartType:=0, StartColor:=0, MiddleShape:=1,
MiddlePattern:=3, MiddleColor:=3, EndShape:=0, EndType:=0, EndColor:=0,
RightText:="Ressourcennamen"
```

In Project 2007 werden mehr Attribute mitgeführt:

```
GanttBarFormat GanttStyle:=1, StartShape:=0, StartType:=0, StartColor:=0, MiddleShape:=1,
MiddlePattern:=1, MiddleColor:=3, EndShape:=0, EndType:=0, EndColor:=0,
RightText:="Ressourcennamen", ProjectName:="Büroumzug"
```

Das Ende der Prozedur wird durch die folgende Anweisung gekennzeichnet:

```
End Sub     Anweisung, dass dieses Modul beendet ist
```

Hier sehen Sie auch, dass dahinter wesentlich mehr steckt, als man an der Oberfläche sieht, und dass es nicht so ohne Weiteres möglich ist, die Befehle nachzuvollziehen, wenn man nicht laufend damit zu tun hat. Zum einen sind alle Befehle und Attribute in Englisch und viele Befehle haben noch zugehörige Attribute, deren Bedeutung man zuerst erfassen muss.

Das Ergebnis ist dann ein grüner Balken (siehe Abbildung 4.77; hier im Schwarz-Weiß-Druck lediglich als sehr heller Balken zu erkennen).

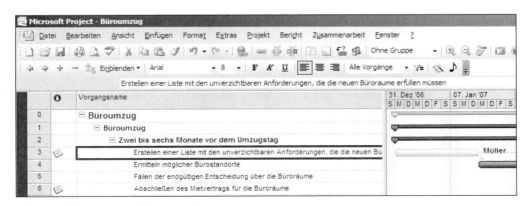

Abbildung 4.77 Angepasste Balkendarstellung

Bitte beachten Sie Folgendes:

- Was hier angezeigt wird, unterscheidet sich teilweise auch durch die Version von Project, die Sie verwenden; insbesondere zwischen Version 2000/2003 und 2007 sind zum Teil große Unterschiede zu finden. So führt die in Project 2003 verwendete Syntax in Project 2007 zu einer Fehlermeldung, da dort – wie im Listing auf der vorhergehenden Seite zu sehen – mehr Attribute mitgeführt werden.

- Beachten Sie auch, dass im Visual Basic-Editor oder im Dialogfeld zum Menübefehl *Extras/ Organisieren* auf der Registerkarte *Module* nicht der von Ihnen festgelegte Makroname angezeigt wird, sondern *ModuleX*, wobei *X* für eine fortlaufende Nummerierung steht.

- Des Weiteren verhalten sich aufgezeichnete Makros teilweise anders als im Visual Basic-Editor selbst programmierte. Mit nicht englischen Versionen aufgezeichnete Makros haben häufig auch »Übersetzungsprobleme«. Wenn Sie also Fehler erhalten, kann es durchaus an der Sprachversion liegen, je nachdem, was Sie aufzeichnen.

HINWEIS   Wie Sie Makros bequem über die Symbolleiste starten, um nicht jedes Mal den Menübefehl *Extras/ Makro/Makros/Ausführen* wählen zu müssen, erklärt Ihnen der folgende Artikel »59 Makros und Befehle auf die Symbolleiste legen«.

59 Makros und Befehle auf die Symbolleiste legen

Immer wieder ergibt sich die Notwendigkeit, dass man Makros, die man aufgezeichnet hat, oder Befehle, die in der Standardsymbolleiste nicht vorhanden sind, in eine Symbolleiste integrieren möchte.

Die Integration eines Makros ist solch ein Anwendungsfall.

Eine Funktion oder ein Makro einzubinden ist eigentlich nicht so schwierig, wenn man weiß wie. Wenn nicht, muss man sich durch etliche Punkte hangeln, von denen der Normalanwender in der Regel nicht weiß, wo sie zu finden sind.

VIDEO   Zum Thema des Artikels finden Sie auf der DVD zum Buch ein Video – wählen Sie in der Videoauswahl unter **Kapitel 4 Für Fortgeschrittene** den Eintrag **59 Makros und Befehle auf die Symbolleiste legen**.

Um ein Makro in eine Symbolleiste einzubinden, gehen Sie wie folgt vor:

1. Klicken Sie mit der rechten Maustaste auf die gewünschte Symbolleiste und wählen Sie im Kontextmenü den Befehl *Anpassen* (siehe Abbildung 4.78).

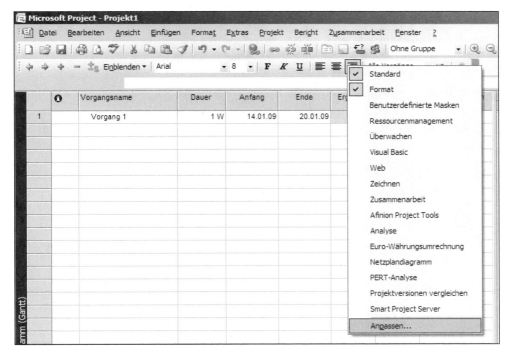

Abbildung 4.78   Symbolleistenkontextmenü

2. Im daraufhin erscheinenden Dialogfeld *Anpassen* aktivieren Sie die Registerkarte *Befehle* und wählen dort das Makro aus, das in die Symbolleiste eingefügt werden soll (siehe Abbildung 4.79).

Hier im Beispiel wurde zunächst im Listenfeld *Kategorien* der Eintrag *Alle Makros* ausgewählt und dann im Listenfeld *Befehle* das Makro *Dauer_Formatieren*.

HINWEIS	Wie Sie eigene Makros erstellen, können Sie im Artikel »58 Makros aufzeichnen« nachlesen.

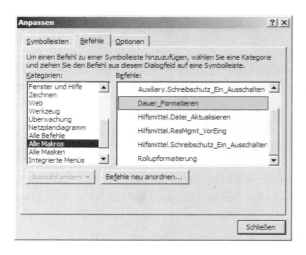

Abbildung 4.79　Das einzubindende Makro auswählen

3. Klicken Sie mit der linken Maustaste auf das betreffende Makro – hier *Dauer_Formatieren* – und ziehen Sie nun das Symbol mit gedrückter Maustaste auf die Symbolleiste, in die das Makro eingefügt werden soll.

4. Wenn sich das Symbol an der gewünschten Stelle in der Symbolleiste befindet, lassen Sie die Maustaste wieder los.

Sie sehen nun die Bezeichnung des Makros – hier *Dauer_Formatieren* – in der Symbolleiste (siehe Abbildung 4.80).

Abbildung 4.80　Die in die Symbolleiste eingefügte Makro-Schaltfläche

5. Der Trick ist nun, die Darstellung der Schaltfläche in der Symbolleiste anzupassen. Klicken Sie dazu mit der rechten Maustaste auf die betreffende Symbolleistenschaltfläche und nehmen Sie dann über die Befehle im Kontextmenü die gewünschten Änderungen vor (siehe Abbildung 4.81).

Dass nur Text auf der Schaltfläche zu sehen ist, liegt an der aktivierten Option *Nur Text (immer)*. Wenn Sie ein Symbol möchten, stellen Sie auf die Option *Standard* um. Dazu müssen Sie dann aber auch ein Symbol entweder im Untermenü zum Befehl *Schaltflächensymbol ändern* auswählen oder ein solches selbst erstellen (siehe hierzu nächste Seite).

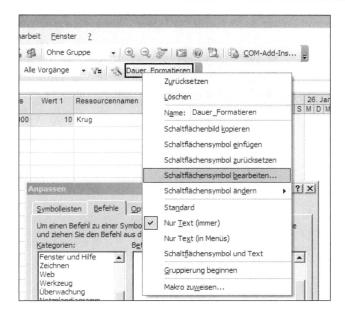

Abbildung 4.81 Das Kontextmenü zur eingefügten Makro-Schaltfläche

Über den Kontextmenübefehl *Schaltflächensymbol bearbeiten* können Sie ein eigenes Symbol für die Schaltfläche erzeugen oder das zugewiesene Symbol anpassen: Nachdem Sie den Befehl gewählt haben, erstellen bzw. bearbeiten Sie im *Schaltflächen-Editor* das Symbol Pixel für Pixel (siehe Abbildung 4.82); mit den Pfeiltasten können Sie es auch innerhalb der Matrix verschieben.

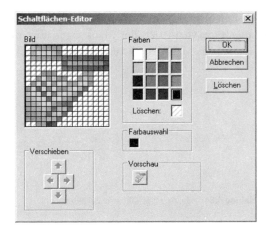

Abbildung 4.82 Der Editor zum Erstellen bzw. Anpassen von Schaltflächensymbolen

In diesem Editor können Sie sich auch einmal ansehen, wie die anderen Symbole erzeugt wurden. Als Beispiel wurde in Abbildung 4.82 das Symbol für den Befehl *Gehe zu ausgewähltem Vorgang* geöffnet, das bei »näherer« Betrachtung deutlich anders aussieht als in der Verkleinerung in der Symbolleiste bzw. im Bild in der Vorschau unten im Editor. Hier kann man noch einiges über Wahrnehmung lernen und über Grafik.

Zurück zum Makro: Der Einfachheit halber weisen wir der Schaltfläche *Dauer_Formatieren* ein Symbol aus der Liste zum Befehl *Schaltflächensymbol ändern* zu. Hier wurde das Notensymbol ausgewählt.

6. Nun muss der Schaltfläche noch das betreffende Makro zugeordnet werden. Wählen Sie hierzu im Kontextmenü den Befehl *Makro zuweisen* (siehe Abbildung 4.83) und nehmen Sie im daraufhin angezeigten Dialogfeld *Schaltfläche anpassen* die gewünschten Änderungen vor (siehe Abbildung 4.84).

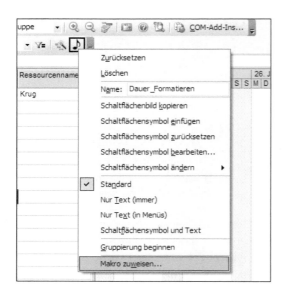

Abbildung 4.83 Ohne Makrozuweisung hat die Schaltfläche keine Funktion

Im Dialogfeld zum Befehl *Makro zuweisen* sind natürlich Befehl und Name schon ausgewählt. Der im Feld *Name* vorhandene Eintrag wird in der QuickInfo angezeigt, wenn sich der Mauszeiger über dem Schaltflächensymbol befindet. Mit der *Beschreibung* können Sie das Makro noch zusätzlich erklären.

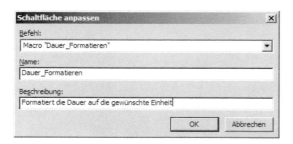

Abbildung 4.84 Makro der Schaltfläche zuweisen

7. Nachdem Sie alle Dialogfelder geschlossen haben, können Sie den Befehl – d.h. hier im Beispiel das Makro – einfach über die betreffende Symbolleistenschaltfläche aufrufen und müssen nicht mehr über den langen »Befehlsweg« *Extras/Makro/Makros/Makro auswählen/Ausführen* gehen.

Kapitel 5

Kosten- und Ressourcenplanung

In diesem Kapitel:

Die hohe Schule der Projektplanung stellt traditionell die Ressourcenplanung dar. Nicht nur weil sie die Komplexität der Planung dupliziert, sondern auch weil in aller Regel der Projektleiter nicht Herr der Ressourcen ist. Dadurch sind Konflikte vorprogrammiert und verlangen vom Projektleiter eine gute Basis, um sich argumentativ durchsetzen zu können.

In den Videos und Beschreibungen dieses Kapitels werden sowohl die Grundlagen der Ressourcenplanung in Microsoft Project vorgestellt als auch die grundsätzlichen Vorgehensweisen gezeigt. Da es verschiedene Ansätze dafür gibt, werden auch Alternativen aufgezeigt.

Und nicht zuletzt wird vor allem auf die Kostenplanung in Microsoft Project eingegangen – das wohl stärkste Modul im Programm. Hierbei werden die wesentlichen Felder und Berechnungsmöglichkeiten angesprochen, die zur Verfügung stehen.

60 Kostenplanung und -überwachung – Grundlagen

Kostenplanung ist in allen Projekten ein wichtiger Bestandteil der Projektarbeit. Kosten werden einerseits in spezialisierten Tools (Kostenplanungs- und -überwachungssysteme) und Buchhaltungs-/ERP-Systemen vorgenommen, andererseits wird man häufig gezwungen, Kosteninformationen abzugeben, bevor man überhaupt genau weiß, wie das Projekt aussieht. Angebote müssen erstellt werden, Kostenzusammenstellungen für Geschäftsleitung und die Abteilung abgegeben werden etc. Meist handelt es sich dabei zunächst um Kostenschätzungen, die später präzisiert werden, und es macht wenig Sinn, zu diesem Zeitpunkt schon sehr detailliert zu arbeiten. Andererseits erwartet der Auftraggeber (intern/extern) bereits konkrete Zahlen zu einem Zeitpunkt, wenn viele Details noch gar nicht bekannt sind. Es entsteht das Problem, dass die Zahlen, die genannt wurden, in den Köpfen verbleiben, auch wenn sich das Projekt völlig verändert hat und vielleicht doppelt so groß ist wie ursprünglich angedacht.

VIDEO   Zum Thema des Artikels finden Sie auf der DVD zum Buch ein Video – wählen Sie in der Videoauswahl unter **Kapitel 5 Kosten- und Ressourcenplanung** den Eintrag **60 Kostenplanung – Grundlagen**.

Kostenplanung in Microsoft Project

Es gibt grundsätzlich zwei verschiedene Möglichkeiten für die Kostenplanung:

- Kosten für Mitarbeiter/Ressourcen bzw. Personalkosten extern/intern werden gemeinsam mit Kosten für Material und Geräte mit ihrem geschätzten Bedarf auf Tätigkeiten bzw. Vorgänge gelegt. Dabei wird über die Menge der Zuteilung bzw. die Zeitdauer der Tätigkeit der Aufwand festgelegt. Über die Definition des Kostensatzes der Ressource (siehe Abbildung 5.1) werden die Kosten dann errechnet. Dabei werden Personenkosten und Materialkosten von Microsoft Project unterschiedlich verwaltet.

  Wie abgebildet wird der Personalaufwand über Verfügbarkeit (*Max. Einheit*) und Standardkostensatz definiert. Die Verfügbarkeit wird über den Basiskalender und den Individualkalender gesteuert. Materialkosten werden über Mengen (*Materialbeschriftung*) und Einheitspreis (*Standardsatz*) definiert. Dabei wird die Verfügbarkeit als unendlich angesehen und ist unabhängig vom Kalender.

	❶	Ressourcenname	Art	Materialbeschriftung	Kürzel	Gruppe	Max. Einh.	Standardsatz	Kosten/Einsatz
1		Müller	Arbeit		M	WS	100%	72,00 €/Std.	0,00 €
2		Huber	Arbeit		H	WS	100%	64,00 €/Std.	0,00 €
3		LKW-WT-S-234	Arbeit		L	FZG	100%	150,00 €/Std.	50,00 €
4		Kupferblech ab Rolle	Material	lfm	KB	MAT		34,00 €	0,00 €

Abbildung 5.1   Definition des Kostensatzes der Ressource

- Der andere Ansatz ist, Kosten direkt auf Tätigkeiten zu legen. Dies wird vor allem zu einem sehr frühen Zeitpunkt erfolgen, wenn noch wenige Informationen über Personen und Material vorhanden sind.

Später kommt es meist zu einer Mischform aus beiden Ansätzen. Dabei werden Personal- und Materialbedarf auf Vorgänge gelegt, die wiederum selbst noch Kosten verursachen, z.B. Kosten für externe Dienstleistungen oder Kosten für Material, das nicht näher spezifiziert wird, Gebühren etc.

Welche Form der Kostenplanung für Ihre Projekte angebracht ist, kann nicht generell bestimmt werden. Dies hängt vom jeweiligen Projekt ab und von den Informationen, die verfügbar sind.

Die Kostenfelder, die Ihnen dazu zur Verfügung stehen, können grundsätzlich in drei Kategorien eingeteilt werden:

- Die expliziten Kostenfelder wie *Kosten* und *Feste Kosten*, *Kosten1* bis *Kosten10*
- Die Vergleichskostenfelder wie *Geplante Kosten*, *Verbleibende Kosten* und *Überstundenkosten*
- Die »Steuerungsfelder« wie *Kostensatztabelle*, *Fälligkeit fester Kosten*

Die expliziten Kostenfelder

Das wichtigste Kostenfeld ist das Feld *Kosten*. Es wird angezeigt, indem Sie in der Tabelle das Feld *Kosten* einfügen. Das wichtigste Feld deshalb, weil es sowohl die Kosteninformationen aus diversen Feldern sammelt als auch die Kosten verdichtet. Dadurch erhält man die eigentliche Kosteninformation für die Tätigkeit und das Projekt.

Den in Abbildung 5.2 dargestellten Vorgang 0 (den Projektsammelvorgang) erhalten Sie, indem Sie den Menübefehl *Extras/Optionen* wählen und auf der Registerkarte *Ansicht* das Kontrollkästchen *Projektsammelvorgang anzeigen* aktivieren. Hier werden alle Vorgänge und Sammelvorgänge auf das Projekt verdichtet. Auch er beinhaltet alle Kostenfelder wie Sammelvorgänge und Vorgänge.

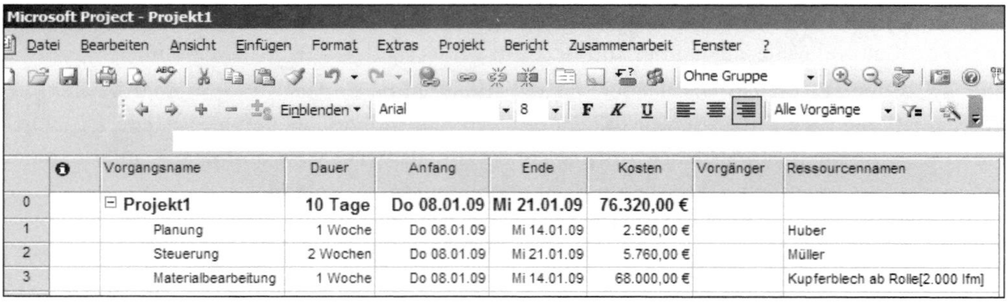

Abbildung 5.2 Projektsammelvorgang

Das Feld *Kosten* wird stets berechnet, wenn Sie Ressourcen zuordnen bzw. ändern. Geben Sie dort, im Feld *Kosten*, einen Wert ein, so wird der übersteigende Betrag auf das Feld *Feste Kosten* übertragen! Sie sollten also vermeiden, das Feld *Kosten* direkt mit einem Wert zu versehen und stattdessen die anderen Felder verwenden.

Dies soll das folgende Beispiel verdeutlichen (siehe Abbildung 5.3):

Aufgrund der Ressourcenzuweisung wurden Kosten von € 2560,– errechnet (Vorgang *Planung*). Geben Sie nun € 3000,– in das Feld *Kosten* ein, so werden € 440,– auf *Feste Kosten* gebucht. Ändern Sie anschließend die festen Kosten auf z.B. € 1440,–, würden die Kosten auf € 4000,– erhöht. Insofern ist es nicht sinnvoll,

Kosten direkt in das Kostenfeld einzutragen, sondern sie sollten stets auf das Feld *Feste Kosten* oder andere Felder geschrieben werden. So kann mithilfe verschiedener Felder eine Mischform der Kosten aufgebaut werden.

Mithilfe einer kombinierten Ansicht (aufrufbar über den Menübefehl *Ansicht/Weitere Ansichten/Neu* oder über *Fenster/Teilen*) können die Einzelkosten für die Vorgänge visualisiert werden. Dazu klicken Sie nach dem Aktivieren der kombinierten Ansicht mit der rechten Maustaste rechts in den grauen Bereich und wählen dann im Kontextmenü den Befehl *Ressourcenkosten* (siehe Abbildung 5.3). Sie sehen in der Abbildung die Einzelkosten des Mitarbeiters Huber im unteren Bereich sowie im oberen Bereich die dem Vorgang *Planung* zugeordneten *Festen Kosten* von € 440, –.

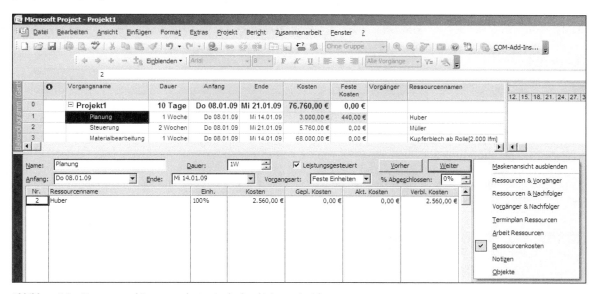

Abbildung 5.3   Vorgang- und Ressourcenkosten in der kombinierten Ansicht

Diese Art der Kostenplanung bedingt jedoch die Zuordnung der Ressourcen zu ihrem tatsächlichen, geplanten Aufwand, da die Kosten der Ressourcen aus dem »Stundensatz × zugewiesenen Stunden« auf der Tätigkeit errechnet werden. Da die Ressourcenplanung in Microsoft Project sehr aufwendig ist, scheitern jedoch viele Projektleiter an diesen Schwierigkeiten. Ein Problem dabei ist vor allem die Eigenart von Project, bei Änderungen an den Dauern der Tätigkeiten selbstständig die Ressourcenzuteilungen/-mengen zu ändern und umgekehrt.

Nachdem die Ressourcen- und Kostenplanung erfolgt ist, kann der Netzplan mit allen Zuweisungen eingefroren werden (Basisplanerstellung).

Die Vergleichskostenfelder wie *Geplante Kosten*, *Verbleibende Kosten* und *Überstundenkosten*

Die Werte aus dem Basisplan sind eine reine Kopierfunktion. Dabei werden die Kosten für jeden Vorgang auf das zugehörige Feld *Geplante Kosten* kopiert. Wie Sie aus Abbildung 5.4 ersehen, können die geplanten Kosten sowohl auf der Vorgangsebene als auch auf den ressourcenbezogenen Informationen im unteren Ansichtsbereich betrachtet werden. Beide Ansichten sind noch 0, da noch kein Basisplan eingefroren wurde.

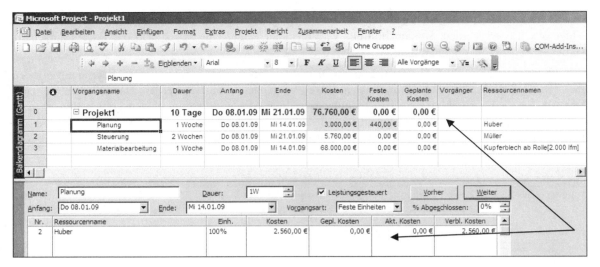

Abbildung 5.4　Vor Erstellung des Basisplans

Nach der Erstellung des Basisplans sind in beiden Bereichen die Kosten aus dem Feld *Kosten* kopiert und verfügbar (siehe Abbildung 5.5).

ACHTUNG　Bitte beachten Sie, dass diese Werte nicht geschützt sind, also offen sind für Veränderungen. Manchmal kann dies jedoch auch ein Vorteil sein.

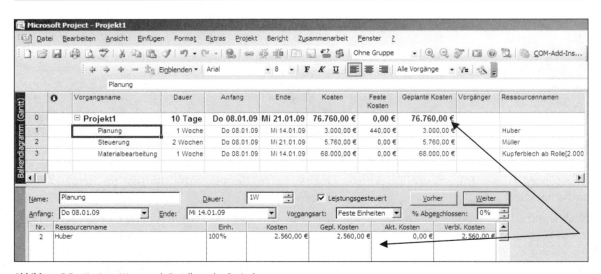

Abbildung 5.5　Kopierte Werte nach Erstellung des Basisplans

Bei Speicherung eines Zwischenplans werden die Kosten *nicht* auf eines der Felder *Kosten1* bis *Kosten10* kopiert, was naheliegen würde. Die Kosten in den Feldern *Kosten1* bis *Kosten10* sind zusätzliche Kostenfelder, die Sie zur weiteren Eingabe von Kosten nutzen können. Diese werden jedoch nicht im Feld *Kosten* hochverdichtet, sondern stehen für sich und können somit auch für Formeln zum Berechnen verschiedener Zusatzkosten verwendet werden. Diese Felder sind auch in der Datenbank vorhanden und können darüber aus anderen Applikationen gefüllt bzw. auch für Berechnungen mit den Feldern genutzt werden.

Weitere wichtige und hilfreiche Kostenfelder sind die Felder *Verbleibende Kosten* und *Aktuelle Kosten.*

WICHTIG   Bitte beachten Sie, dass *Aktuelle Kosten* sowohl auf Ressourcen- *als auch* auf Vorgangsebene vorkommen, also zweimal vorhanden sind, jedoch unterschiedliche Werte enthalten können, wie in Abbildung 5.6 zu sehen ist.

Diese Kostenfelder sind berechnete Felder aus den Differenzen von Ressourcenzuordnung mit Ist-Stunden und dem Fertigstellungsgrad mit festen Kosten. Dabei ist zu beachten, dass der Fertigstellungsgrad die Ist-Kosten steuert (siehe unten), die über die »Festen Kosten × % fertig« errechnet werden. Im Beispiel in Abbildung 5.6 wurde die Option so festgelegt, dass der Ressourcenstatus unabhängig vom Fertigstellungsgrad der Aktivität gesetzt wird, was immer der Falls sein muss, wenn Sie mit einer Zeiterfassung arbeiten.

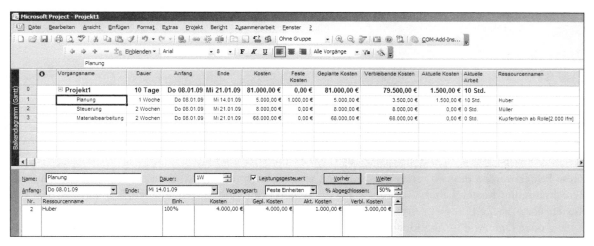

Abbildung 5.6 Kostenfelder für Vorgang und Ressource

In dem Beispiel (Vorgang *Planung*) betragen die festen Kosten € 1000,– und die Kosten aus der Ressourcenzuordnung Huber mit 1 Woche = 40 Stunden und Tagessatz € 100,– € 4000,–, also insgesamt € 5000,–.

Die Ressource Huber hat 10 Stunden gearbeitet – also € 1000,– aktuelle Kosten (untere Ansicht) – und die Tätigkeit ist zu 50% fertiggestellt gemeldet, hat also Ist-Kosten im Feld *Feste Kosten* von € 500,– (50% aus den festen Kosten).

Somit belaufen sich die aktuellen Kosten (obere Ansicht) auf € 1500,–. Hierbei ist zu beachten, dass dies andere aktuelle Kosten sind als die im Feld im unteren Ansichtsbereich bei den Ressourcenkosten. Microsoft Project trennt hier, wie erwähnt, zwischen Vorgangskosten und Ressourcenkosten, die Felder heißen jedoch gleich. Die Ressourcenkosten werden aufgrund der Zuweisungen auf die Vorgangskosten gelegt! Somit belaufen sich die aktuellen Ressourcenkosten (€ 1000,–) und die aktuellen Vorgangskosten (€ 500,–) auf insgesamt € 1500,– aktuelle Kosten auf der Vorgangsebene.

Von diesem Feld *Aktuelle Kosten* (hier € 1500,–) und den *Kosten* (€ 5000,–) wird nun die Differenz gebildet, . was verbleibende Kosten von € 3500,– ergibt (siehe Abbildung 5.6).

Ein weiteres berechnetes Feld ist das Feld *Abweichung Kosten*.

Dieses wird berechnet aus den eingefrorenen Werten aus dem Basisplan und nachträglichen Änderungen durch Verlängerungen der Vorgänge bzw. nachträgliche Zuweisung fester Kosten wie im Beispiel in Abbildung 5.7 (feste Kosten € 500,–) beim Vorgang *Steuerung*. Der Betrag von € 500,– zum Vorgang *Steuerung* wurde nachträglich eingefügt und wird nun im Feld *Abweichung Kosten* angezeigt, berechnet aus *Kosten* minus *Geplante Kosten*.

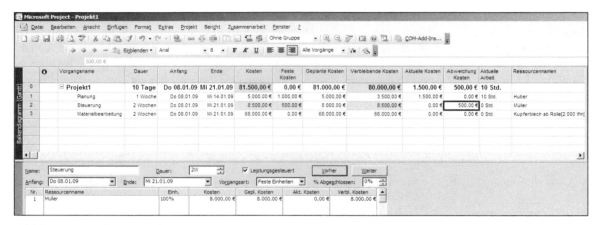

Abbildung 5.7   Berechnete abweichende Kosten

Die »Steuerungsfelder« wie *Kostensatztabelle, Fälligkeit fester Kosten*

Diese Felder werden deshalb »steuernd« genannt, weil die entsprechenden Einträge Auswirkungen auf die Berechnung der Kosten haben. Das Feld *Fällig am* steuert, wann die Kosten anfallen. Standard ist, dass die Kosten über die Zeit anteilig verteilt werden, was sicher den Standardfall für Ressourcenkosten darstellt. *Anfang* oder *Ende*, wie in Abbildung 5.8 gezeigt, steuert die Kosten dahingehend, dass Kosten nach diesen Parametern berechnet werden.

Das Beispiel verdeutlicht, wie beim Vorgang *Materialbearbeitung*, bei dem die Kosten am Anfang zugewiesen wurden (was auch Sinn macht, da das Blech verfügbar sein muss), bereits nach 1% Fertigstellungsgrad (also nach Beginn der Arbeiten) die Kosten zu 100% in das Feld *Aktuelle Kosten* eingetragen wurden.

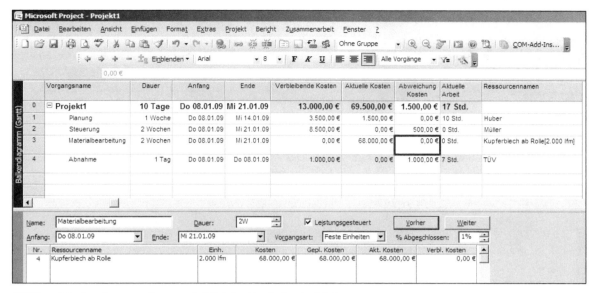

Abbildung 5.8 Berechnung von Kosten nach Fälligkeit – hier: Beginn der Arbeiten

Dagegen werden beim Vorgang *Abnahme* noch keine Kosten errechnet, da dort die Kosten als »fällig am Ende« zugewiesen wurden, obwohl bereits 7 von 8 Stunden gearbeitet wurde (siehe Abbildung 5.9). Auch das macht Sinn, da hier eine Rechnung nach der Abnahme geschrieben wird.

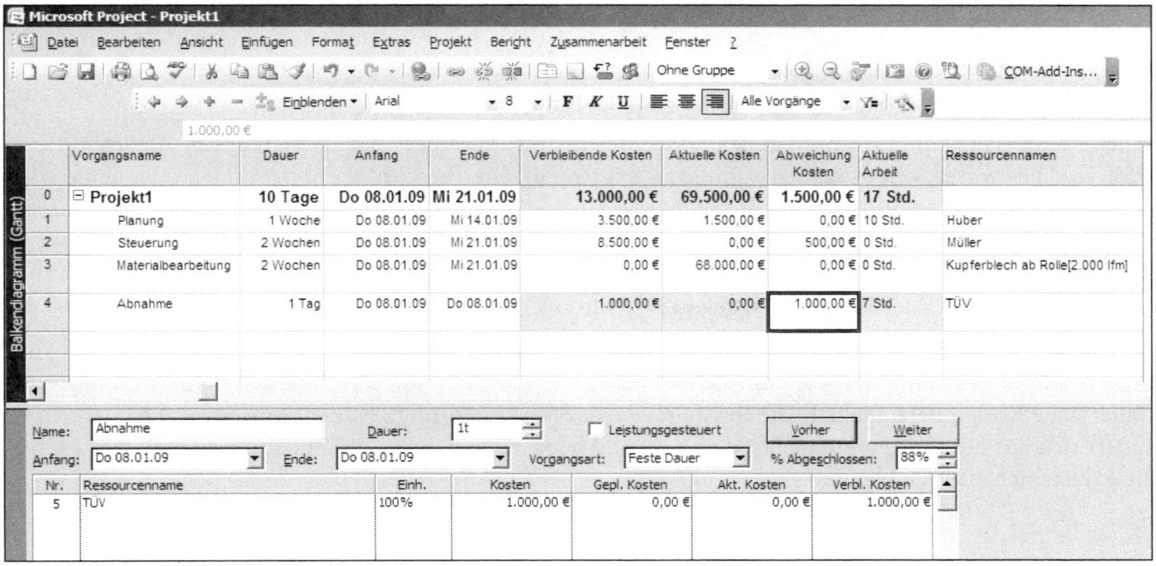

Abbildung 5.9 *Berechnung von Kosten nach Fälligkeit – hier: Ende der Arbeiten*

Ein weiteres Steuerungsinstrument sind *Standardsatz* und *Kostensatztabelle*.

Der Standardsatz kann je nach Projekt wechseln. Dazu können in Project bis zu fünf Kostensatztabellen pro Ressource hinterlegt werden. Die jeweilige Kostensatztabelle wird dann in der Ansicht *Ressource Einsatz* oder der Ansicht *Vorgang Einsatz* ausgewählt (siehe Abbildung 5.10).

HINWEIS   Bitte beachten Sie, dass das Feld *Kostensatztabelle* standardmäßig nicht in der Tabelle angezeigt wird und zuerst eingefügt werden muss, damit die Auswahl stattfinden kann.

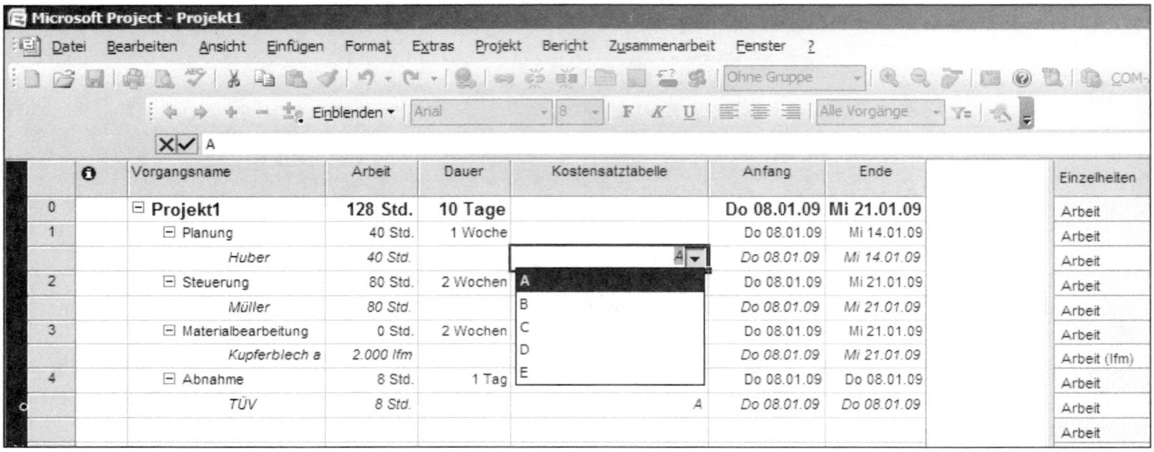

Abbildung 5.10   Zu verwendende Kostentabelle festlegen

Weitere Steuerelemente für die Kostenberechnung verbergen sich im Dialogfeld *Optionen* (Menübefehl *Extras/Optionen*, Registerkarte *Berechnen* – siehe Abbildung 5.11).

Je nachdem, welche Optionen eingestellt sind, werden die Anzeigen und Berechnungen unterschiedlich erfolgen. Dies wurde schon oben erwähnt und angewandt. Die Berechnung nach Anfang oder Ende wird nicht durchgeführt, wenn die Option *Aktualisierung des Vorgangsstatus aktualisiert den Ressourcenstatus* deaktiviert ist. »Aktualisierung des Vorgangsstatus aktualisiert den Ressourcenstatus« bedeutet, dass wenn eine Tätigkeit zu 20% fertig gemeldet wird, auch die anteiligen Ressourcen als 20% fertig geführt und demzufolge auch 20% der Kosten als abgeleistet geführt werden.

Ebenso ist die Berechnung abhängig von der Option »Standardvorgangsart«. Zum einen steuert die Vorgangsart die Berechnung der Kosten. Ist die Vorgangsart z.B. *Feste Dauer*, so werden bei Änderungen der Dauer neue Kosten berechnet, da die Ressource mehr Stunden erbringt. Ist die Vorgangsart *Feste Arbeit*, so ändert sich auf der Kostenseite nichts, da bei einer Änderung der Dauer die Zuteilung angepasst wird und die Arbeitsmenge gleich bleibt.

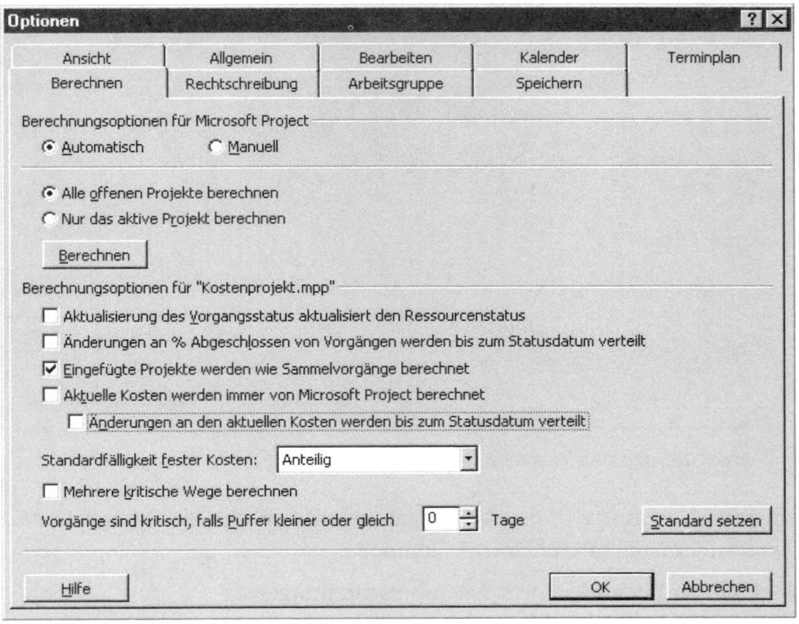

Abbildung 5.11   Optionen zur Kostenberechnung

Des Weiteren kann eingestellt werden, wie die Berechnungen erfolgen sollen. Dabei sind folgende Felder wichtig:

■ *Aktuelle Kosten werden immer von Microsoft Project berechnet* bedeutet, dass die aktuellen Kosten durch Microsoft Project berechnet werden und nicht aus anderen Systemen stammen (dies ist dann wichtig, wenn ein Fremdsystem wie eine Buchhaltungssoftware die Kosten bereitstellt).

■ Die Option *Änderungen an den aktuellen Kosten werden bis zum Statusdatum verteilt* ist nur dann aktiv, wenn Sie die Kosten manuell führen, also nicht von Microsoft Project berechnen lassen. Dann werden die Einträge in *Aktuelle Kosten* bis zum Statusdatum entsprechend verteilt.

In Abbildung 5.12 wurde die Tätigkeit mit 1 Woche Dauer und Beginn 11. Mai gesetzt.

Als Kosten wurden in *Aktuelle Kosten* € 400,– eingetragen (ist das Feld nicht automatisiert, können Werte eingetragen werden). Das Statusdatum wurde auf den 13. Mai gesetzt. Die Kosten werden nun auf die drei Tage gleichmäßig verteilt.

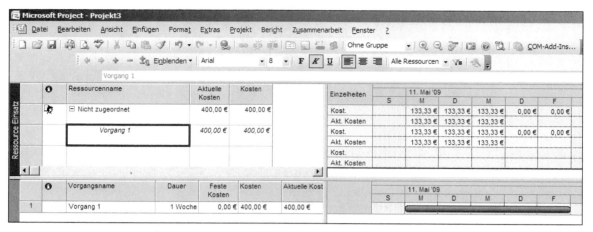

Abbildung 5.12   Aktivierte Option *Änderungen an den aktuellen Kosten werden bis zum Statusdatum verteilt*

Nun sollten Sie eigentlich über genügend Kenntnisse in der Kostenplanung und -überwachung mit Microsoft Project verfügen, um Ihr Projekt kostenmäßig rasch planen zu können.

Ich wünsche Ihnen in Ihren Projekten viel Erfolg und keine Kostenüberschreitungen. ☺

61 Kostenressourcen anlegen und verwenden (Project 2007)

In Projekten spielen naturgemäß Kosten eine große Rolle. In diesem Zusammenhang hat Project 2007 nun die Möglichkeit, auch reine Kostenressourcen zu verwenden. Die Möglichkeiten, Kosten über Kosten pro Einsatz, feste Kosten und Kosten über Stundensätze zu planen bzw. zu verwalten, besteht aber immer noch und kann weiterhin verwendet werden – siehe dazu auch die entsprechenden Artikel zur Kostenplanung.

> **VIDEO**   Zum Thema des Artikels finden Sie auf der DVD zum Buch ein Video – wählen Sie in der Videoauswahl unter **Kapitel 5 Kosten- und Ressourcenplanung** den Eintrag **61 Kostenressourcen anlegen und verwenden (Project 2007)**.

Um Kostenressourcen zu verwenden, erstellen Sie zunächst die notwendigen Kostenressourcen. Dazu können Sie in Project 2007 die entsprechenden Kostenressourcen erzeugen oder – so wie hier erfolgt – in Project Web Access, wenn Sie den EPM Project Server 2007 verwenden.

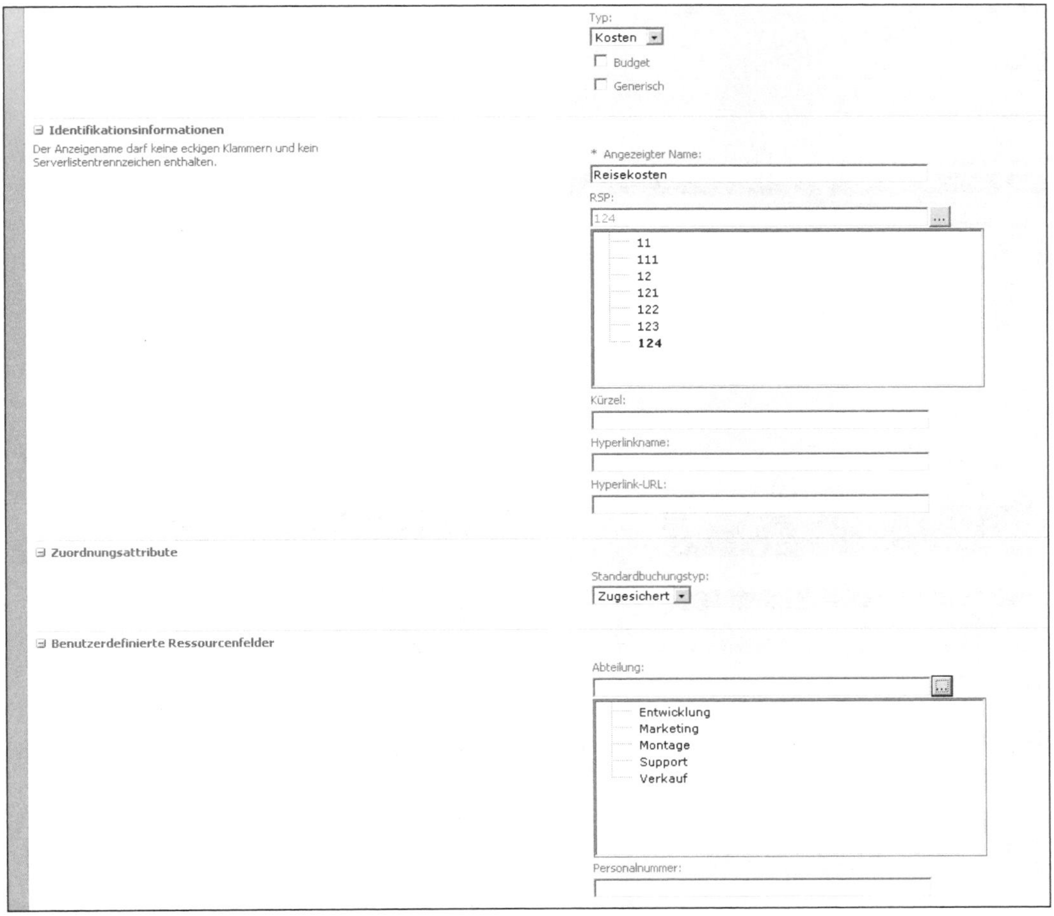

Abbildung 5.13   Eine Kostenressource erstellen

Dazu wird hier als einfaches Beispiel die Kostenressource *Reisekosten* erzeugt, diese als Typ *Kosten* gekennzeichnet und über den RSP (Ressourcenstrukturplan) werden die Kosten auf die entsprechende Kostenstelle geschrieben. Dies ist natürlich nicht so ganz korrekt, da Microsoft Project eigentlich davon ausgeht, dass damit die Ressourcenstruktur abgebildet wird (also Abteilungszugehörigkeiten bzw. Teamzugehörigkeiten). Die Verwendung von entsprechenden Strukturen über Kostenstellen hat jedoch den Vorteil, dass der Projektleiter ein klareres Bild erhält. Da zudem in allen größeren Firmen entsprechende Controllingstrukturen bestehen, kann der Projektleiter hier einfach seine Zahlen erhalten.

Voraussetzung dafür sind jedoch entsprechende Kostenstrukturen, die leider oft nicht so aufgebaut sind, dass man als Projektleiter damit arbeiten kann. Da in unserem Beispiel noch eine eigene Abteilungsstruktur angelegt wurde, besteht somit die Möglichkeit, mehrdimensionale Strukturen mit zu verwalten.

Nachdem die Kostenressource erstellt ist, kann sie verwendet werden. Dazu wird in diesem Beispielprojekt *Neues Produkt* das Ressourcenteam zusammengestellt (wenn Sie keinen Project Server benutzen, sind die Ressourcen im Projekt oder im Ressourcenpool vorhanden).

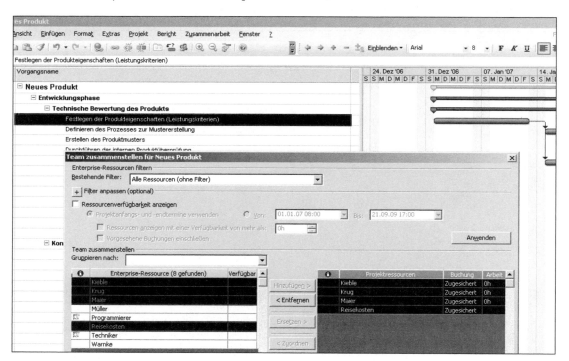

Abbildung 5.14 Das Ressourcenteam zusammenstellen

Hier wurden nun die verschiedenen benötigten Ressourcen ausgewählt und lokal zur Verfügung gestellt. Sie wurden dem Vorgang *Festlegen der Produkteigenschaften* zugewiesen.

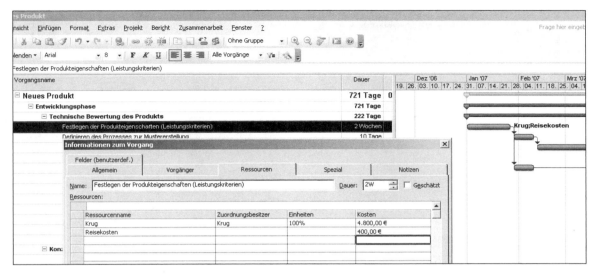

Abbildung 5.15 Ressourcen einem Vorgang zuweisen

Nun werden für die Reisekosten noch die entsprechenden Kosten eingetragen (hier € 400,–). Die Kosten der Ressource Krug werden über die Zuweisung und den Kostensatz (hier 80 Stunden mal € 60,– pro Stunde) durch Project errechnet.

Nun wird ein Basisplan gespeichert. Dadurch sind die Plankosten eingefroren und können mit der aktuellen Planung bzw. den aktuellen Ist-Kosten verglichen werden.

Wie in Abbildung 5.16 zu sehen, sind die Kosten nun gut vergleichbar, da in einer Ansicht sowohl die Kostendetails *Feste Kosten*, *Plankosten*, *Gesamtkosten*, *Abweichungen* etc. in der Spalte ablesbar sind als auch die Kosten auf Tages- bis Jahreskosten in der rechten Spalte dargestellt werden (hier auf Monatsbasis). Und im unteren Ansichtsbereich werden noch die Ressourcen- und Vorgangsdetails dargestellt, die zeigen, wie die Kosten sich aus Arbeit und Dauer zusammensetzen. Mehr braucht der Projektleiter nicht, um einen Überblick zu erhalten.

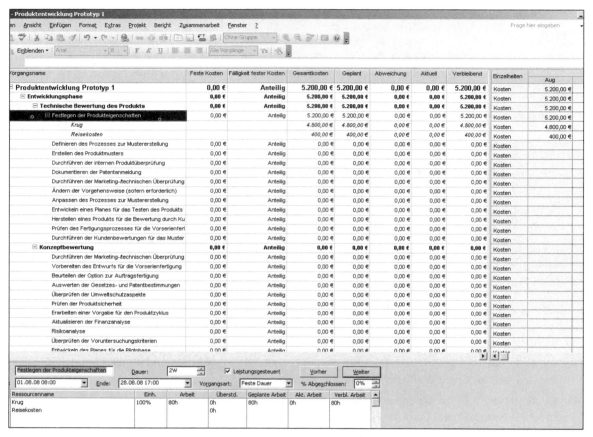

Abbildung 5.16 Kosten im Überblick

62 Projektbudgets anlegen und anwenden (Project 2007)

Projektbudgets zu verwalten ist eine der Aufgaben des Projektleiters. Microsoft Project kennt dazu die Möglichkeit, die Planung als Basisplan abzuspeichern und die Kosten/Arbeit als geplante Kosten/geplante Arbeit mit den aktuellen Werten zu vergleichen.

Neu in Project 2007 ist die Möglichkeit, ein Arbeitsbudget und ein Kostenbudget explizit einzugeben. Diese beiden Typen werden jeweils als Budgetressourcen angelegt und verwaltet. Dazu erstellen Sie diese entweder über Project Web Access direkt im Project Server als Budgetressourcen, wenn Sie diesen einsetzen, oder über die Ressourcentabelle in Microsoft Project direkt im Projekt.

Wenn Sie die Budgetressourcen in Microsoft Project erzeugen, müssen Sie in der Ansicht *Ressource: Tabelle* das Feld *Budget* einblenden (mit der rechten Maustaste in den Spaltenüberschriftenbereich klicken und im Kontextmenü *Spalte einfügen* wählen oder den Menübefehl *Einfügen/Spalte* aufrufen und im Dropdown-Listenfeld *Feldname* den Eintrag *Budget* auswählen) und dann die Zeile mit *Ja* kennzeichnen, damit Project die Ressourcen als Budgetressourcen erkennt.

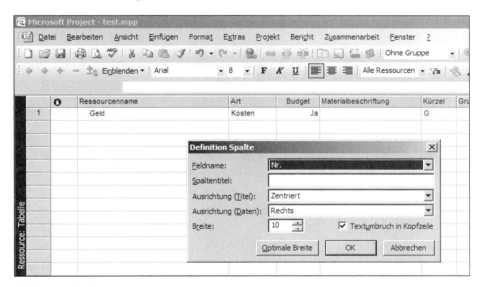

Abbildung 5.17   Die Spalte *Budget* in die Ansicht *Ressource: Tabelle* aufnehmen

Die Budgetressourcen sind nur dem Vorgang 0, also dem Projektsammelvorgang (der über *Extras/Optionen/Ansicht/Projektsammelvorgang anzeigen* eingeblendet werden kann), zuweisbar. Sie dienen auch nur der Überprüfung von Vorgaben. Sie können also nicht verbucht werden und werden auch nicht durch den Basisplan verändert. Gut nutzbar sind sie als Vorgabeinformationen über Anbindungen an SAP oder Oracle Finance. Sie können also aus den ERP-Systemen durch entsprechende Automatismen direkt eingelesen werden. Damit ist eine direkte Kopplung mit den ERP-Budgets möglich.

Die Zuweisung erfolgt dabei in zwei Schritten: Zuerst müssen die Arbeits- oder Kostenbudgets wie normale Ressourcen zugewiesen werden. Danach müssen noch die Werte in der Ansicht *Ressource Einsatz* oder in der Ansicht *Vorgang Einsatz* eingetragen werden.

Nachdem die Arbeits- und Kostenbudgets zugewiesen sind, können Sie diese nun in einer Kostenansicht direkt mit den anderen Kosten vergleichen (siehe Abbildung 5.18). Diese Ansicht müssen Sie selbst erstellen. Sie ist standardmäßig nicht in Project vorhanden!

Vorgangsname	Kostenbudget	Arbeitsbudget	Kosten	Budgetvergleich	Feste Kosten	Fälligkeit fester Kosten	Geplant	Abweichung	Aktuell	Verbleibend
⊟ **Produktentwicklung Prototyp 1**	250.000,00 €	3.400 Std.	259.720,00 €	-9.720,00 €	0,00 €	Anteilig	258.320,00 €	1.400,00 €	4.280,00 €	255.440,00 €
Personalaufwand		3.400 Std.		0,00 €						
Kostenaufwand	250.000,00 €			0,00 €						
⊞ **Entwicklungsphase**			259.720,00 €	0,00 €	0,00 €	Anteilig	258.320,00 €	1.400,00 €	4.280,00 €	255.440,00 €

Abbildung 5.18 Erweiterte Ansicht zum Vergleichen von Kosten und Budgets

Hierzu wurden die Felder *Kostenbudget* und *Arbeitsbudget* gefüllt und eingeblendet. Die Zahlen im Feld *Kosten* stammen aus den Zuordnungen der Ressourcen. Der Budgetvergleich ist die Differenz aus Kostenbudget und Kosten (also der aktuellen Planung). Da das Arbeitsbudget leider keinen Standardkostensatz haben kann, ist es eine reine Information auf Stundenebene. Der Wert *Geplant* ist der Basisplanwert der Kosten, die *Abweichung* die Differenz der aktuellen Planung zum Basiswert und das Feld *Verbleibend* stellt die noch nicht abgeleistete Arbeit dar.

Beim Budgetvergleich wurde ein Kostenfeld mit einer Formel hinterlegt. Dabei muss man beachten, dass die Differenz beim Sammelvorgang nur angezeigt wird, wenn die Summen verdichtet werden. Da das Kostenbudget selbst keine Details hat, erscheint in allen Zeilen die Information *Fehler!*, da keine Werte gebildet werden können. Um dies zu unterdrücken, wurden die in Abbildung 5.19 gezeigten Einstellungen vorgenommen.

Bei der Berechnung von Sammelvorgangs- und Gruppenkopfzeilen wurde die Formel verwendet. Die Formel selbst lautet:

IIf([Nr.]=0;[Kostenbudget]-[Kosten];"0")

Hierbei wird – wie in Excel – eine Wenn-Abfrage (in Project IIf) erzeugt. Diese prüft, ob der Projektsammelvorgang berechnet wird (also der Vorgang mit stets Nr. 0). Wenn dies der Fall ist, wird die Differenz berechnet und abgebildet. Wenn nicht, wird die Zahl 0 in das Feld geschrieben. Dadurch wird die Fehlermeldung unterdrückt, was ansonsten immer wieder zu Nachfragen von Kollegen führt. Dadurch wird dann auch die Differenz dargestellt, wie in der obigen Kostentabelle zu sehen ist.

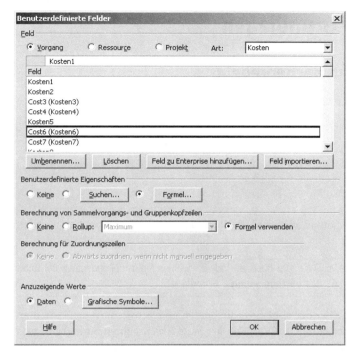

Abbildung 5.19 Formel zum Unterdrücken von Fehlermeldungen verwenden

63 Ressourcenplanung – Grundlagen

Grundlegende Eigenschaften und Rechenregeln

Project rechnet bei der Ressourcenplanung grundsätzlich mit fünf Parametern:

- Die Dauer des Vorgangs

- Die Menge an Arbeit

- Die Mengeneinheit (von 0% bis xxx%), wobei diese auch über die Verfügbarkeit der Ressource(n) hinausgehen kann

- Leistungsgesteuert oder nicht

- Die Ressourcenart (Arbeit oder Material), wobei hier nur die Personenressourcen betrachtet werden sollen

VIDEO   Zum Thema des Artikels finden Sie auf der DVD zum Buch ein Video – wählen Sie in der Videoauswahl unter **Kapitel 5 Kosten- und Ressourcenplanung** den Eintrag **63 Ressourcenplanung – Grundlagen**.

Die ersten drei Parameter sind vollständig voneinander abhängig, die beiden anderen steuern das Verhalten der ersten drei, wobei die Option *Leistungsgesteuert* bei der Vorgangsart *Feste Arbeit* keinen Sinn ergibt und deshalb bei Auswahl von *Feste Arbeit* abgeblendet wird. Bei *Fester Arbeit* deshalb nicht, da *Leistungsgesteuert* dafür sorgt, dass berücksichtigt wird, dass die Arbeitsmenge gleichmäßig aufgeteilt wird, wenn eine zweite Ressource hinzugefügt wird. Wenn aber die Arbeitsmenge der Person konstant bleiben soll, kann nicht aufgeteilt werden. Dies ergibt einen Widerspruch und ist deshalb bei dieser Konstellation nicht möglich.

Die ersten drei bilden ein Dreieck, sie beeinflussen sich gegenseitig. Da der Computer kein Wissen über Zusammenhänge hat, muss definiert werden, welcher Parameter im Zweifelsfall Vorrang hat und nicht verändert werden soll. Dies wird durch die Einstellungen *Feste Arbeit*, *Feste Dauer*, *Feste Einheit* erreicht. Sind die Änderungsparameter nicht eindeutig, wird im Zweifelsfall die Einheit (%) als fix angenommen.

Dieses Verhalten von Project ist auch das große Problem. Dadurch dass Project selbsttätig Änderungen vornimmt, verliert der Projektleiter sehr schnell die Übersicht, da stets Veränderungen vorgenommen werden, diese jedoch nicht gemeldet oder dokumentiert werden. So verändert sich der Netzplan unter Umständen selbstständig, ohne dass der Projektleiter es merkt. Er wundert sich dann, dass sein Plan nicht mehr dem entspricht, was er ursprünglich eingegeben hatte.

In dem anschließenden Artikel »64 Ressourcenplanung ohne Nutzung der Ressourcenfunktionen« wird deshalb aufgezeigt, wie Sie das Eigenleben von Project sinnvoll für sich einsetzen, sodass Sie den Überblick behalten.

Das Verhalten im Einzelnen

In dem Beispiel in Abbildung 5.20 wurden zunächst die Tätigkeiten erstellt und entsprechend ihrem Namen die Attribute eingegeben. (Die kombinierte Ansicht erhalten Sie, wenn Sie den Menübefehl *Fenster/Fenster teilen* wählen.)

Wie Sie erkennen können, ist bei einer Erstzuordnung noch kein Unterschied im Verhalten erkennbar. Wenn Sie es nicht übersteuern, wird bei einer Zuteilung auf die Tätigkeit aus der Dauer mit 100% Einheit eine Arbeitsmenge errechnet (gilt für alle Vorgänge); bei einer Woche Dauer und 100% somit 40 Stunden Arbeit bei 8 Stunden pro Tag. Dabei spielen die Parameter noch keine Rolle.

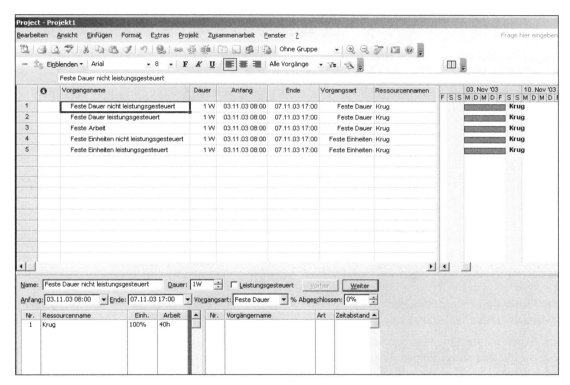

Abbildung 5.20 Die Ausgangslage

Das unterschiedliche Verhalten wird erst bei Änderungen sichtbar. Dies ist dann auch das große Problem der Projektleiter.

Zunächst wird die Dauer der Tätigkeit verändert. Dadurch ergibt sich das in Abbildung 5.21 gezeigte Bild.

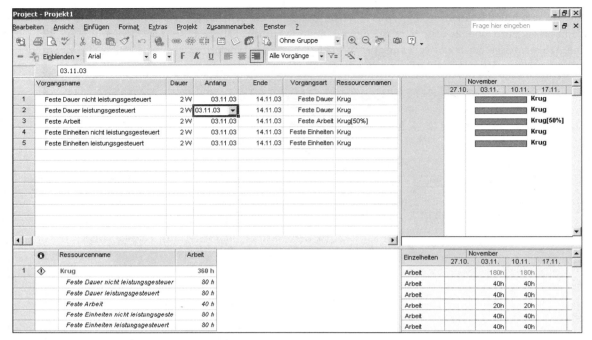

Abbildung 5.21   Auswirkungen durch Änderung der Dauer (I)

Bei fester Dauer und festen Einheiten ändert sich die Arbeitsmenge auf das Doppelte, da hier die Berechnung (zweifache Dauer mal 100%) klar ist und 80 Stunden ergibt.

Bei fester Arbeit ist die Arbeitsmenge festgelegt auf 40 Stunden, somit muss sich die Zuteilung (%) halbieren, wenn die Dauer sich verdoppelt – deshalb die Anpassung der Einheit auf 50%.

Setzt man die Dauer wieder auf eine Woche zurück, so ergibt sich wieder das ursprüngliche Bild (siehe Abbildung 5.22).

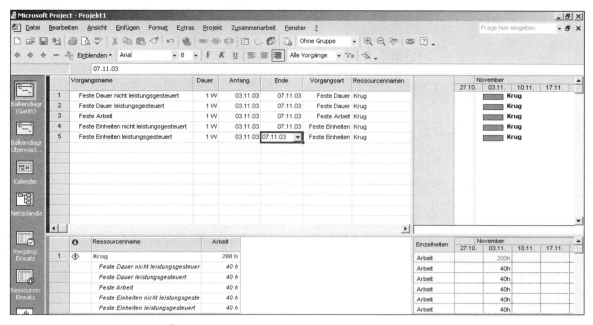

Abbildung 5.22   Auswirkungen durch Änderung der Dauer (II)

Spannend wird es, wenn eine zweite Ressource (hier Springer) zugeteilt wird. Dabei verändert Project die Tätigkeiten folgendermaßen (siehe Abbildung 5.23):

- *Feste Dauer nicht leistungsgesteuert:* Durch die Zuweisung von Springer wird die Dauer nicht verändert und die Arbeitsmenge beträgt für beide Ressourcen 40 Stunden.

- *Feste Dauer leistungsgesteuert:* Durch die Zuteilung wird die Dauer nicht verändert (weil fix), jedoch wird durch den zweiten Parameter leistungsgesteuert die Arbeitsmenge 40 Stunden als fix angenommen und somit die Einheit auf jeweils 50% gesetzt, um die Arbeitsmenge konstant zu halten, was bedeutet, dass beide Ressourcen jeweils 20 Stunden an dem Vorgang arbeiten.

- *Feste Arbeit:* Hier wird die Zuteilung (%) als fix angenommen, da beide Parameter Dauer und Einheit sich ändern dürfen, Einheit dann jedoch Vorrang hat. Somit wird eine Dauer von 2,5 Tagen errechnet (Dauer 1 Woche geteilt durch 2 mal 100% Ressourcenzuteilung = 20 Stunden Arbeit pro Ressource).

- *Feste Einheiten nicht leistungsgesteuert:* Hier wird die zweite Ressource zugewiesen und erhält 40 Stunden Arbeit, die Dauer wird nicht verändert. Da an der Einheit nichts verändert wird, ändert sich auch der Vorgang in seiner Dauer nicht.

- *Feste Einheiten leistungsgesteuert:* Hier wird der Vorgang dahingehend geändert, dass die Einheit ja konstant bleibt, der Parameter *leistungsgesteuert* aber dafür sorgt, dass die Arbeitsmenge konstant gehalten wird und somit die Dauer auf die Hälfte reduziert wird.

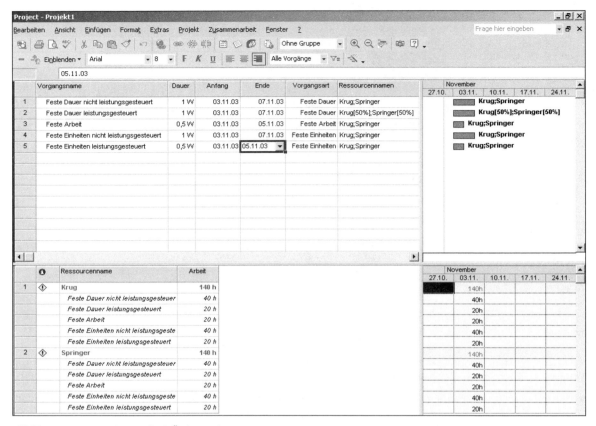

Abbildung 5.23   Auswirkungen durch Änderung der Dauer (III)

Sie sehen, es ist gar nicht so schwer, eine Ressourcenplanung mit Microsoft Project vorzunehmen, wenn man weiß, wie das System die einzelnen Parameter auswertet.

64 Ressourcenplanung ohne Nutzung der Ressourcenfunktionen

Wie im vorhergehenden Artikel »63 Ressourcenplanung – Grundlagen« beschrieben, nimmt Project einige Änderungen selbstständig vor. Dies führt dazu, dass entweder teilweise die Dauern der Vorgänge verändert werden und damit der Netzplan, oder wenn dies mit fester Dauer verhindert wird, sich die Ressourcenzuteilungen verändern und somit die Ressourcenauslastung sich ändert, ohne dass der Projektleiter dies sofort bemerkt.

Diese beiden Möglichkeiten führen dazu, dass viele Projektleiter die Ressourcenplanung aufgegeben haben bzw. diese nur rudimentär durchführen. Hinzu kommt, dass aufgrund der vielen Änderungen im Projekt und der Ressourcenzuordnungen die Pflege des Plans sehr aufwendig ist.

Deshalb wird meist nur ein erster Plan erzeugt, der dann nur noch als grobe Richtschnur verwendet wird, ohne dass man ihn anpasst.

Dadurch ergibt sich ein Dilemma: gewünschte Transparenz und Übersicht versus Aufwand mit Project.

Nachdem ich nun seit 18 Jahren mit Project für ca. 150 Kunden gearbeitet habe, mit großen und kleinen Projekten, mit vielen Vorgängen und wenigen, mit vielen Ressourcen und wenigen, hat sich ein Vorgehen herauskristallisiert, das ich für die meisten Anwender als angemessen bezeichne. Angemessen deshalb, weil es einen leidlichen Kompromiss darstellt zwischen Aufwand und Ertrag. Wenn Sie trotzdem mit Ressourcen arbeiten möchten oder müssen, lesen Sie auch den oben genannten, ausführlichen Artikel dazu.

Nachfolgende Ausführungen sollen Sie nicht davon abhalten, mehr zu tun, und erheben keinen Anspruch auf alleinige Richtigkeit. Ihre persönliche Situation ist ausschlaggebend und nur Sie definieren, was Sie umsetzen. Die Beschreibungen sind lediglich, wie oben erwähnt, Erfahrungen aus jahrelanger Arbeit mit Microsoft Project und reine Empfehlungen.

> **VIDEO**   Zum Thema des Artikels finden Sie auf der DVD zum Buch ein Video – wählen Sie in der Videoauswahl unter **Kapitel 5 Kosten- und Ressourcenplanung** den Eintrag **64 Ressourcenplanung ohne Nutzung der Ressourcenfunktionen**.

Zum Vorgehen

> **HINWEIS**   Ausführliche Informationen zum Vorgehen finden Sie im vorhergehenden Artikel »Ressourcenplanung – Grundlagen«.

Stellen Sie die Tätigkeiten grundsätzlich auf *Feste Dauer*. Nur so erhalten Sie einen Überblick und ein Gefühl für die Zeit. Ein Netzplan (Sie arbeiten in Project grundsätzlich mit einem Netzplan, auch wenn Sie nur die Balkenplanübersicht benutzen) sollte einigermaßen stabil sein. Ein Plan, der sich täglich ändert, vermittelt Ihnen und vor allem auch Ihren Kollegen nie das Gefühl, auf Kurs zu sein. Dann würde Ihnen auch eine Tätigkeitsliste reichen.

Nun erstellen Sie eine möglichst vollständige Tätigkeitsliste und hacken diese in das System. Kümmern Sie sich nicht um Sammelvorgänge oder Einzeltätigkeiten, Meilensteine oder Detaillierungsgrade. Schreiben Sie alles runter, was Ihnen einfällt. Auch wenn es mehrfach erscheint.

Danach gliedern Sie die Tätigkeiten, versehen diese mit Überschriften (Sammelvorgänge) und stufen die Tätigkeiten tiefer. Nutzen Sie dazu die Sortierfunktion per Maus. Bereits nach kurzer Zeit erhalten Sie so eine Strukturierung Ihres Projekts. Scheuen Sie sich auch nicht, die Struktur gegebenenfalls umzuschmeißen, wenn Sie damit nicht glücklich sind.

Nun kümmern Sie sich um die Dauern. Schätzen Sie diese für die Einzeltätigkeiten ab, die Sammelvorgänge werden ohnehin berechnet und können nicht eingegeben werden.

Verknüpfen Sie die Vorgänge. Project lässt es auch zu, dass Sie Sammelvorgänge mit verknüpfen. Dies ist aber gefährlich, da in diesem Fall Verschiedenes gemischt wird und damit unter Umständen Probleme geschaffen werden.

Ergänzen Sie die Tabelle durch zwei Spalten – *Text1* und *Text2* – und versehen Sie diese mit den Überschriften *Verantwortlich* und *Durchführung* (siehe Abbildung 5.24).

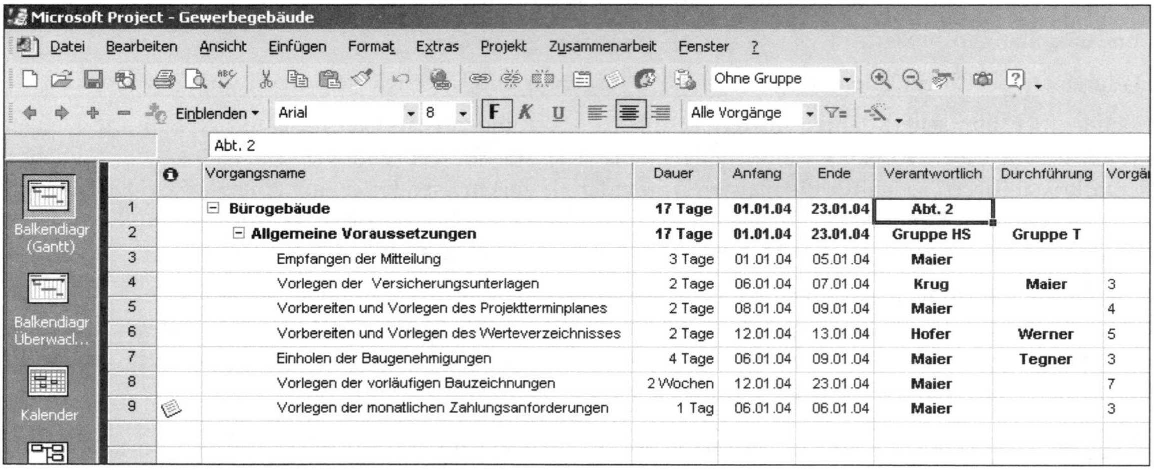

		Vorgangsname	Dauer	Anfang	Ende	Verantwortlich	Durchführung	Vorgä
1		**Bürogebäude**	**17 Tage**	**01.01.04**	**23.01.04**	**Abt. 2**		
2		**Allgemeine Voraussetzungen**	**17 Tage**	**01.01.04**	**23.01.04**	**Gruppe HS**	**Gruppe T**	
3		Empfangen der Mitteilung	3 Tage	01.01.04	05.01.04	**Maier**		
4		Vorlegen der Versicherungsunterlagen	2 Tage	06.01.04	07.01.04	**Krug**	**Maier**	3
5		Vorbereiten und Vorlegen des Projektterminplanes	2 Tage	08.01.04	09.01.04	**Maier**		4
6		Vorbereiten und Vorlegen des Werteverzeichnisses	2 Tage	12.01.04	13.01.04	**Hofer**	**Werner**	5
7		Einholen der Baugenehmigungen	4 Tage	06.01.04	09.01.04	**Maier**	**Tegner**	3
8		Vorlegen der vorläufigen Bauzeichnungen	2 Wochen	12.01.04	23.01.04	**Maier**		7
9		Vorlegen der monatlichen Zahlungsanforderungen	1 Tag	06.01.04	06.01.04	**Maier**		3

Abbildung 5.24 Erweiterte Vorgangstabelle

Anschließend geben Sie die jeweiligen Positionen ein.

Wenn die verantwortliche Stelle bzw. der Verantwortliche identisch ist mit dem Durchführenden, wird nur die linke Spalte geführt. Ansonsten wird rechts die durchführende Stelle oder Person eingetragen.

Diese Art der Darstellung hat sich äußerst bewährt. Damit sind die leidigen Diskussionen vorbei, wer nun eigentlich zuständig ist und sich hätte um diese Tätigkeit kümmern müssen. Vergessen Sie dabei jedoch nicht, diese Zuständigkeiten auch an die Kollegen/Kolleginnen zu kommunizieren – als Projektverantwortlicher sind Sie ohnehin immer im Obligo. Wenn's schiefgeht, sind immer noch Sie die verantwortliche Person, auf der dann herumgehackt wird.

Wenn Sie auf die Abteilungen keinen Einfluss haben bzw. die betreffenden Personen nicht kennen, geben Sie nur beim Sammelvorgang die zuständige Stelle an und leiten diese Vorgänge an die Abteilung weiter.

Mit diesem Vorgehen sind Sie gemeinhin auf der sicheren Seite und erhalten einen Projektplan, mit dem Sie weitgehend leben können, ohne eine wirkliche Ressourcenplanung zu betreiben. Aber immerhin wissen Sie, wer die Arbeiten machen soll.

65 Ressourcenplanung mit Arbeitsprofilen

Liegt eine sehr komplexe Arbeitsmatrix vor, so kann mithilfe von Profilen die Wirklichkeit sehr viel besser abgebildet werden. Hierzu stehen verschiedene Profile zur Verfügung. Wie diese verwendet werden können und welche Auswirkungen sie haben, ist das Thema des Videos.

VIDEO Das Video finden Sie auf der DVD zum Buch – wählen Sie in der Videoauswahl unter **Kapitel 5 Kosten- und Ressourcenplanung** den Eintrag **65 Ressourcenplanung mit Arbeitsprofilen**.

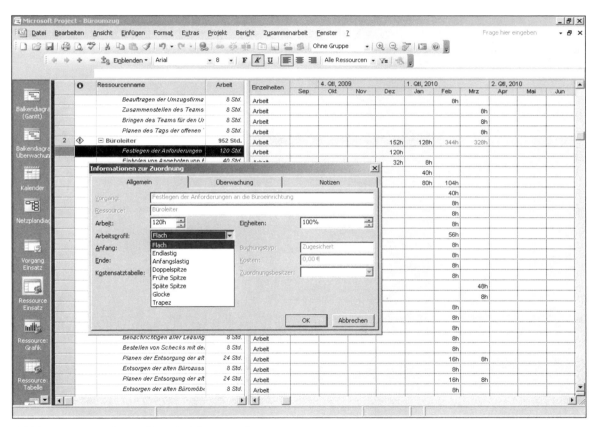

Abbildung 5.25 Mit Arbeitsprofilen realistischere Darstellungen erzeugen

66 Ressourcenplanung mit Kapazitätsabgleich

Der Kapazitätsabgleich bietet, insbesondere mit den Prioritäten eine gute Alternative für einen Ressourcenausgleich. Da hierbei die Prioritäten den Abgleich steuern, kann in mehreren Schritten ein guter Plan erzeugt werden, der die wesentlichen Überlasten behebt oder verhindert. Wie dies geht und welche Gesetzmäßigkeiten dahinterstehen, ist das Thema des Videos.

VIDEO   Das Video finden Sie auf der DVD zum Buch – wählen Sie in der Videoauswahl unter **Kapitel 5 Kosten- und Ressourcenplanung** den Eintrag **66 Ressourcenplanung mit Kapazitätsabgleich**.

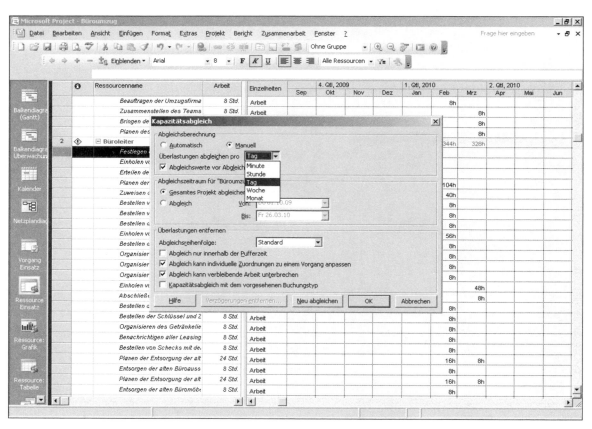

Abbildung 5.26   Kapazitätsabgleich – die Alternative zum Ressourcenausgleich

67 Ressourcenplanung mit Grafikdarstellung

Dieses Video baut auf den Videos zur Ressourcenplanung auf und geht auf die Besonderheiten der Grafik-darstellung ein. Die Grafikfunktion bietet weit mehr als gemeinhin bekannt ist. In dem Video erfahren Sie Details dazu.

VIDEO Das Video finden Sie auf der DVD zum Buch – wählen Sie in der Videoauswahl unter **Kapitel 5 Kosten- und Ressourcenplanung** den Eintrag **67 Ressourcenplanung mit Grafikdarstellung**.

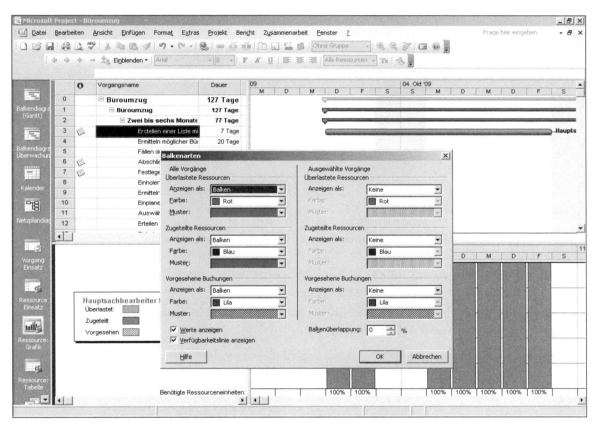

Abbildung 5.27 Erweiterte grafische Darstellungsmöglichkeiten

68 Materialressource anlegen und nutzen

Project kann auch Materialressourcen verwalten, was vielen Benutzern nicht bekannt ist. Dies dient vor allem dazu, z.B. Kosten im Projekt abzuschätzen bzw. auch Bestelltermine zu verwalten, um sicherzustellen, dass das benötigte Material rechtzeitig beschafft wird.

VIDEO   Zum Thema des Artikels finden Sie auf der DVD zum Buch ein Video – wählen Sie in der Videoauswahl unter **Kapitel 5 Kosten- und Ressourcenplanung** den Eintrag **68 Materialressource anlegen und nutzen**.

Materialressourcen werden vom Grundsatz her gleich behandelt wie Personenressourcen. Jedoch gibt es einige Eigenheiten, die nachfolgend beschrieben werden sollen.

1. Geben Sie zunächst die Materialressourcen in der Ansicht *Ressource: Tabelle* ein (siehe Abbildung 5.28).

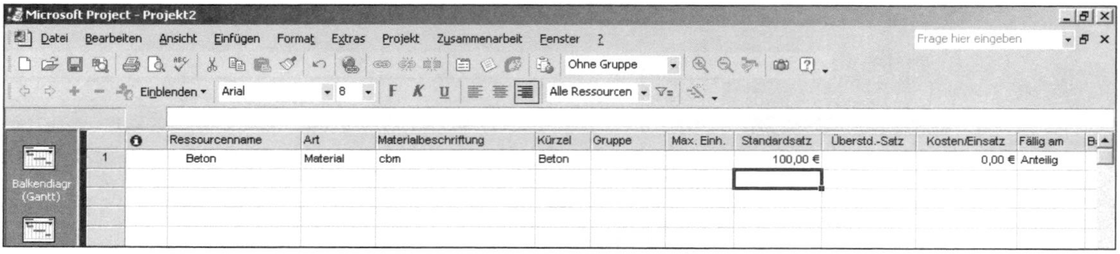

Abbildung 5.28   Materialressource anlegen

Dabei ist es wichtig, dass Sie das Feld *Max. Einheit* leer lassen, da Material ja vom Prinzip her nicht limitiert ist.

Wichtig ist außerdem, wenn Sie die Kostenplanung machen möchten, dass Sie einen Standardsatz eingeben, hier der Nachvollziehbarkeit halber 100 € pro Kubikmeter.

2. Wenn Sie die Materialressource erstellt haben, können Sie sie den jeweiligen Vorgängen wie normale Ressourcen zuordnen (siehe Abbildung 5.29).

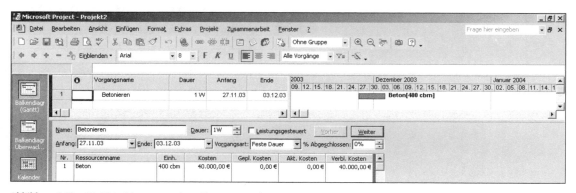

Abbildung 5.29   Die Materialressource einem Vorgang zuweisen

In der Abbildung sehen Sie oben, dass 400 cbm Beton zugewiesen wurden. Als Einheit wurde cbm gewählt. Die Einheiten können selbst festgelegt und eingegeben werden, je nach Bedarf.

Daraus werden dann die Kosten berechnet, wie im unteren Teil der Abbildung zu sehen.

TIPP Falls Sie rätseln, wie der untere Bereich der Abbildung erzeugt wurde: Wählen Sie zunächst im Menü *Fenster* den Befehl *Fenster teilen*, klicken Sie dann mit der rechten Maustaste rechts unten in den grauen Bereich und wählen Sie im Kontextmenü den Befehl *Kosten*.

Das Material wird auch in den Ansichten *Ressource Einsatz* und *Vorgang Einsatz* angezeigt. Wie Sie in Abbildung 5.30 sehen, wird auch das Material über die Zeit verteilt, ebenso die Kosten (siehe Abbildung 5.31), wenn Sie nicht ein anderes Verteilungsprofil gewählt haben.

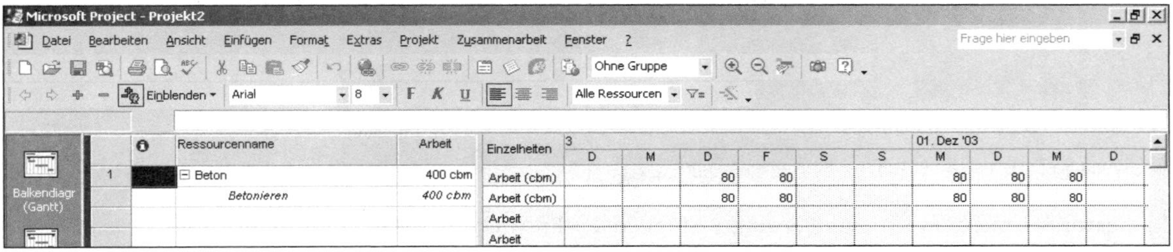

Abbildung 5.30 Verteilung der Materialressource über die Zeit

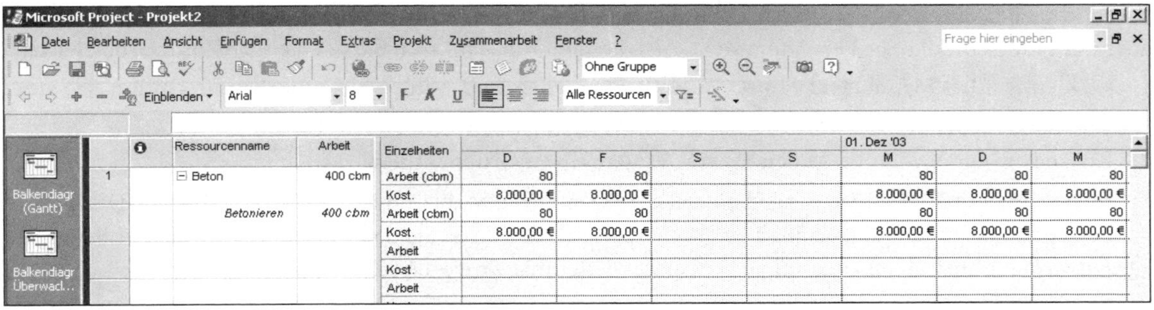

Abbildung 5.31 Verteilung der Kosten der Materialressource

69 Ressourcengruppen anzeigen

Wie Sie vielleicht wissen, kann Microsoft Project keine Ressourcengruppen verwalten. Sie können zwar eine Ressourcengruppe mitführen (Feld *Gruppe*, siehe Abbildung 5.32), auf diese jedoch nicht im Balkenplan zugreifen.

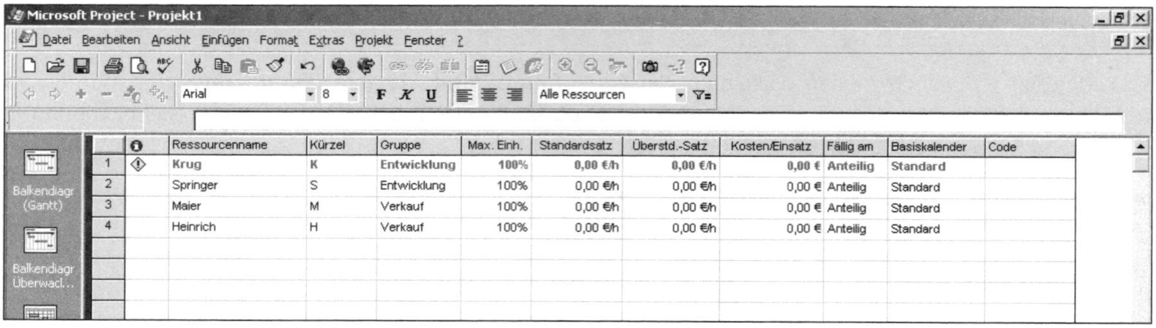

		Ressourcenname	Kürzel	Gruppe	Max. Einh.	Standardsatz	Überstd.-Satz	Kosten/Einsatz	Fällig am	Basiskalender	Code
1		Krug	K	Entwicklung	100%	0,00 €/h	0,00 €/h	0,00 €	Anteilig	Standard	
2		Springer	S	Entwicklung	100%	0,00 €/h	0,00 €/h	0,00 €	Anteilig	Standard	
3		Maier	M	Verkauf	100%	0,00 €/h	0,00 €/h	0,00 €	Anteilig	Standard	
4		Heinrich	H	Verkauf	100%	0,00 €/h	0,00 €/h	0,00 €	Anteilig	Standard	

Abbildung 5.32 Erweiterte Ansicht mit Ressourcengruppen

In diesem Beispiel sind Krug und Springer Mitglied der Entwicklung, Maier und Heinrich im Verkauf.

Wenn Sie nun die Vorgänge filtern wollen, nach *Verkauf* oder *Entwicklung*, so müssen Sie feststellen, dass Sie zwar den Filter erzeugen (siehe Abbildung 5.33), diesen jedoch später nicht anwenden können. Dies liegt daran, dass der Filter auf den Bereich *Ressourcen* zugreift, dieser Bereich in der Ansicht *Balkendiagramm* aber nur eingeschränkt zur Verfügung steht. Aus diesem Grund müssen Sie noch einige Zusatzarbeit leisten.

1. Wählen Sie den Menübefehl *Projekt/Filter/Weitere Filter* und wählen Sie zunächst die Option *Ressource* (da Sie ja nach Ressourcen filtern).
2. Klicken Sie auf *Neu* und erstellen Sie einen interaktiven Gruppenfilter.

   Interaktiv deshalb, weil Sie ja zur Laufzeit eine Gruppe auswählen möchten, je nach Bedarf. Dabei ist es besser, mit der Bedingung *Enthält* zu arbeiten als mit *Gleich*, da Sie dann nur *Entw* eingeben müssen, um *Entwicklung* auswählen zu können. Das spart wieder mal einige Tastaturanschläge.

   Das Sternchen (*) vor dem Filternamen bewirkt, dass er ganz oben in der Liste eingeordnet wird, da das Sternchen in der Sortierfolge vor den Buchstaben kommt. Ob der Filter im Menü angezeigt werden soll oder nicht, ist unerheblich, da er im Balkenplan nicht direkt aufrufbar ist, also können Sie sich den Platz zugunsten anderer Filter sparen.

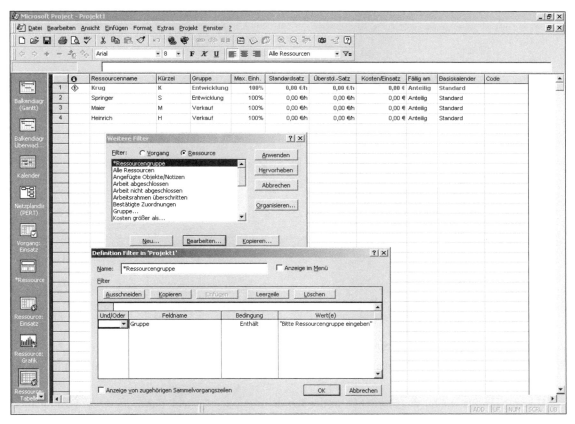

Abbildung 5.33 Filter erstellen

Wenn Sie nun versuchen, im Balkenplan diesen Filter anzuwenden, so werden Sie feststellen, dass das nicht geht, weil dieser Filter in der Ansicht *Vorgang* nicht zur Verfügung steht. Er ist nur z.B. bei der Ressourcentabelle auszuwählen.

Um den Filter dennoch verwenden zu können, müssen Sie eine nicht dokumentierte Funktion nutzen, die in den Ansichten zur Verfügung steht. Dazu müssen Sie allerdings zuerst eine neue Ansicht erstellen.

1. Wählen Sie den Menübefehl *Ansicht/Weitere Ansichten*, klicken Sie auf *Neu* und erstellen Sie eine *Einzelansicht* aus dem *Bildschirm* mit der Bezeichnung *Ressource Einsatz* mit den in Abbildung 5.34 gezeigten Parametern.

   Wichtig ist, dass Sie dabei den oben erzeugten *Filter* nutzen.

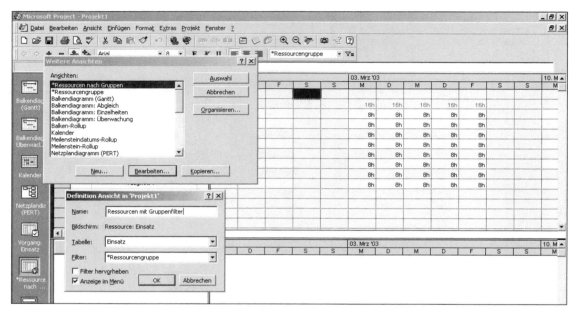

Abbildung 5.34   Einzelansicht erstellen

2. Anschließend bestätigen Sie mit *OK* und bleiben im Dialogfeld *Weitere Ansichten*.

3. Klicken Sie wieder auf *Neu*, erzeugen Sie dieses Mal aber eine *Ansichtskombination* mit den in Abbildung 5.35 gezeigten Angaben.

   Hier nutzen Sie wieder das Sternchen in der Bezeichnung der Ansicht, damit diese im Menü ganz oben eingeordnet wird.

HINWEIS   Bitte beachten Sie, dass nur der Filter der oberen Einzelansicht ausgewertet wird. Dadurch ist es nicht möglich, den Balkenplan oben zu belassen, da bei der Ansicht *Balkenplan (Gantt)* nur Filter für Vorgänge zur Verfügung stehen. Alles klar?

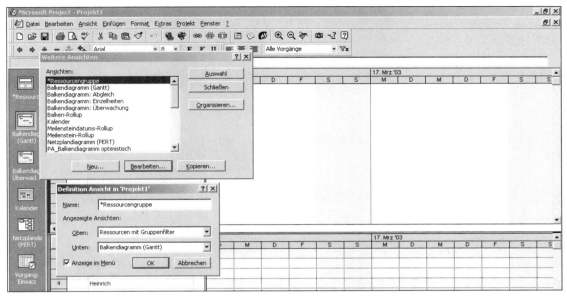

Abbildung 5.35   Ansichtskombination erstellen

Wenn Sie korrekt gearbeitet haben und nun die Ansicht aufrufen, erscheint zunächst das in Abbildung 5.36 gezeigte Dialogfeld:

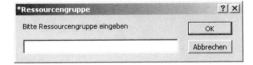

Abbildung 5.36   Abfrage der gewünschten Ressourcengruppe

Hier geben Sie *Entw* oder *Entwicklung* ein und erhalten dann die in Abbildung 5.37 gezeigte Darstellung.

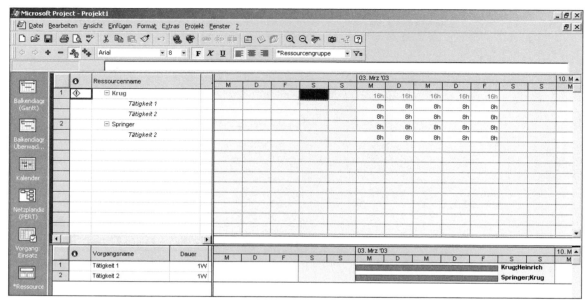

Abbildung 5.37   Nach der gewählten Ressourcengruppe gefilterte Ansicht

Es werden also die Ressourcen der Entwicklung ausgewählt (oben) – hier Krug und Springer – und alle Tätigkeiten, die zu diesen Ressourcen gehören (untere Anzeige).

Da Krug und Springer nur *Tätigkeit 1* und *2* zugewiesen sind (siehe Abbildung 5.38), wird *Tätigkeit 3* ausgeblendet, da Maier zum Verkauf gehört.

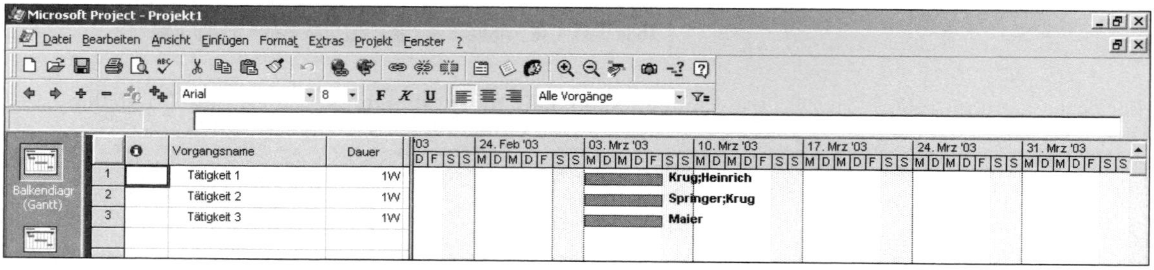

Abbildung 5.38   Ressourcen- und Vorgangszuweisungen

Auch hier gilt, dass dieses Beispiel Ihnen zeigen soll, wie man mit Filtern und Ansichten arbeiten kann, und dass noch viele sinnvolle Einsatzmöglichkeiten für Ansichten und Filter bestehen. Probieren Sie es aus.

70 Wie man Leuten klarmacht, dass sie endlich etwas tun müssen

Wie man »Empfängern« klarmacht, dass ihr Verhalten für das Projekt ernste Konsequenzen hat, ist nicht einfach zu lösen. Man kann anrufen, man kann mit ihnen reden und man kann es anhand einer »Balken-plan-Simulation« machen. Unbedingt beachten müssen Sie dabei jedoch die Stellung der anderen Person (Kunde, Chef usw.) und ihre Fähigkeiten, mit Ihnen zu diskutieren und zu verstehen, was Sie mit Ihrem Vorgehen erreichen wollen. Bitte achten Sie auch auf die Stimmung. Projektmanagement ist ein Kommuni-kationsthema und kein Tool-Thema! Das sollten Sie stets im Hinterkopf behalten. Wer reinhaut, kriegt selbst die Keule. Achten Sie darauf, dass das Ganze nicht als Bumerang zu Ihnen zurückkehrt, nach dem Motto: »Wenn Sie uns rechtzeitig darauf hingewiesen hätten ...« oder »Sie sind Projektleiter, demzufolge nicht fähig dieses Projekt ...«.

Also vorsichtig sein mit Vorwürfen aller Art.

Nehmen wir nun an, Sie haben ein Projekt, das bereits läuft, jedoch erheblich hinter dem Zeitplan ist (was die meisten Projekte sind; der Normalfall). Sie möchten nun klarmachen, dass etwas geschehen muss. Zum Beispiel zeigen Sie auf, wo das Projekt heute stehen müsste, welche Tätigkeiten also bereits abgearbeitet sein müssten, wenn alle korrekt und in der erforderlichen Intensität daran gearbeitet hätten.

Nehmen Sie also den Terminplan (wie in Abbildung 5.39 dargestellt) und gehen Sie wie folgt vor:

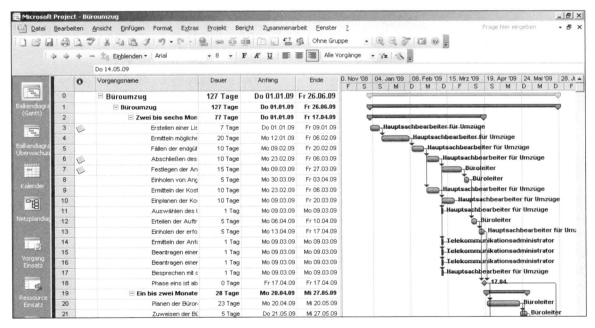

Abbildung 5.39 Terminplan – Ausgangssituation

1. Speichern Sie Ihr aktuelles Projekt unter einem anderen Namen.
2. Wählen Sie den Menübefehl *Extras/Überwachung/Projekt aktualisieren.*

3. In dem daraufhin erscheinenden Dialogfeld haben Sie verschiedene Optionen (siehe Abbildung 5.40):

Abbildung 5.40   Optionen zur Projektaktualisierung

Sie können die Tätigkeiten bis zu dem gewünschten Termin als 0 bis 100% fertiggestellt melden. Also genau rechnen lassen, bis zum Stichtag. Als 0% oder 100% fertig melden macht die Ergebnisse extremer und das Szenario noch düsterer, da Vorgänge z.B. mit 90% Fertigstellungsgrad als 0% fertig dargestellt werden. Wie in der folgenden Abbildung zu sehen, ist die Tätigkeit als nicht begonnen dargestellt, müsste aber fast fertig sein.

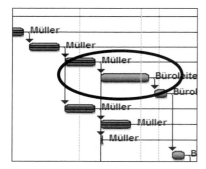

Oder Sie entscheiden sich fürs Verschieben, dann werden alle als nicht abgeschlossen gekennzeichneten Tätigkeiten nach hinten verschoben und es errechnet sich ein neuer Termin, der Ihre »Empfänger« vermutlich noch mehr verschreckt als nur gekennzeichnete Tätigkeiten.

Die Schockwirkung wird dann vielleicht etwas länger anhalten als im ersten Fall.

ACHTUNG   Der Befehl kann bis zur Project-Version 2003 nicht rückgängig gemacht werden, deshalb sollten Sie unbedingt vorher eine Kopie anfertigen, an der Sie diese »Simulation« durchführen können. Falls es doch passiert ist, müssen Sie entweder ein neues Datum in der Vergangenheit auswählen oder von Hand die Werte korrigieren.

In Project 2007 können Sie den Befehl problemlos rückgängig machen.

Im Beispiel wird das gesamte Projekt gerechnet und die Vorgänge sind nach Klicken auf *OK* entsprechend verschoben.

Wie in Abbildung 5.41 zu sehen, sind nun alle Vorgänge auf Daten nach dem 25.3.2009 verschoben; der gesamte Plan ist also – im Vergleich zum obigen Plan, der noch am 1.1.2009 beginnt – um drei Monate nach hinten gewandert.

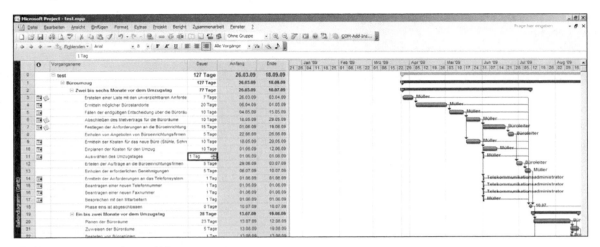

Abbildung 5.41   Terminplanverschiebung

Die Begleit-DVD

Der Inhalt der DVD

Auf der Begleit-DVD zu diesem Buch finden Sie folgende Inhalte:

- Im Ordner *Beispieldateien* stehen Ihnen beispielhafte Microsoft Project-Dateien zur Verfügung, die im Buch bzw. in den Videos erwähnt werden.

- Im Ordner *Trial* befindet sich eine 30-Tage-Testversion des Afinion Project Viewer (siehe dazu auch Artikel »38 Project Viewer nutzen«).

- Über 50 Videos mit einer Gesamtdauer von etwa 4,5 Stunden bilden den Hauptbestandteil des Datenträgers.

Systemvoraussetzungen

Zur Wiedergabe der Videos benötigen Sie einen PC mit installiertem Webbrowser und Lautsprechern. Ihr Bildschirm sollte über eine Auflösung von mindestens 1024 × 768 Pixel verfügen.

Der erste Start

Legen Sie die DVD in Ihr DVD-Laufwerk ein. Sofern die AutoPlay-Funktion in Ihrem System aktiv ist, startet die DVD automatisch.

Sollte die DVD nicht automatisch starten, öffnen Sie den Ordner *Arbeitsplatz* (Windows XP) bzw. *Computer* (Windows Vista, Windows 7), klicken mit der rechten Maustaste auf das DVD-Laufwerk und wählen dann *Programm installieren oder ausführen*.

Es öffnet sich eine neue Instanz Ihres Webbrowsers (z.B. Internet Explorer).

Zum Abspielen der Videos benötigen Sie das Browser-Plug-In Microsoft Silverlight, das für alle gängigen Browser verfügbar ist. Falls auf Ihrem System noch keine oder keine aktuelle Version installiert ist, klicken Sie auf dem Bildschirm auf *Silverlight installieren*, um Silverlight aus dem Internet herunterzuladen und zu installieren. Sollten Sie keine Internetverbindung haben, können Sie Silverlight auch aus dem Ordner *Silverlight* der DVD heraus installieren, indem Sie auf die Datei *Silverlight.exe* doppelklicken.

Nachdem die Installation von Silverlight abgeschlossen ist, aktualisieren Sie die Anzeige Ihres Browsers oder starten die DVD erneut.

HINWEIS   Falls Sie auf Ihrem System keine Rechte haben, um ein Browser-Plug-In zu installieren, müssen Sie leider auf die Navigationsoberfläche verzichten. Sie können aber dennoch die Videos betrachten, indem Sie das jeweilige Video im Ordner *Video* der DVD direkt aufrufen.

Nach der erfolgreichen Installation von Microsoft Silverlight startet die DVD mit einem kurzen Video, das Ihnen den Umgang mit der Benutzeroberfläche erläutert (siehe Abbildung A.1).

Abbildung A.1 Nun ist Silverlight erfolgreich installiert und die Navigationsoberfläche steht zur Verfügung

Navigation und Steuerelemente

Am linken Rand des Videobildschirms befindet sich eine schwarze Leiste mit der Aufschrift *Videoauswahl* (siehe Abbildung A.1). Klicken Sie auf diese Leiste, damit das Navigationsmenü ausgeklappt wird. In diesem Menü finden Sie – nach Kapiteln sortiert – alle Videos aufgelistet (siehe Abbildung A.2).

Die Nummerierung der Videos entspricht dabei der Nummerierung der Artikel im Buch, sodass Sie sehr schnell und einfach den entsprechenden Buchartikel finden und umgekehrt.

HINWEIS   Da zu einigen Buchartikeln kein Video vorhanden ist, fehlen einige Nummern in der Videoliste.

Klicken Sie auf einen Videotitel, schließt sich der Navigationsbereich und das Video startet. Je nach Dateigröße des Videos kann es einen Moment dauern, bis es geladen ist und die Wiedergabe beginnt.

TIPP   Vor dem Videotitel befindet sich ein kleines Pluszeichen. Wenn Sie darauf klicken, wird eine Kurzbeschreibung zum jeweiligen Video eingeblendet.

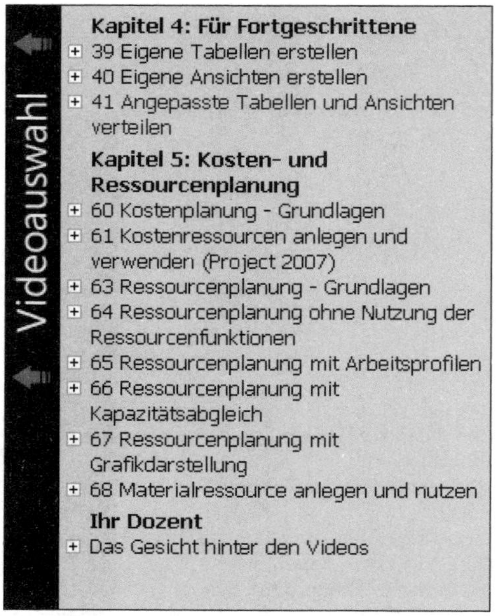

Videoauswahl

Kapitel 4: Für Fortgeschrittene
- 39 Eigene Tabellen erstellen
- 40 Eigene Ansichten erstellen
- 41 Angepasste Tabellen und Ansichten verteilen

Kapitel 5: Kosten- und Ressourcenplanung
- 60 Kostenplanung - Grundlagen
- 61 Kostenressourcen anlegen und verwenden (Project 2007)
- 63 Ressourcenplanung - Grundlagen
- 64 Ressourcenplanung ohne Nutzung der Ressourcenfunktionen
- 65 Ressourcenplanung mit Arbeitsprofilen
- 66 Ressourcenplanung mit Kapazitätsabgleich
- 67 Ressourcenplanung mit Grafikdarstellung
- 68 Materialressource anlegen und nutzen

Ihr Dozent
- Das Gesicht hinter den Videos

Abbildung A.2   Suchen Sie sich in der Videoauswahl das gewünschte Video aus

Die Schaltflächen im unteren Bereich des Videofensters (siehe Abbildung A.1) entsprechen den üblichen Steuerelementen von Abspielgeräten. Über die Steuerelemente auf der linken Seite können Sie die Lautstärke regeln, die Schaltfläche ganz rechts ermöglicht Ihnen ein Umschalten in den Vollmildmodus (zurück mit Esc).

Stichwortverzeichnis